ㄒ尺丹几乙し丹ㄒと
Translated Language Learning

Siddhartha

An Indian Poem
'n Indiese Gedig

Hermann Hesse

English / Afrikaans

Copyright © 2024 Tranzlaty
All rights reserved
Published by Tranzlaty
Siddhartha – Eine Indische Dichtung
ISBN: 978-1-83566-559-6
Original text by Hermann Hesse
First published in German in 1922
www.tranzlaty.com

The Son of the Brahman
Die Seun van die Brahman

In the shade of the house
In die skadu van die huis
in the sunshine of the riverbank
in die sonskyn van die rivieroewer
near the boats
naby die bote
in the shade of the Sal-wood forest
in die skadu van die Sal-hout-woud
in the shade of the fig tree
in die skaduwee van die vyeboom
this is where Siddhartha grew up
dit is waar Siddhartha grootgeword het
he was the handsome son of a Brahman, the young falcon
hy was die aantreklike seun van 'n Brahman, die jong valk
he grew up with his friend Govinda
hy het saam met sy vriend Govinda grootgeword
Govinda was also the son of a Brahman
Govinda was ook die seun van 'n Brahman
by the banks of the river the sun tanned his light shoulders
by die oewer van die rivier het die son sy ligte skouers gelooi
bathing, performing the sacred ablutions, making sacred offerings
bad, doen die heilige ablusies, maak heilige offers
In the mango garden, shade poured into his black eyes
In die mangotuin het skaduwee in sy swart oë gegooi
when playing as a boy, when his mother sang
as 'n seun gespeel het, wanneer sy ma gesing het
when the sacred offerings were made
toe die heilige offers gebring is
when his father, the scholar, taught him
toe sy pa, die skolier, hom geleer het
when the wise men talked
toe die wyse manne gepraat het

For a long time, Siddhartha had been partaking in the discussions of the wise men
Vir 'n lang tyd het Siddhartha deelgeneem aan die besprekings van die wyse manne
he practiced debating with Govinda
hy het geoefen om met Govinda te debatteer
he practiced the art of reflection with Govinda
hy het die kuns van refleksie saam met Govinda beoefen
and he practiced meditation
en hy het meditasie beoefen
He already knew how to speak the Om silently
Hy het reeds geweet hoe om die Om stil te praat
he knew the word of words
hy het die woord van woorde geken
he spoke it silently into himself while inhaling
hy het dit stil in homself gepraat terwyl hy inasem
he spoke it silently out of himself while exhaling
hy het dit stil uit homself gepraat terwyl hy uitasem
he did this with all the concentration of his soul
hy het dit met al die konsentrasie van sy siel gedoen
his forehead was surrounded by the glow of the clear-thinking spirit
sy voorkop was omring deur die gloed van die helderdenkende gees
He already knew how to feel Atman in the depths of his being
Hy het reeds geweet hoe om Atman in die diepte van sy wese te voel
he could feel the indestructible
hy kon die onvernietigbare voel
he knew what it was to be at one with the universe
hy het geweet wat dit was om een met die heelal te wees
Joy leapt in his father's heart
Vreugde het in sy pa se hart opgespring
because his son was quick to learn
want sy seun was vinnig om te leer

he was thirsty for knowledge
hy was dors na kennis
his father could see him growing up to become a great wise man
sy pa kon sien hoe hy grootword om 'n groot wyse man te word
he could see him becoming a priest
hy kon sien hoe hy 'n priester word
he could see him becoming a prince among the Brahmans
hy kon sien hoe hy 'n prins onder die Brahmane word
Bliss leapt in his mother's breast when she saw him walking
Bliss het in sy ma se bors gespring toe sy hom sien loop
Bliss leapt in her heart when she saw him sit down and get up
Bliss het in haar hart gespring toe sy hom sien sit en opstaan
Siddhartha was strong and handsome
Siddhartha was sterk en aantreklik
he, who was walking on slender legs
hy, wat op skraal bene geloop het
he greeted her with perfect respect
hy het haar met volmaakte respek gegroet
Love touched the hearts of the Brahmans' young daughters
Liefde het die harte van die Brahmane se jong dogters geraak
they were charmed when Siddhartha walked through the lanes of the town
hulle was bekoor toe Siddhartha deur die lanings van die dorp gestap het
his luminous forehead, his eyes of a king, his slim hips
sy stralende voorkop, sy oë van 'n koning, sy skraal heupe
But most of all he was loved by Govinda
Maar bowenal was hy geliefd deur Govinda
Govinda, his friend, the son of a Brahman
Govinda, sy vriend, die seun van 'n Brahman
He loved Siddhartha's eye and sweet voice
Hy was mal oor Siddhartha se oog en soet stem
he loved the way he walked

hy was mal oor die manier waarop hy geloop het
and he loved the perfect decency of his movements
en hy was lief vir die volmaakte ordentlikheid van sy bewegings
he loved everything Siddhartha did and said
hy was lief vir alles wat Siddhartha gedoen en gesê het
but what he loved most was his spirit
maar wat hy die meeste liefgehad het, was sy gees
he loved his transcendent, fiery thoughts
hy was lief vir sy transendente, vurige gedagtes
he loved his ardent will and high calling
hy het sy vurige wil en hoë roeping liefgehad
Govinda knew he would not become a common Brahman
Govinda het geweet hy sou nie 'n gewone Brahman word nie
no, he would not become a lazy official
nee, hy sou nie 'n lui amptenaar word nie
no, he would not become a greedy merchant
nee, hy sou nie 'n gulsige handelaar word nie
not a vain, vacuous speaker
nie 'n ydele, leeglêer nie
nor a mean, deceitful priest
ook nie 'n gemene, bedrieglike priester nie
and he also would not become a decent, stupid sheep
en hy sou ook nie 'n ordentlike, dom skaap word nie
a sheep in the herd of the many
'n skaap in die trop van baie
and he did not want to become one of those things
en hy wou nie een van daardie dinge word nie
he did not want to be one of those tens of thousands of Brahmans
hy wou nie een van daardie tienduisende Brahmane wees nie
He wanted to follow Siddhartha; the beloved, the splendid
Hy wou Siddhartha volg; die geliefde, die pragtige
in days to come, when Siddhartha would become a god, he would be there

in dae wat kom, wanneer Siddhartha 'n god sou word, sou hy daar wees
when he would join the glorious, he would be there
wanneer hy by die heerlike sou aansluit, sou hy daar wees
Govinda wanted to follow him as his friend
Govinda wou hom as sy vriend volg
he was his companion and his servant
hy was sy metgesel en sy dienaar
he was his spear-carrier and his shadow
hy was sy spiesdraer en sy skaduwee
Siddhartha was loved by everyone
Siddhartha was deur almal geliefd
He was a source of joy for everybody
Hy was 'n bron van vreugde vir almal
he was a delight for them all
hy was 'n plesier vir hulle almal
But he, Siddhartha, was not a source of joy for himself
Maar hy, Siddhartha, was nie vir homself 'n bron van vreugde nie
he found no delight in himself
hy het geen behae in homself gevind nie
he walked the rosy paths of the fig tree garden
hy het die rooskleurige paadjies van die vyeboomtuin geloop
he sat in the bluish shade in the garden of contemplation
hy het in die blouerige skaduwee in die tuin van kontemplasie gesit
he washed his limbs daily in the bath of repentance
hy was daagliks sy ledemate in die bad van bekering
he made sacrifices in the dim shade of the mango forest
hy het in die dowwe skadu van die mangowoud offers gebring
his gestures were of perfect decency
sy gebare was van volmaakte ordentlikheid
he was everyone's love and joy
hy was almal se liefde en vreugde
but he still lacked all joy in his heart

maar hy het nogtans alle vreugde in sy hart ontbreek
Dreams and restless thoughts came into his mind
Drome en rustelose gedagtes het in sy gedagtes opgekom
his dreams flowed from the water of the river
sy drome het uit die water van die rivier gevloei
his dreams sparked from the stars of the night
sy drome het uit die sterre van die nag ontstaan
his dreams melted from the beams of the sun
sy drome het gesmelt van die strale van die son
dreams came to him, and a restlessness of the soul came to him
drome het by hom gekom, en 'n rusteloosheid van die siel het by hom gekom
his soul was fuming from the sacrifices
sy siel het geruk van die offers
he breathed forth from the verses of the Rig-Veda
hy het uit die verse van die Rig-Veda uitgeblaas
the verses were infused into him, drop by drop
die verse is druppel vir druppel in hom ingespuit
the verses from the teachings of the old Brahmans
die verse uit die leer van die ou Brahmane
Siddhartha had started to nurse discontent in himself
Siddhartha het begin om ontevredenheid in homself te verpleeg
he had started to feel doubt about the love of his father
hy het begin twyfel oor die liefde van sy pa
he doubted the love of his mother
hy het die liefde van sy ma getwyfel
and he doubted the love of his friend, Govinda
en hy het die liefde van sy vriend, Govinda, getwyfel
he doubted if their love could bring him joy forever and ever
hy het getwyfel of hulle liefde vir ewig en altyd vir hom vreugde kan bring
their love could not nurse him
hulle liefde kon hom nie verpleeg nie

their love could not feed him
hulle liefde kon hom nie voed nie
their love could not satisfy him
hulle liefde kon hom nie bevredig nie
he had started to suspect his father's teachings
hy het sy pa se leringe begin vermoed
perhaps he had shown him everything he knew
miskien het hy hom alles gewys wat hy weet
there were his other teachers, the wise Brahmans
daar was sy ander leermeesters, die wyse Brahmane
perhaps they had already revealed to him the best of their wisdom
miskien het hulle reeds die beste van hulle wysheid aan hom geopenbaar
he feared that they had already filled his expecting vessel
hy was bang dat hulle reeds sy verwagtende houer vol gemaak het
despite the richness of their teachings, the vessel was not full
ten spyte van die rykdom van hulle leringe, was die houer nie vol nie
the spirit was not content
die gees was nie tevrede nie
the soul was not calm
die siel was nie kalm nie
the heart was not satisfied
die hart was nie tevrede nie
the ablutions were good, but they were water
die ablusies was goed, maar dit was water
the ablutions did not wash off the sin
die ablusies het nie die sonde afgewas nie
they did not heal the spirit's thirst
hulle het nie die gees se dors genees nie
they did not relieve the fear in his heart
hulle het nie die vrees in sy hart verlig nie
The sacrifices and the invocation of the gods were excellent

Die offers en die aanroeping van die gode was uitstekend
but was that all there was?
maar was dit al wat daar was?
did the sacrifices give a happy fortune?
het die offers 'n gelukkige fortuin gegee?
and what about the gods?
en wat van die gode?
Was it really Prajapati who had created the world?
Was dit regtig Prajapati wat die wêreld geskep het?
Was it not the Atman who had created the world?
Was dit nie die Atman wat die wêreld geskep het nie?
Atman, the only one, the singular one
Atman, die enigste een, die enkelvoud
Were the gods not creations?
Was die gode nie skeppings nie?
were they not created like me and you?
is hulle nie geskep soos ek en jy nie?
were the Gods not subject to time?
was die gode nie aan tyd onderworpe nie?
were the Gods mortal? Was it good?
was die gode sterflik? Was dit goed?
was it right? was it meaningful?
was dit reg? was dit sinvol?
was it the highest occupation to make offerings to the gods?
was dit die hoogste beroep om offers aan die gode te maak?
For whom else were offerings to be made?
Vir wie anders moes offers gebring word?
who else was to be worshipped?
wie anders moes aanbid word?
who else was there, but Him?
wie anders was daar, behalwe Hy?
The only one, the Atman
Die enigste een, die Atman
And where was Atman to be found?
En waar was Atman te vinde?
where did He reside?

waar het Hy gewoon?
where did His eternal heart beat?
waar het Sy ewige hart geklop?
where else but in one's own self?
waar anders as in jou eie self?
in its innermost indestructible part
in sy binneste onvernietigbare deel
could he be that which everyone had in himself?
kan hy dit wees wat elkeen in homself gehad het?
But where was this self?
Maar waar was hierdie self?
where was this innermost part?
waar was hierdie binneste deel?
where was this ultimate part?
waar was hierdie uiteindelike deel?
It was not flesh and bone
Dit was nie vleis en been nie
it was neither thought nor consciousness
dit was nóg gedagte nóg bewussyn
this is what the wisest ones taught
dit is wat die wysstes geleer het
So where was it?
So waar was dit?
the self, myself, the Atman
die self, myself, die Atman
To reach this place, there was another way
Om hierdie plek te bereik, was daar 'n ander manier
was this other way worth looking for?
was hierdie ander manier die moeite werd om te soek?
Alas, nobody showed him this way
Helaas, niemand het hom so gewys nie
nobody knew this other way
niemand het dit anders geweet nie
his father did not know it
sy pa het dit nie geweet nie
and the teachers and wise men did not know it

en die leraars en wyse manne het dit nie geweet nie
They knew everything, the Brahmans
Hulle het alles geweet, die Brahmane
and their holy books knew everything
en hulle heilige boeke het alles geweet
they had taken care of everything
hulle het vir alles gesorg
they took care of the creation of the world
hulle het gesorg vir die skepping van die wêreld
they described origin of speech, food, inhaling, exhaling
hulle beskryf oorsprong van spraak, kos, inasem, uitasem
they described the arrangement of the senses
hulle het die rangskikking van die sintuie beskryf
they described the acts of the gods
hulle het die dade van die gode beskryf
their books knew infinitely much
hulle boeke het oneindig baie geweet
but was it valuable to know all of this?
maar was dit waardevol om dit alles te weet?
was there not only one thing to be known?
was daar nie net een ding om te weet nie?
was there still not the most important thing to know?
was daar nog nie die belangrikste ding om te weet nie?
many verses of the holy books spoke of this innermost, ultimate thing
baie verse van die heilige boeke het van hierdie innerlike, uiteindelike ding gepraat
it was spoken of particularly in the Upanishades of Samaveda
dit is veral in die Upanishades van Samaveda gepraat
they were wonderful verses
dit was wonderlike verse
"Your soul is the whole world", this was written there
"Jou siel is die hele wêreld", dit was daar geskryf
and it was written that man in deep sleep would meet with his innermost part

en daar is geskrywe dat die mens in diepe slaap sy binneste
sal ontmoet
and he would reside in the Atman
en hy sou in die Atman woon
Marvellous wisdom was in these verses
Wonderlike wysheid was in hierdie verse
all knowledge of the wisest ones had been collected here in magic words
alle kennis van die wysstes is hier in towerwoorde versamel
it was as pure as honey collected by bees
dit was so suiwer soos heuning wat bye versamel het
No, the verses were not to be looked down upon
Nee, die verse moes nie neergesien word nie
they contained tremendous amounts of enlightenment
hulle het geweldige hoeveelhede verligting bevat
they contained wisdom which lay collected and preserved
hulle het wysheid bevat wat versamel en bewaar gelê het
wisdom collected by innumerable generations of wise Brahmans
wysheid versamel deur ontelbare geslagte van wyse Brahmane
But where were the Brahmans?
Maar waar was die Brahmane?
where were the priests?
waar was die priesters?
where the wise men or penitents?
waar die wyse manne of boetvaardige?
where were those that had succeeded?
waar was diegene wat daarin geslaag het?
where were those who knew more than deepest of all knowledge?
waar was diegene wat meer as die diepste van alle kennis geweet het?
where were those that also lived out the enlightened wisdom?
waar was diegene wat ook die verligte wysheid uitgeleef het?

Where was the knowledgeable one who brought Atman out of his sleep?
Waar was die kundige een wat Atman uit sy slaap gebring het?
who had brought this knowledge into the day?
wie het hierdie kennis in die dag gebring?
who had taken this knowledge into their life?
wie het hierdie kennis in hul lewe ingeneem?
who carried this knowledge with every step they took?
wie het hierdie kennis gedra met elke tree wat hulle geneem het?
who had married their words with their deeds?
wie het hulle woorde met hulle dade getrou?
Siddhartha knew many venerable Brahmans
Siddhartha het baie eerbiedwaardige Brahmane geken
his father, the pure one
sy vader, die reine
the scholar, the most venerable one
die geleerde, die mees eerbiedwaardige een
His father was worthy of admiration
Sy pa was bewondering waardig
quiet and noble were his manners
stil en edel was sy maniere
pure was his life, wise were his words
rein was sy lewe, wys was sy woorde
delicate and noble thoughts lived behind his brow
delikate en edele gedagtes het agter sy voorkop geleef
but even though he knew so much, did he live in blissfulness?
maar al het hy so baie geweet, het hy in saligheid gelewe?
despite all his knowledge, did he have peace?
ten spyte van al sy kennis, het hy vrede gehad?
was he not also just a searching man?
was hy nie ook maar net 'n soekende man nie?
was he still not a thirsty man?
was hy nog nie 'n dors man nie?

Did he not have to drink from holy sources again and again?
Moes hy nie keer op keer uit heilige bronne drink nie?
did he not drink from the offerings?
het hy nie uit die offerandes gedrink nie?
did he not drink from the books?
het hy nie uit die boeke gedrink nie?
did he not drink from the disputes of the Brahmans?
het hy nie gedrink uit die geskille van die Brahmane nie?
Why did he have to wash off sins every day?
Hoekom moes hy elke dag sondes afwas?
must he strive for a cleansing every day?
moet hy elke dag na 'n reiniging streef?
over and over again, every day
oor en oor, elke dag
Was Atman not in him?
Was Atman nie in hom nie?
did not the pristine source spring from his heart?
het die ongerepte bron nie uit sy hart ontstaan nie?
the pristine source had to be found in one's own self
die ongerepte bron moes in die eie self gevind word
the pristine source had to be possessed!
die ongerepte bron moes besit word!
doing anything else else was searching
om enigiets anders te doen was soek
taking any other pass is a detour
om enige ander pas te neem, is 'n ompad
going any other way leads to getting lost
om enige ander pad te gaan lei tot verdwaal
These were Siddhartha's thoughts
Dit was Siddhartha se gedagtes
this was his thirst, and this was his suffering
dit was sy dors, en dit was sy lyding
Often he spoke to himself from a Chandogya-Upanishad:
Dikwels het hy van 'n Chandogya-Upanishad met homself gepraat:
"Truly, the name of the Brahman is Satyam"

"Waarlik, die naam van die Brahman is Satyam"
"he who knows such a thing, will enter the heavenly world every day"
"wie so iets weet, sal elke dag in die hemelse wêreld ingaan"
Often the heavenly world seemed near
Dikwels het die hemelse wêreld naby gelyk
but he had never reached the heavenly world completely
maar hy het die hemelse wêreld nooit heeltemal bereik nie
he had never quenched the ultimate thirst
hy het nog nooit die uiterste dors geles nie
And among all the wise and wisest men, none had reached it
En onder al die wyse en wysste manne het niemand dit bereik nie

he received instructions from them
hy het instruksies van hulle ontvang
but they hadn't completely reached the heavenly world
maar hulle het nie heeltemal die hemelse wêreld bereik nie
they hadn't completely quenched their thirst
hulle het nie heeltemal hul dors geles nie
because this thirst is an eternal thirst
want hierdie dors is 'n ewige dors

"Govinda" Siddhartha spoke to his friend
"Govinda" Siddhartha het met sy vriend gepraat
"Govinda, my dear, come with me under the Banyan tree"
"Govinda, my skat, kom saam met my onder die Banyan-boom"
"let's practise meditation"
"kom ons oefen meditasie"
They went to the Banyan tree
Hulle het na die Banyan-boom gegaan
under the Banyan tree they sat down
onder die Banyan-boom gaan sit hulle
Siddhartha was right here
Siddhartha was net hier
Govinda was twenty paces away

Govinda was twintig tree weg
Siddhartha seated himself and he repeated murmuring the verse
Siddhartha het homself gaan sit en hy het die vers herhaal
Om is the bow, the arrow is the soul
Om is die boog, die pyl is die siel
The Brahman is the arrow's target
Die Brahman is die pyl se teiken
the target that one should incessantly hit
die teiken wat mens onophoudelik moet tref
the usual time of the exercise in meditation had passed
die gewone tyd van die oefening in meditasie was verby
Govinda got up, the evening had come
Govinda het opgestaan, die aand het aangebreek
it was time to perform the evening's ablution
dit was tyd om die aand se ablusie uit te voer
He called Siddhartha's name, but Siddhartha did not answer
Hy het Siddhartha se naam genoem, maar Siddhartha het nie geantwoord nie
Siddhartha sat there, lost in thought
Siddhartha het daar gesit, verdwaal in gedagte
his eyes were rigidly focused towards a very distant target
sy oë was styf gefokus op 'n baie ver teiken
the tip of his tongue was protruding a little between the teeth
die punt van sy tong het 'n bietjie tussen die tande uitgesteek
he seemed not to breathe
dit het gelyk of hy nie asemhaal nie
Thus sat he, wrapped up in contemplation
So sit hy, toegedraai in nadenke
he was deep in thought of the Om
hy was diep in gedagte aan die Om
his soul sent after the Brahman like an arrow
sy siel het soos 'n pyl agter die Brahman aan gestuur
Once, Samanas had travelled through Siddhartha's town
Eenkeer het Samanas deur Siddhartha se stad gereis

they were ascetics on a pilgrimage
hulle was askete op 'n pelgrimstog
three skinny, withered men, neither old nor young
drie maer, verdorde mans, nie oud of jonk nie
dusty and bloody were their shoulders
stowwerig en bloederig was hulle skouers
almost naked, scorched by the sun, surrounded by loneliness
amper naak, verskroei deur die son, omring deur eensaamheid
strangers and enemies to the world
vreemdelinge en vyande van die wêreld
strangers and jackals in the realm of humans
vreemdelinge en jakkalse in die ryk van mense
Behind them blew a hot scent of quiet passion
Agter hulle het 'n warm geur van stille passie gewaai
a scent of destructive service
'n geur van vernietigende diens
a scent of merciless self-denial
'n geur van genadelose selfverloëning
the evening had come
die aand het aangebreek
after the hour of contemplation, Siddhartha spoke to Govinda
na die uur van nadenke het Siddhartha met Govinda gepraat
"Early tomorrow morning, my friend, Siddhartha will go to the Samanas"
"Môreoggend vroeg, my vriend, Siddhartha sal na die Samanas gaan"
"He will become a Samana"
"Hy sal 'n Samana word"
Govinda turned pale when he heard these words
Govinda het bleek geword toe hy hierdie woorde hoor
and he read the decision in the motionless face of his friend
en hy lees die besluit in die roerlose gesig van sy vriend

the determination was unstoppable, like the arrow shot from the bow
die vasberadenheid was onstuitbaar, soos die pyl wat uit die boog geskiet is
Govinda realized at first glance; now it is beginning
Govinda besef met die eerste oogopslag; nou begin dit
now Siddhartha is taking his own way
nou vat Siddhartha sy eie pad
now his fate is beginning to sprout
nou begin sy lot spruit
and because of Siddhartha, Govinda's fate is sprouting too
en as gevolg van Siddhartha spruit Govinda se lot ook
he turned pale like a dry banana-skin
hy het bleek geword soos 'n droë piesangvel
"Oh Siddhartha," he exclaimed
"O Siddhartha," het hy uitgeroep
"will your father permit you to do that?"
"Sal jou pa jou toelaat om dit te doen?"
Siddhartha looked over as if he was just waking up
Siddhartha kyk om asof hy net wakker word
like an Arrow he read Govinda's soul
soos 'n pyl het hy Govinda se siel gelees
he could read the fear and the submission in him
hy kon die vrees en die onderwerping in hom lees
"Oh Govinda," he spoke quietly, "let's not waste words"
"O Govinda," het hy sag gepraat, "laat ons nie woorde mors nie"
"Tomorrow at daybreak I will begin the life of the Samanas"
"Môre met dagbreek sal ek die lewe van die Samanas begin"
"let us speak no more of it"
"laat ons nie meer daaroor praat nie"

Siddhartha entered the chamber where his father was sitting
Siddhartha het die kamer binnegegaan waar sy pa gesit het
his father was was on a mat of bast
sy pa was op 'n mat van bast

Siddhartha stepped behind his father
Siddhartha stap agter sy pa aan
and he remained standing behind him
en hy het agter hom bly staan
he stood until his father felt that someone was standing behind him
hy het gestaan totdat sy pa gevoel het dat iemand agter hom staan
Spoke the Brahman: "Is that you, Siddhartha?"
Die Brahman het gesê: "Is dit jy, Siddhartha?"
"Then say what you came to say"
"Sê dan wat jy kom sê het"
Spoke Siddhartha: "With your permission, my father"
Siddhartha gespreek: "Met jou toestemming, my vader"
"I came to tell you that it is my longing to leave your house tomorrow"
"Ek het vir jou kom sê dit is my verlange om môre jou huis te verlaat"
"I wish to go to the ascetics"
"Ek wil na die askete gaan"
"My desire is to become a Samana"
"My begeerte is om 'n Samana te word"
"May my father not oppose this"
"Mag my pa dit nie teëstaan nie"
The Brahman fell silent, and he remained so for long
Die Brahman het stil geraak, en hy het lank so gebly
the stars in the small window wandered
die sterre in die venstertjie het gedwaal
and they changed their relative positions
en hulle het hul relatiewe posisies verander
Silent and motionless stood the son with his arms folded
Stil en roerloos staan die seun met sy arms gevou
silent and motionless sat the father on the mat
stil en roerloos sit die pa op die mat
and the stars traced their paths in the sky
en die sterre het hulle paaie in die hemel gespoor

Then spoke the father
Toe praat die pa
"it is not proper for a Brahman to speak harsh and angry words"
"dit is nie gepas vir 'n Brahman om harde en kwaai woorde te spreek nie"
"But indignation is in my heart"
"Maar verontwaardiging is in my hart"
"I wish not to hear this request for a second time"
"Ek wil hierdie versoek nie vir 'n tweede keer hoor nie"
Slowly, the Brahman rose
Stadig het die Brahman opgestaan
Siddhartha stood silently, his arms folded
Siddhartha staan stil, sy arms gevou
"What are you waiting for?" asked the father
"Waarvoor wag jy?" vra die pa
Spoke Siddhartha, "You know what I'm waiting for"
Siddhartha het gepraat, "Jy weet waarvoor ek wag".
Indignant, the father left the chamber
Verontwaardig het die pa die kamer verlaat
indignant, he went to his bed and lay down
verontwaardig gaan hy na sy bed en gaan lê
an hour passed, but no sleep had come over his eyes
'n uur het verbygegaan, maar geen slaap het oor sy oë gekom nie
the Brahman stood up and he paced to and fro
die Brahman staan op en hy stap heen en weer
and he left the house in the night
en hy het die huis in die nag verlaat
Through the small window of the chamber he looked back inside
Deur die klein venstertjie van die kamer kyk hy terug na binne
and there he saw Siddhartha standing
en daar het hy Siddhartha sien staan
his arms were folded and he had not moved from his spot
sy arms was gevou en hy het nie van sy plek af beweeg nie

Pale shimmered his bright robe
Bleek blink sy helder kleed
With anxiety in his heart, the father returned to his bed
Met angs in sy hart het die pa na sy bed teruggekeer
another sleepless hour passed
nog 'n slapelose uur het verbygegaan
since no sleep had come over his eyes, the Brahman stood up again
aangesien geen slaap oor sy oë gekom het nie, het die Brahman weer opgestaan
he paced to and fro, and he walked out of the house
hy stap heen en weer, en hy stap uit die huis
and he saw that the moon had risen
en hy sien dat die maan opgekom het
Through the window of the chamber he looked back inside
Deur die venster van die kamer kyk hy terug na binne
there stood Siddhartha, unmoved from his spot
daar staan Siddhartha, onbeweeglik van sy plek af
his arms were folded, as they had been
sy arms was gevou, soos hulle was
moonlight was reflecting from his bare shins
maanlig weerkaats van sy kaal skene
With worry in his heart, the father went back to bed
Met bekommernis in sy hart is die pa terug bed toe
he came back after an hour
hy het na 'n uur teruggekom
and he came back again after two hours
en hy het na twee uur weer teruggekom
he looked through the small window
hy kyk deur die klein venstertjie
he saw Siddhartha standing in the moon light
hy het Siddhartha in die maanlig sien staan
he stood by the light of the stars in the darkness
hy het by die lig van die sterre in die duisternis gestaan
And he came back hour after hour
En hy het uur na uur teruggekom

silently, he looked into the chamber
stilweg kyk hy die kamer binne
he saw him standing in the same place
hy het hom op dieselfde plek sien staan
it filled his heart with anger
dit het sy hart met woede vervul
it filled his heart with unrest
dit het sy hart met onrus gevul
it filled his heart with anguish
dit het sy hart met angs vervul
it filled his heart with sadness
dit het sy hart met hartseer vervul
the night's last hour had come
die nag se laaste uur het aangebreek
his father returned and stepped into the room
sy pa het teruggekom en die kamer ingestap
he saw the young man standing there
hy het die jongman daar sien staan
he seemed tall and like a stranger to him
hy het vir hom lank en soos 'n vreemdeling gelyk
"Siddhartha," he spoke, "what are you waiting for?"
"Siddhartha," het hy gepraat, "waarvoor wag jy?"
"You know what I'm waiting for"
"Jy weet waarvoor ek wag"
"Will you always stand that way and wait?
"Sal jy altyd so staan en wag?
I will always stand and wait"
"Ek sal altyd staan en wag"
"will you wait until it becomes morning, noon, and evening?"
"sal jy wag totdat dit oggend, middag en aand word?"
"I will wait until it become morning, noon, and evening"
"Ek sal wag totdat dit môre, middag en aand word"
"You will become tired, Siddhartha"
"Jy sal moeg word, Siddhartha"
"I will become tired"

"Ek sal moeg word"
"You will fall asleep, Siddhartha"
"Jy sal aan die slaap raak, Siddhartha"
"I will not fall asleep"
"Ek sal nie aan die slaap raak nie"
"You will die, Siddhartha"
"Jy sal sterf, Siddhartha"
"I will die," answered Siddhartha
"Ek sal sterf," antwoord Siddhartha
"And would you rather die, than obey your father?"
"En sal jy liewer sterf as om jou vader te gehoorsaam?"
"Siddhartha has always obeyed his father"
"Siddhartha het nog altyd sy pa gehoorsaam"
"So will you abandon your plan?"
"So sal jy jou plan laat vaar?"
"Siddhartha will do what his father will tell him to do"
"Siddhartha sal doen wat sy pa hom sal sê om te doen"
The first light of day shone into the room
Die eerste lig van die dag skyn die kamer binne
The Brahman saw that Siddhartha knees were softly trembling
Die Brahman het gesien dat Siddhartha-knieë saggies bewe
In Siddhartha's face he saw no trembling
In Siddhartha se gesig het hy geen bewing gesien nie
his eyes were fixed on a distant spot
sy oë was gevestig op 'n ver plek
This was when his father realized
Dit was toe dat sy pa besef het
even now Siddhartha no longer dwelt with him in his home
selfs nou het Siddhartha nie meer by hom in sy huis gewoon nie
he saw that he had already left him
hy het gesien dat hy hom reeds verlaat het
The Father touched Siddhartha's shoulder
Die Vader het Siddhartha se skouer aangeraak
"You will," he spoke, "go into the forest and be a Samana"

"Jy sal," het hy gesê, "in die bos ingaan en 'n Samana wees"
"When you find blissfulness in the forest, come back"
"Wanneer jy saligheid in die bos vind, kom terug"
"come back and teach me to be blissful"
"kom terug en leer my om salig te wees"
"If you find disappointment, then return"
"As jy teleurstelling vind, keer dan terug"
"return and let us make offerings to the gods together, again"
"keer terug en laat ons weer saam offers aan die gode bring"
"Go now and kiss your mother"
"Gaan nou en soen jou ma"
"tell her where you are going"
"sê vir haar waarheen jy gaan"
"But for me it is time to go to the river"
"Maar vir my is dit tyd om rivier toe te gaan"
"it is my time to perform the first ablution"
"dit is my tyd om die eerste ablusie uit te voer"
He took his hand from the shoulder of his son, and went outside
Hy het sy hand van die skouer van sy seun af geneem en na buite gegaan
Siddhartha wavered to the side as he tried to walk
Siddhartha wankel na die kant toe hy probeer loop
He put his limbs back under control and bowed to his father
Hy het sy ledemate weer onder beheer geplaas en voor sy pa gebuig
he went to his mother to do as his father had said
hy het na sy ma gegaan om te doen soos sy pa gesê het
As he slowly left on stiff legs a shadow rose near the last hut
Terwyl hy stadig op stywe bene vertrek het 'n skaduwee naby die laaste hut op
who had crouched there, and joined the pilgrim?
wie het daar gehurk en by die pelgrim aangesluit?
"Govinda, you have come" said Siddhartha and smiled
"Govinda, jy het gekom" sê Siddhartha en glimlag
"I have come," said Govinda

"Ek het gekom," sê Govinda

With the Samanas
Met die Samanas

In the evening of this day they caught up with the ascetics
In die aand van hierdie dag het hulle die askete ingehaal
the ascetics; the skinny Samanas
die askete; die maer Samanas
they offered them their companionship and obedience
hulle het hulle hul kameraadskap en gehoorsaamheid aangebied
Their companionship and obedience were accepted
Hulle geselskap en gehoorsaamheid is aanvaar
Siddhartha gave his garments to a poor Brahman in the street
Siddhartha het sy klere aan 'n arm Brahman in die straat gegee
He wore nothing more than a loincloth and earth-coloured, unsown cloak
Hy het niks meer as 'n lendelap en aardkleurige, ongesaaide mantel gedra nie
He ate only once a day, and never anything cooked
Hy het net een keer per dag geëet, en nooit iets gekook nie
He fasted for fifteen days, he fasted for twenty-eight days
Hy het vyftien dae lank gevas, hy het agt-en-twintig dae lank gevas
The flesh waned from his thighs and cheeks
Die vleis het van sy dye en wange gekwyn
Feverish dreams flickered from his enlarged eyes
Koorsagtige drome flikker uit sy vergrote oë
long nails grew slowly on his parched fingers
lang naels groei stadig op sy uitgedroogde vingers
and a dry, shaggy beard grew on his chin
en 'n droë, ruwe baard het op sy ken gegroei

His glance turned to ice when he encountered women
Sy blik het in ys verander toe hy vroue teëkom
he walked through a city of nicely dressed people
hy het deur 'n stad van mooi geklede mense gestap
his mouth twitched with contempt for them
sy mond ruk van minagting vir hulle
He saw merchants trading and princes hunting
Hy het gesien hoe handelaars handel dryf en prinse jag
he saw mourners wailing for their dead
hy het rouklaers oor hul dooies sien huil
and he saw whores offering themselves
en hy het hoere sien wat hulleself offer
physicians trying to help the sick
dokters wat die siekes probeer help
priests determining the most suitable day for seeding
priesters wat die geskikste dag vir saai bepaal
lovers loving and mothers nursing their children
liefhebbers wat lief is en moeders wat hul kinders soog
and all of this was not worthy of one look from his eyes
en dit alles was nie een kyk uit sy oë werd nie
it all lied, it all stank, it all stank of lies
dit het alles gelieg, dit het alles gestink, dit het alles gestink na leuens
it all pretended to be meaningful and joyful and beautiful
dit het alles voorgegee om betekenisvol en vreugdevol en mooi te wees
and it all was just concealed putrefaction
en dit was alles net versteekte verrotting
the world tasted bitter; life was torture
die wêreld het bitter gesmaak; die lewe was marteling

A single goal stood before Siddhartha
'n Enkele doel het voor Siddhartha gestaan
his goal was to become empty
sy doel was om leeg te word
his goal was to be empty of thirst

sy doelwit was om leeg van dors te wees
empty of wishing and empty of dreams
leeg van wense en leeg van drome
empty of joy and sorrow
leeg van vreugde en hartseer
his goal was to be dead to himself
sy doel was om dood vir homself te wees
his goal was not to be a self any more
sy doel was om nie meer 'n self te wees nie
his goal was to find tranquillity with an emptied heart
sy doel was om rustigheid te vind met 'n leeg hart
his goal was to be open to miracles in unselfish thoughts
sy doel was om oop te wees vir wonderwerke in onselfsugtige gedagtes
to achieve this was his goal
om dit te bereik was sy doel
when all of his self was overcome and had died
toe sy hele self oorwin was en gesterf het
when every desire and every urge was silent in the heart
toe elke begeerte en elke drang in die hart stil was
then the ultimate part of him had to awake
dan moes die uiteindelike deel van hom wakker word
the innermost of his being, which is no longer his self
die binneste van sy wese, wat nie meer sy self is nie
this was the great secret
dit was die groot geheim

Silently, Siddhartha exposed himself to the burning rays of the sun
Stilweg het Siddhartha homself aan die brandende sonstrale blootgestel
he was glowing with pain and he was glowing with thirst
hy gloei van pyn en hy gloei van dors
and he stood there until he neither felt pain nor thirst
en hy het daar gestaan totdat hy nie pyn of dors gevoel het nie
Silently, he stood there in the rainy season

Stilweg staan hy daar in die reënseisoen
from his hair the water was dripping over freezing shoulders
uit sy hare drup die water oor ysige skouers
the water was dripping over his freezing hips and legs
die water drup oor sy vriesende heupe en bene
and the penitent stood there
en die boetvaardige het daar gestaan
he stood there until he could not feel the cold any more
hy het daar gestaan totdat hy nie meer die koue kon voel nie
he stood there until his body was silent
hy het daar gestaan totdat sy liggaam stil was
he stood there until his body was quiet
hy het daar gestaan totdat sy liggaam stil was
Silently, he cowered in the thorny bushes
Stilswyend het hy in die doringbosse gekneus
blood dripped from the burning skin
bloed het uit die brandende vel gedrup
blood dripped from festering wounds
bloed gedrup van nare wonde
and Siddhartha stayed rigid and motionless
en Siddhartha het rigied en roerloos gebly
he stood until no blood flowed any more
hy het gestaan totdat geen bloed meer gevloei het nie
he stood until nothing stung any more
hy het gestaan totdat niks meer gesteek het nie
he stood until nothing burned any more
hy het gestaan totdat niks meer gebrand het nie
Siddhartha sat upright and learned to breathe sparingly
Siddhartha het regop gesit en leer om spaarsamig asem te haal
he learned to get along with few breaths
hy het geleer om met min asemteug oor die weg te kom
he learned to stop breathing
hy het geleer om op te hou asemhaal
He learned, beginning with the breath, to calm the beating of his heart

Hy het geleer, begin met die asem, om die klop van sy hart te kalmeer
he learned to reduce the beats of his heart
hy het geleer om die klop van sy hart te verminder
he meditated until his heartbeats were only a few
hy het gemediteer totdat sy hartklop net 'n paar was
and then his heartbeats were almost none
en toe was sy hartklop amper niks
Instructed by the oldest of the Samanas, Siddhartha practised self-denial
In opdrag van die oudste van die Samanas, het Siddhartha selfverloëning beoefen
he practised meditation, according to the new Samana rules
hy het meditasie beoefen, volgens die nuwe Samana-reëls
A heron flew over the bamboo forest
'n Reier het oor die bamboeswoud gevlieg
Siddhartha accepted the heron into his soul
Siddhartha het die reier in sy siel aanvaar
he flew over forest and mountains
hy het oor bos en berge gevlieg
he was a heron, he ate fish
hy was 'n reier, hy het vis geëet
he felt the pangs of a heron's hunger
hy voel die pyne van 'n reier se honger
he spoke the heron's croak
hy het die reier se gekraak gepraat
he died a heron's death
hy het 'n reierdood gesterf
A dead jackal was lying on the sandy bank
'n Dooie jakkals het op die sandbank gelê
Siddhartha's soul slipped inside the body of the dead jackal
Siddhartha se siel het in die liggaam van die dooie jakkals gegly
he was the dead jackal laying on the banks and bloated
hy was die dooie jakkals wat op die walle gelê en opgeblaas het

he stank and decayed and was dismembered by hyenas
hy het gestink en vergaan en is deur hiënas verskeur
he was skinned by vultures and turned into a skeleton
hy is deur aasvoëls ontvel en in 'n geraamte verander
he was turned to dust and blown across the fields
hy is in stof verander en oor die velde geblaas
And Siddhartha's soul returned
En Siddhartha se siel het teruggekeer
it had died, decayed, and was scattered as dust
dit het gesterf, vergaan en soos stof gestrooi
it had tasted the gloomy intoxication of the cycle
dit het die somber bedwelming van die siklus gesmaak
it awaited with a new thirst, like a hunter in the gap
dit het met 'n nuwe dors gewag, soos 'n jagter in die gaping
in the gap where he could escape from the cycle
in die gaping waar hy uit die siklus kon ontsnap
in the gap where an eternity without suffering began
in die gaping waar 'n ewigheid sonder lyding begin het
he killed his senses and his memory
hy het sy sintuie en sy geheue doodgemaak
he slipped out of his self into thousands of other forms
hy het uit sy self in duisende ander gedaantes geglip
he was an animal, a carrion, a stone
hy was 'n dier, 'n aas, 'n klip
he was wood and water
hy was hout en water
and he awoke every time to find his old self again
en hy het elke keer wakker geword om sy ou self weer te vind
whether sun or moon, he was his self again
hetsy son of maan, hy was weer sy self
he turned round in the cycle
hy het in die siklus omgedraai
he felt thirst, overcame the thirst, felt new thirst
hy het dors gevoel, die dors oorwin, nuwe dors gevoel

Siddhartha learned a lot when he was with the Samanas

Siddhartha het baie geleer toe hy by die Samanas was
he learned many ways leading away from the self
hy het baie maniere geleer om weg te lei van die self
he learned how to let go
hy het geleer hoe om te laat gaan
He went the way of self-denial by means of pain
Hy het die weg van selfverloëning deur middel van pyn gegaan
he learned self-denial through voluntarily suffering and overcoming pain
hy het selfverloëning geleer deur vrywillig te ly en pyn te oorkom
he overcame hunger, thirst, and tiredness
hy het honger, dors en moegheid oorwin
He went the way of self-denial by means of meditation
Hy het die weg van selfverloëning gegaan deur middel van meditasie
he went the way of self-denial through imagining the mind to be void of all conceptions
hy het die weg van selfverloëning gegaan deur te verbeel dat die verstand leeg is van alle opvattings
with these and other ways he learned to let go
met hierdie en ander maniere het hy geleer om los te laat
a thousand times he left his self
duisend keer het hy homself verlaat
for hours and days he remained in the non-self
ure en dae lank het hy in die nie-self gebly
all these ways led away from the self
al hierdie weë het weggelei van die self
but their path always led back to the self
maar hulle pad het altyd terug gelei na die self
Siddhartha fled from the self a thousand times
Siddhartha het duisend keer van die self gevlug
but the return to the self was inevitable
maar die terugkeer na die self was onvermydelik

although he stayed in nothingness, coming back was inevitable
hoewel hy in die niet gebly het, was om terug te kom onvermydelik
although he stayed in animals and stones, coming back was inevitable
hoewel hy in diere en klippe gebly het, was dit onvermydelik om terug te kom
he found himself in the sunshine or in the moonlight again
hy het hom weer in die sonskyn of in die maanlig bevind
he found himself in the shade or in the rain again
hy het hom weer in die skadu of in die reën bevind
and he was once again his self; Siddhartha
en hy was weer sy self; Siddhartha
and again he felt the agony of the cycle which had been forced upon him
en weer voel hy die angs van die siklus wat op hom afgedwing is

by his side lived Govinda, his shadow
aan sy sy het Govinda, sy skaduwee, gewoon
Govinda walked the same path and undertook the same efforts
Govinda het dieselfde pad gestap en dieselfde pogings aangepak
they spoke to one another no more than the exercises required
hulle het nie meer met mekaar gepraat as wat die oefeninge vereis het nie
occasionally the two of them went through the villages
af en toe het hulle twee deur die dorpe gegaan
they went to beg for food for themselves and their teachers
hulle het gaan bedel vir kos vir hulleself en hulle onderwysers
"How do you think we have progressed, Govinda" he asked
"Hoe dink jy het ons gevorder, Govinda," het hy gevra
"Did we reach any goals?" Govinda answered

"Het ons enige doelwitte bereik?" Govinda het geantwoord
"We have learned, and we'll continue learning"
"Ons het geleer, en ons sal aanhou leer"
"You'll be a great Samana, Siddhartha"
"Jy sal 'n wonderlike Samana wees, Siddhartha"
"Quickly, you've learned every exercise"
"Jy het vinnig elke oefening geleer"
"often, the old Samanas have admired you"
"Dikwels het die ou Samanas jou bewonder"
"One day, you'll be a holy man, oh Siddhartha"
"Eendag sal jy 'n heilige man wees, o Siddhartha"
Spoke Siddhartha, "I can't help but feel that it is not like this, my friend"
Siddhartha het gesê: "Ek kan nie anders as om te voel dat dit nie so is nie, my vriend."
"What I've learned being among the Samanas could have been learned more quickly"
"Wat ek geleer het om onder die Samanas te wees, kon vinniger geleer word"
"it could have been learned by simpler means"
"dit kon op eenvoudiger maniere geleer gewees het"
"it could have been learned in any tavern"
"dit kon in enige taverne geleer gewees het"
"it could have been learned where the whorehouses are"
"dit kon geleer gewees het waar die hoerhuise is"
"I could have learned it among carters and gamblers"
"Ek kon dit onder karweiers en dobbelaars geleer het"
Spoke Govinda, "Siddhartha is joking with me"
Govinda het gesê: "Siddhartha maak 'n grap met my"
"How could you have learned meditation among wretched people?"
"Hoe kon jy meditasie onder ellendige mense geleer het?"
"how could whores have taught you about holding your breath?"
"hoe kon hoere jou geleer het om jou asem op te hou?"

"how could gamblers have taught you insensitivity against pain?"
"Hoe kon dobbelaars jou ongevoeligheid teen pyn geleer het?"
Siddhartha spoke quietly, as if he was talking to himself
Siddhartha het stil gepraat, asof hy met homself praat
"What is meditation?"
"Wat is meditasie?"
"What is leaving one's body?"
"Wat verlaat 'n mens se liggaam?"
"What is fasting?"
"Wat is vas?"
"What is holding one's breath?"
"Wat hou mens se asem op?"
"It is fleeing from the self"
"Dit vlug van die self"
"it is a short escape of the agony of being a self"
"dit is 'n kort ontsnapping van die pyn om 'n self te wees"
"it is a short numbing of the senses against the pain"
"dit is 'n kort verdoof van die sintuie teen die pyn"
"it is avoiding the pointlessness of life"
"dit vermy die nutteloosheid van die lewe"
"The same numbing is what the driver of an ox-cart finds in the inn"
"Dieselfde gevoelloosheid is wat die bestuurder van 'n ossewa in die herberg vind"
"drinking a few bowls of rice-wine or fermented coconut-milk"
"drink 'n paar bakkies ryswyn of gefermenteerde klappermelk"
"Then he won't feel his self anymore"
"Dan sal hy nie meer homself voel nie"
"then he won't feel the pains of life anymore"
"dan sal hy nie meer die pyn van die lewe voel nie"
"then he finds a short numbing of the senses"
"dan vind hy 'n kort verdowing van die sintuie"

"When he falls asleep over his bowl of rice-wine, he'll find the same what we find"
"Wanneer hy oor sy bak ryswyn aan die slaap raak, sal hy dieselfde kry wat ons kry."
"he finds what we find when we escape our bodies through long exercises"
"hy vind wat ons vind wanneer ons ons liggame ontsnap deur lang oefeninge"
"all of us are staying in the non-self"
"almal van ons bly in die nie-self"
"This is how it is, oh Govinda"
"Dit is hoe dit is, o Govinda"
Spoke Govinda, "You say so, oh friend"
Govinda het gesê: "Jy sê so, o vriend"
"and yet you know that Siddhartha is no driver of an ox-cart"
"en tog weet jy dat Siddhartha geen bestuurder van 'n ossewa is nie"
"and you know a Samana is no drunkard"
"en jy weet 'n Samana is geen dronkaard nie"
"it's true that a drinker numbs his senses"
"dit is waar dat 'n drinker sy sintuie verdoof"
"it's true that he briefly escapes and rests"
"dit is waar dat hy kortstondig ontsnap en rus"
"but he'll return from the delusion and finds everything to be unchanged"
"maar hy sal terugkeer van die dwaling en vind dat alles onveranderd is"
"he has not become wiser"
"hy het nie wyser geword nie"
"he has gathered any enlightenment"
"hy het enige verligting versamel"
"he has not risen several steps"
"hy het nie verskeie trappe opgestaan nie"
And Siddhartha spoke with a smile
En Siddhartha het met 'n glimlag gepraat
"I do not know, I've never been a drunkard"

"Ek weet nie, ek was nog nooit 'n dronkaard nie"
"I know that I find only a short numbing of the senses"
"Ek weet dat ek net 'n kort verdowing van die sintuie vind"
"I find it in my exercises and meditations"
"Ek vind dit in my oefeninge en meditasies"
"and I find I am just as far removed from wisdom as a child in the mother's womb"
"en ek vind ek is net so ver verwyderd van wysheid soos 'n kind in die moederskoot"
"this I know, oh Govinda"
"Dit weet ek, o Govinda"

And once again, another time, Siddhartha began to speak
En weereens, 'n ander keer, het Siddhartha begin praat
Siddhartha had left the forest, together with Govinda
Siddhartha het saam met Govinda die bos verlaat
they left to beg for some food in the village
hulle het vertrek om te bedel vir 'n kos in die dorp
he said, "What now, oh Govinda?"
hy het gesê: "Wat nou, o Govinda?"
"are we on the right path?"
"is ons op die regte pad?"
"are we getting closer to enlightenment?"
"kom ons nader aan verligting?"
"are we getting closer to salvation?"
"kom ons nader aan verlossing?"
"Or do we perhaps live in a circle?"
"Of leef ons dalk in 'n kring?"
"we, who have thought we were escaping the cycle"
"ons, wat gedink het ons ontsnap die siklus"
Spoke Govinda, "We have learned a lot"
Govinda het gesê: "Ons het baie geleer"
"Siddhartha, there is still much to learn"
"Siddhartha, daar is nog baie om te leer"
"We are not going around in circles"
"Ons gaan nie in sirkels rond nie"

"**we are moving up; the circle is a spiral**"
"ons beweeg op; die sirkel is 'n spiraal"
"**we have already ascended many levels**"
"ons het reeds baie vlakke opgestyg"
Siddhartha answered, "How old would you think our oldest Samana is?"
Siddhartha het geantwoord: "Hoe oud sou jy dink ons oudste Samana is?"
"**how old is our venerable teacher?**"
"hoe oud is ons eerbiedwaardige onderwyser?"
Spoke Govinda, "Our oldest one might be about sixty years of age"
Govinda het gepraat, "Ons oudste een is dalk omtrent sestig jaar oud"
Spoke Siddhartha, "He has lived for sixty years"
Siddhartha het gesê: "Hy leef al sestig jaar"
"**and yet he has not reached the nirvana**"
"en tog het hy nie die nirvana bereik nie"
"**He'll turn seventy and eighty**"
"Hy word sewentig en tagtig"
"**you and me, we will grow just as old as him**"
"Ek en jy, ons sal net so oud soos hy word"
"**and we will do our exercises**"
"en ons sal ons oefeninge doen"
"**and we will fast, and we will meditate**"
"en ons sal vas en ons sal mediteer"
"**But we will not reach the nirvana**"
"Maar ons sal nie die nirvana bereik nie"
"**he won't reach nirvana and we won't**"
"hy sal nie nirvana bereik nie en ons sal nie"
"**there are uncountable Samanas out there**"
"daar is ontelbare Samanas daar buite"
"**perhaps not a single one will reach the nirvana**"
"dalk sal nie 'n enkele een die nirvana bereik nie"
"**We find comfort, we find numbness, we learn feats**"
"Ons vind troos, ons vind gevoelloosheid, ons leer prestasies"

"we learn these things to deceive others"
"ons leer hierdie dinge om ander te mislei"
"But the most important thing, the path of paths, we will not find"
"Maar die belangrikste ding, die pad van paaie, sal ons nie vind nie"
Spoke Govinda "If you only wouldn't speak such terrible words, Siddhartha!"
Govinda het gesê: "As jy net nie sulke verskriklike woorde sou praat nie, Siddhartha!"
"there are so many learned men"
"daar is so baie geleerde mans"
"how could not one of them not find the path of paths?"
"hoe kon een van hulle nie die pad van paaie vind nie?"
"how can so many Brahmans not find it?"
"hoe kan so baie Brahmane dit nie vind nie?"
"how can so many austere and venerable Samanas not find it?"
"Hoe kan so baie streng en eerbiedwaardige Samanas dit nie vind nie?"
"how can all those who are searching not find it?"
"hoe kan almal wat soek dit nie vind nie?"
"how can the holy men not find it?"
"Hoe kan die heilige manne dit nie vind nie?"
But Siddhartha spoke with as much sadness as mockery
Maar Siddhartha het met soveel hartseer as bespotting gepraat
he spoke with a quiet, a slightly sad, a slightly mocking voice
hy praat met 'n stil, 'n effens hartseer, 'n effens spottende stem
"Soon, Govinda, your friend will leave the path of the Samanas"
"Binnekort, Govinda, sal jou vriend die pad van die Samanas verlaat"
"he has walked along your side for so long"
"hy het so lank langs jou sy geloop"
"I'm suffering of thirst"

"Ek ly van dors"
"on this long path of a Samana, my thirst has remained as strong as ever"
"Op hierdie lang pad van 'n Samana het my dors so sterk gebly soos altyd"
"I always thirsted for knowledge"
"Ek het altyd dors na kennis"
"I have always been full of questions"
"Ek was nog altyd vol vrae"
"I have asked the Brahmans, year after year"
"Ek het die Brahmane gevra, jaar na jaar"
"and I have asked the holy Vedas, year after year"
"en ek het die heilige Vedas gevra, jaar na jaar"
"and I have asked the devoted Samanas, year after year"
"en ek het die toegewyde Samanas jaar na jaar gevra"
"perhaps I could have learned it from the hornbill bird"
"Miskien kon ek dit by die neushoringvoël geleer het"
"perhaps I should have asked the chimpanzee"
"Miskien moes ek die sjimpansee gevra het"
"It took me a long time"
"Dit het my lank geneem"
"and I am not finished learning this yet"
"en ek het dit nog nie klaar geleer nie"
"oh Govinda, I have learned that there is nothing to be learned!"
"O Govinda, ek het geleer dat daar niks is om te leer nie!"
"There is indeed no such thing as learning"
"Daar is inderdaad nie iets soos leer nie"
"There is just one knowledge"
"Daar is net een kennis"
"this knowledge is everywhere, this is Atman"
"hierdie kennis is oral, dit is Atman"
"this knowledge is within me and within you"
"hierdie kennis is binne my en binne jou"
"and this knowledge is within every creature"
"en hierdie kennis is in elke skepsel"

"this knowledge has no worse enemy than the desire to know it"
"hierdie kennis het geen erger vyand as die begeerte om dit te weet nie"
"that is what I believe"
"dit is wat ek glo"
At this, Govinda stopped on the path
Hierop het Govinda op die paadjie stilgehou
he rose his hands, and spoke
hy het sy hande opgestaan en gepraat
"If only you would not bother your friend with this kind of talk"
"As jy net nie jou vriend met hierdie soort praatjies wou pla nie"
"Truly, your words stir up fear in my heart"
"Waarlik, jou woorde wek vrees in my hart op"
"consider, what would become of the sanctity of prayer?"
"oorweeg, wat sou van die heiligheid van gebed word?"
"what would become of the venerability of the Brahmans' caste?"
"wat sou word van die eerbiedwaardigheid van die Brahmane se kaste?"
"what would happen to the holiness of the Samanas?
"wat sou met die heiligheid van die Samanas gebeur?
"What would then become of all of that is holy"
"Wat sou dan word van dit alles is heilig"
"what would still be precious?"
"wat sou nog kosbaar wees?"
And Govinda mumbled a verse from an Upanishad to himself
En Govinda het vir homself 'n vers uit 'n Upanishad gemompel
"He who ponderingly, of a purified spirit, loses himself in the meditation of Atman"
"Hy wat nadenkend, van 'n gesuiwerde gees, homself verloor in die meditasie van Atman"

"inexpressible by words is the blissfulness of his heart"
"onuitspreeklik deur woorde is die saligheid van sy hart"
But Siddhartha remained silent
Maar Siddhartha het stilgebly
He thought about the words which Govinda had said to him
Hy dink aan die woorde wat Govinda vir hom gesê het
and he thought the words through to their end
en hy het die woorde tot hulle einde deurgedink
he thought about what would remain of all that which seemed holy
hy het gedink aan wat sou oorbly van alles wat heilig gelyk het
What remains? What can stand the test?
Wat bly oor? Wat kan die toets deurstaan?
And he shook his head
En hy skud sy kop

the two young men had lived among the Samanas for about three years
die twee jong mans het ongeveer drie jaar tussen die Samanas gewoon
some news, a rumour, a myth reached them
'n paar nuus, 'n gerug, 'n mite het hulle bereik
the rumour had been retold many times
die gerug is al baie keer oorvertel
A man had appeared, Gotama by name
'n Man het verskyn, Gotama by die naam
the exalted one, the Buddha
die verhewe, die Boeddha
he had overcome the suffering of the world in himself
hy het die lyding van die wêreld in homself oorwin
and he had halted the cycle of rebirths
en hy het die kringloop van wedergeboortes gestop
He was said to wander through the land, teaching
Daar is gesê dat hy deur die land dwaal en leer
he was said to be surrounded by disciples

daar is gesê dat hy deur dissipels omring is
he was said to be without possession, home, or wife
daar is gesê dat hy sonder besit, huis of vrou is
he was said to be in just the yellow cloak of an ascetic
daar word gesê dat hy net in die geel mantel van 'n askeet was
but he was with a cheerful brow
maar hy was met 'n vrolike voorkop
and he was said to be a man of bliss
en daar is gesê dat hy 'n man van saligheid is
Brahmans and princes bowed down before him
Brahmane en prinse het voor hom neergebuig
and they became his students
en hulle het sy studente geword
This myth, this rumour, this legend resounded
Hierdie mite, hierdie gerug, hierdie legende het weerklink
its fragrance rose up, here and there, in the towns
sy geur het opgestyg, hier en daar, in die dorpe
the Brahmans spoke of this legend
die Brahmane het van hierdie legende gepraat
and in the forest, the Samanas spoke of it
en in die woud het die Samanas daarvan gepraat
again and again, the name of Gotama the Buddha reached the ears of the young men
keer op keer het die naam van Gotama die Boeddha die ore van die jong mans bereik
there was good and bad talk of Gotama
daar was goed en sleg gepraat van Gotama
some praised Gotama, others defamed him
sommige het Gotama geprys, ander het hom belaster
It was as if the plague had broken out in a country
Dit was asof die plaag in 'n land uitgebreek het
news had been spreading around that in one or another place there was a man
nuus het versprei dat daar op een of ander plek 'n man is
a wise man, a knowledgeable one
'n wyse man, 'n kundige

a man whose word and breath was enough to heal everyone
'n man wie se woord en asem genoeg was om almal te genees
his presence could heal anyone who had been infected with the pestilence
sy teenwoordigheid kon enigiemand genees wat met die pes besmet was
such news went through the land, and everyone would talk about it
sulke nuus het deur die land gegaan, en almal sou daaroor praat
many believed the rumours, many doubted them
baie het die gerugte geglo, baie het daaraan getwyfel
but many got on their way as soon as possible
maar baie het so gou moontlik op pad gekom
they went to seek the wise man, the helper
hulle het die wyse man, die helper, gaan soek
the wise man of the family of Sakya
die wyse man van die familie van Sakya
He possessed, so the believers said, the highest enlightenment
Hy het, so het die gelowiges gesê, die hoogste verligting gehad
he remembered his previous lives; he had reached the nirvana
hy het sy vorige lewens onthou; hy het die nirvana bereik
and he never returned into the cycle
en hy het nooit in die siklus teruggekeer nie
he was never again submerged in the murky river of physical forms
hy was nooit weer ondergedompel in die troebel rivier van fisiese vorms nie
Many wonderful and unbelievable things were reported of him
Baie wonderlike en ongelooflike dinge is van hom gerapporteer
he had performed miracles

hy het wonderwerke verrig
he had overcome the devil
hy het die duiwel oorwin
he had spoken to the gods
hy het met die gode gepraat
But his enemies and disbelievers said Gotama was a vain seducer
Maar sy vyande en ongelowiges het gesê Gotama was 'n ydele verleier
they said he spent his days in luxury
hulle het gesê hy het sy dae in weelde deurgebring
they said he scorned the offerings
hulle het gesê dat hy die offers verag het
they said he was without learning
hulle het gesê hy was sonder leer
they said he knew neither meditative exercises nor self-castigation
hulle het gesê hy ken nóg meditatiewe oefeninge nóg selfkastyding
The myth of Buddha sounded sweet
Die mite van Boeddha het soet geklink
The scent of magic flowed from these reports
Die geur van magie het uit hierdie berigte gevloei
After all, the world was sick, and life was hard to bear
Die wêreld was immers siek, en die lewe was moeilik om te verduur
and behold, here a source of relief seemed to spring forth
en kyk, hier het dit gelyk of 'n bron van verligting na vore kom
here a messenger seemed to call out
hier het dit gelyk of 'n boodskapper roep
comforting, mild, full of noble promises
vertroostend, sag, vol edele beloftes
Everywhere where the rumour of Buddha was heard, the young men listened up

Oral waar die gerug van Boeddha gehoor is, het die jong mans opgeluister
everywhere in the lands of India they felt a longing
oral in die lande van Indië het hulle 'n verlange gevoel
everywhere where the people searched, they felt hope
oral waar die mense gesoek het, het hulle hoop gevoel
every pilgrim and stranger was welcome when he brought news of him
elke pelgrim en vreemdeling was welkom toe hy die nuus van hom gebring het
the exalted one, the Sakyamuni
die verhewe, die Sakyamuni
The myth had also reached the Samanas in the forest
Die mite het ook die Samanas in die woud bereik
and Siddhartha and Govinda heard the myth too
en Siddhartha en Govinda het ook die mite gehoor
slowly, drop by drop, they heard the myth
stadig, druppel vir druppel, het hulle die mite gehoor
every drop was laden with hope
elke druppel was belaai met hoop
every drop was laden with doubt
elke druppel was belaai met twyfel
They rarely talked about it
Hulle het selde daaroor gepraat
because the oldest one of the Samanas did not like this myth
want die oudste een van die Samanas het nie van hierdie mite gehou nie
he had heard that this alleged Buddha used to be an ascetic
hy het gehoor dat hierdie vermeende Boeddha vroeër 'n askeet was
he heard he had lived in the forest
hy het gehoor hy het in die bos gewoon
but he had turned back to luxury and worldly pleasures
maar hy het teruggekeer na weelde en wêreldse plesier
and he had no high opinion of this Gotama
en hy het geen hoë opinie van hierdie Gotama gehad nie

"Oh Siddhartha," Govinda spoke one day to his friend
"O Siddhartha," het Govinda eendag met sy vriend gepraat
"Today, I was in the village"
"Vandag was ek in die dorp"
"and a Brahman invited me into his house"
"en 'n Brahman het my in sy huis genooi"
"and in his house, there was the son of a Brahman from Magadha"
"en in sy huis was daar die seun van 'n Brahman van Magadha"
"he has seen the Buddha with his own eyes"
"hy het die Boeddha met sy eie oë gesien"
"and he has heard him teach"
"en hy het hom hoor leer"
"Verily, this made my chest ache when I breathed"
"Voorwaar, dit het my bors laat pyn toe ek asemhaal"
"and I thought this to myself:"
"en ek het so by myself gedink:"
"if only we heard the teachings from the mouth of this perfected man!"
"as ons maar die leringe uit die mond van hierdie volmaakte man hoor!"
"Speak, friend, wouldn't we want to go there too"
"Praat, vriend, sou ons nie ook soontoe wou gaan nie"
"wouldn't it be good to listen to the teachings from the Buddha's mouth?"
"Sal dit nie goed wees om na die leringe uit die Boeddha se mond te luister nie?"
Spoke Siddhartha, "I had thought you would stay with the Samanas"
Siddhartha het gepraat: "Ek het gedink jy sal by die Samanas bly"
"I always had believed your goal was to live to be seventy"
"Ek het nog altyd geglo jou doel is om tot sewentig te lewe"

"I thought you would keep practising those feats and exercises"
"Ek het gedink jy sal aanhou om daardie prestasies en oefeninge te oefen"
"and I thought you would become a Samana"
"en ek het gedink jy sal 'n Samana word"
"But behold, I had not known Govinda well enough"
"Maar kyk, ek het Govinda nie goed genoeg geken nie."
"I knew little of his heart"
"Ek het min van sy hart geweet"
"So now you want to take a new path"
"So nou wil jy 'n nuwe pad inslaan"
"and you want to go there where the Buddha spreads his teachings"
"en jy wil daarheen gaan waar die Boeddha sy leringe versprei"
Spoke Govinda, "You're mocking me"
Govinda het gesê: "Jy spot met my"
"Mock me if you like, Siddhartha!"
"Bespot my as jy wil, Siddhartha!"
"But have you not also developed a desire to hear these teachings?"
"Maar het jy nie ook 'n begeerte ontwikkel om hierdie leringe te hoor nie?"
"have you not said you would not walk the path of the Samanas for much longer?"
"Het jy nie gesê dat jy nie vir baie langer die pad van die Samanas sal loop nie?"
At this, Siddhartha laughed in his very own manner
Hierop het Siddhartha op sy eie manier gelag
the manner in which his voice assumed a touch of sadness
die wyse waarop sy stem 'n tikkie hartseer aangeneem het
but it still had that touch of mockery
maar dit het steeds daardie tikkie bespotting gehad
Spoke Siddhartha, "Govinda, you've spoken well"
Siddhartha het gesê: "Govinda, jy het goed gepraat"

"you've remembered correctly what I said"
"Jy het reg onthou wat ek gesê het"
"If only you remembered the other thing you've heard from me"
"As jy maar net die ander ding onthou wat jy van my gehoor het"
"I have grown distrustful and tired against teachings and learning"
"Ek het wantrouig en moeg geword vir leringe en leer"
"my faith in words, which are brought to us by teachers, is small"
"my geloof in woorde, wat deur onderwysers aan ons gebring word, is gering"
"But let's do it, my dear"
"Maar kom ons doen dit, my skat"
"I am willing to listen to these teachings"
"Ek is bereid om na hierdie leringe te luister"
"though in my heart I do not have hope"
"al het ek nie hoop in my hart nie"
"I believe that we've already tasted the best fruit of these teachings"
"Ek glo dat ons reeds die beste vrugte van hierdie leringe geproe het"
Spoke Govinda, "Your willingness delights my heart"
Govinda het gesê: "Jou gewilligheid verlustig my hart"
"But tell me, how should this be possible?"
"Maar sê vir my, hoe moet dit moontlik wees?"
"How can the Gotama's teachings have already revealed their best fruit to us?"
"Hoe kan die Gotama se leringe reeds hul beste vrugte aan ons openbaar het?"
"we have not heard his words yet"
"ons het nog nie sy woorde gehoor nie"
Spoke Siddhartha, "Let us eat this fruit"
Siddhartha het gesê: "Laat ons hierdie vrug eet"
"and let us wait for the rest, oh Govinda!"

"en laat ons wag vir die res, o Govinda!"
"But this fruit consists in him calling us away from the Samanas"
"Maar hierdie vrug bestaan daarin dat Hy ons wegroep van die Samanas"
"and we have already received it thanks to the Gotama!"
"en ons het dit reeds ontvang danksy die Gotama!"
"Whether he has more, let us await with calm hearts"
"Of hy meer het, laat ons wag met kalm harte"

On this very same day Siddhartha spoke to the oldest Samana
Op dieselfde dag het Siddhartha met die oudste Samana gepraat
he told him of his decision to leaves the Samanas
hy het hom vertel van sy besluit om die Samanas te verlaat
he informed the oldest one with courtesy and modesty
het hy die oudste een met hoflikheid en beskeidenheid ingelig
but the Samana became angry that the two young men wanted to leave him
maar die Samana het kwaad geword dat die twee jong mans hom wou verlaat
and he talked loudly and used crude words
en hy het hard gepraat en kru woorde gebruik
Govinda was startled and became embarrassed
Govinda het geskrik en verleë geraak
But Siddhartha put his mouth close to Govinda's ear
Maar Siddhartha het sy mond naby Govinda se oor gesit
"Now, I want to show the old man what I've learned from him"
"Nou wil ek vir die ou man wys wat ek by hom geleer het"
Siddhartha positioned himself closely in front of the Samana
Siddhartha het homself naby die Samana geplaas
with a concentrated soul, he captured the old man's glance

met 'n gekonsentreerde siel het hy die ou man se blik vasgevang
he deprived him of his power and made him mute
hy het hom sy mag ontneem en hom stom gemaak
he took away his free will
hy het sy vrye wil weggeneem
he subdued him under his own will, and commanded him
hy het hom onder sy eie wil onderwerp en hom beveel
his eyes became motionless, and his will was paralysed
sy oë het roerloos geword, en sy wil was lam
his arms were hanging down without power
sy arms hang sonder krag af
he had fallen victim to Siddhartha's spell
hy het die slagoffer geword van Siddhartha se towerspreuk
Siddhartha's thoughts brought the Samana under their control
Siddhartha se gedagtes het die Samana onder hul beheer gebring
he had to carry out what they commanded
hy moes uitvoer wat hulle beveel het
And thus, the old man made several bows
En so het die ou man verskeie buigings gemaak
he performed gestures of blessing
hy het gebare van seën uitgevoer
he spoke stammeringly a godly wish for a good journey
hy het stamelend gepraat 'n goddelike wens vir 'n goeie reis
the young men returned the good wishes with thanks
die jong manne het die goeie wense met dank teruggestuur
they went on their way with salutations
hulle het op pad gegaan met groet
On the way, Govinda spoke again
Op pad het Govinda weer gepraat
"Oh Siddhartha, you have learned more from the Samanas than I knew"
"O Siddhartha, jy het meer by die Samanas geleer as wat ek geweet het"

"It is very hard to cast a spell on an old Samana"
"Dit is baie moeilik om 'n ou Samana te toor"
"Truly, if you had stayed there, you would soon have learned to walk on water"
"Waarlik, as jy daar gebly het, sou jy gou geleer het om op water te loop"
"I do not seek to walk on water" said Siddhartha
"Ek wil nie op water loop nie," het Siddhartha gesê
"Let old Samanas be content with such feats!"
"Laat ou Samanas tevrede wees met sulke prestasies!"

Gotama

In Savathi, every child knew the name of the exalted Buddha
In Savathi het elke kind die naam van die verhewe Boeddha geken
every house was prepared for his coming
elke huis was gereed vir sy koms
each house filled the alms-dishes of Gotama's disciples
elke huis het die aalmoeseskottels van Gotama se dissipels gevul
Gotama's disciples were the silently begging ones
Gotama se dissipels was die stil smekendes
Near the town was Gotama's favourite place to stay
Naby die dorp was Gotama se gunsteling blyplek
he stayed in the garden of Jetavana
hy het in die tuin van Jetavana gebly
the rich merchant Anathapindika had given the garden to Gotama
die ryk handelaar Anathapindika het die tuin aan Gotama gegee
he had given it to him as a gift
hy het dit vir hom as geskenk gegee
he was an obedient worshipper of the exalted one
hy was 'n gehoorsame aanbidder van die verhewe
the two young ascetics had received tales and answers
die twee jong askete het verhale en antwoorde ontvang
all these tales and answers pointed them to Gotama's abode
al hierdie verhale en antwoorde het hulle na Gotama se blyplek gewys
they arrived in the town of Savathi
hulle het in die dorp Savathi aangekom
they went to the very first door of the town
hulle het na die heel eerste deur van die dorp gegaan
and they begged for food at the door
en hulle het by die deur vir kos gesmeek

a woman offered them food
'n vrou het vir hulle kos aangebied
and they accepted the food
en hulle het die kos aangeneem
Siddhartha asked the woman
het Siddhartha die vrou gevra
"oh charitable one, where does the Buddha dwell?"
"O liefdadigheid, waar woon die Boeddha?"
"we are two Samanas from the forest"
"ons is twee Samanas uit die bos"
"we have come to see the perfected one"
"ons het gekom om die volmaakte een te sien"
"we have come to hear the teachings from his mouth"
"ons het gekom om die leringe uit sy mond te hoor"
Spoke the woman, "you Samanas from the forest"
Die vrou het gesê, "julle Samanas uit die bos"
"you have truly come to the right place"
"Jy het werklik op die regte plek gekom"
"you should know, in Jetavana, there is the garden of Anathapindika"
"Jy moet weet, in Jetavana is daar die tuin van Anathapindika"
"that is where the exalted one dwells"
"dit is waar die verhewe woon"
"there you pilgrims shall spend the night"
"Daar sal julle pelgrims oornag"
"there is enough space for the innumerable, who flock here"
"daar is genoeg plek vir die ontelbare, wat hierheen stroom"
"they too come to hear the teachings from his mouth"
"hulle kom ook om die leringe uit sy mond te hoor"
This made Govinda happy, and full of joy
Dit het Govinda gelukkig en vol vreugde gemaak
he exclaimed, "we have reached our destination"
het hy uitgeroep, "ons het ons bestemming bereik"
"our path has come to an end!"
"ons pad het tot 'n einde gekom!"
"But tell us, oh mother of the pilgrims"

"Maar vertel ons, o moeder van die pelgrims"
"do you know him, the Buddha?"
"Ken jy hom, die Boeddha?"
"have you seen him with your own eyes?"
"Het jy hom met jou eie oë gesien?"
Spoke the woman, "Many times I have seen him, the exalted one"
Die vrou het gesê: "Ek het hom baie keer gesien, die verhewe"
"On many days I have seen him"
"Baie dae het ek hom gesien"
"I have seen him walking through the alleys in silence"
"Ek het hom in stilte deur die stegies sien stap"
"I have seen him wearing his yellow cloak"
"Ek het gesien hoe hy sy geel mantel dra"
"I have seen him presenting his alms-dish in silence"
"Ek het gesien hoe hy sy aalmoese-gereg in stilte aanbied"
"I have seen him at the doors of the houses"
"Ek het hom by die deure van die huise gesien"
"and I have seen him leaving with a filled dish"
"en ek het hom sien weggaan met 'n gevulde skottel"
Delightedly, Govinda listened to the woman
Govinda het verheug na die vrou geluister
and he wanted to ask and hear much more
en hy wou nog baie meer vra en hoor
But Siddhartha urged him to walk on
Maar Siddhartha het hom aangespoor om verder te loop
They thanked the woman and left
Hulle het die vrou bedank en vertrek
they hardly had to ask for directions
hulle hoef skaars aanwysings te vra
many pilgrims and monks were on their way to the Jetavana
baie pelgrims en monnike was op pad na die Jetavana
they reached it at night, so there were constant arrivals
hulle het dit in die nag bereik, so daar was voortdurend aankomelinge
and those who sought shelter got it

en dié wat skuiling gesoek het, het dit gekry
The two Samanas were accustomed to life in the forest
Die twee Samanas was gewoond aan die lewe in die bos
so without making any noise they quickly found a place to stay
so sonder om enige geraas te maak het hulle vinnig blyplek gekry
and they rested there until the morning
en hulle het daar gerus tot die môre toe

At sunrise, they saw with astonishment the size of the crowd
Met sonsopkoms het hulle met verbasing die grootte van die skare gesien
a great many number of believers had come
'n groot aantal gelowiges het gekom
and a great number of curious people had spent the night here
en 'n groot aantal nuuskieriges het hier oornag
On all paths of the marvellous garden, monks walked in yellow robes
Op alle paadjies van die wonderlike tuin het monnike in geel klere geloop
under the trees they sat here and there, in deep contemplation
onder die bome het hulle hier en daar gesit, in diepe nadenke
or they were in a conversation about spiritual matters
of hulle was in 'n gesprek oor geestelike sake
the shady gardens looked like a city
die skaduryke tuine het soos 'n stad gelyk
a city full of people, bustling like bees
'n stad vol mense, bruisend soos bye
The majority of the monks went out with their alms-dish
Die meerderheid van die monnike het uitgegaan met hul aalmoese-gereg
they went out to collect food for their lunch
hulle het uitgegaan om kos vir hul middagete te gaan haal

this would be their only meal of the day
dit sou hul enigste maaltyd van die dag wees
The Buddha himself, the enlightened one, also begged in the mornings
Die Boeddha self, die verligte, het ook soggens gesmeek
Siddhartha saw him, and he instantly recognised him
Siddhartha het hom gesien, en hy het hom dadelik herken
he recognised him as if a God had pointed him out
hy het hom herken asof 'n God hom uitgewys het
He saw him, a simple man in a yellow robe
Hy het hom gesien, 'n eenvoudige man in 'n geel kleed
he was bearing the alms-dish in his hand, walking silently
hy het die aalmoeseskottel in sy hand gedra terwyl hy stil loop
"Look here!" Siddhartha said quietly to Govinda
"Kyk hier!" sê Siddhartha stil vir Govinda
"This one is the Buddha"
"Hierdie een is die Boeddha"
Attentively, Govinda looked at the monk in the yellow robe
Oplettend kyk Govinda na die monnik in die geel kleed
this monk seemed to be in no way different from any of the others
dit het gelyk of hierdie monnik op geen manier verskil van enige van die ander nie
but soon, Govinda also realized that this is the one
maar gou het Govinda ook besef dat dit die een is
And they followed him and observed him
En hulle het hom gevolg en hom dopgehou
The Buddha went on his way, modestly and deep in his thoughts
Die Boeddha het sy pad voortgegaan, beskeie en diep in sy gedagtes
his calm face was neither happy nor sad
sy kalm gesig was nie gelukkig of hartseer nie
his face seemed to smile quietly and inwardly
dit lyk of sy gesig stil en innerlik glimlag
his smile was hidden, quiet and calm

sy glimlag was verborge, stil en kalm
the way the Buddha walked somewhat resembled a healthy child
die manier waarop die Boeddha geloop het, het ietwat na 'n gesonde kind gelyk
he walked just as all of his monks did
hy het net soos al sy monnike geloop
he placed his feet according to a precise rule
hy het sy voete volgens 'n presiese reël geplaas
his face and his walk, his quietly lowered glance
sy gesig en sy loop, sy stil verlaagde blik
his quietly dangling hand, every finger of it
sy stil hangende hand, elke vinger daarvan
all these things expressed peace
al hierdie dinge het vrede uitgedruk
all these things expressed perfection
al hierdie dinge het volmaaktheid uitgedruk
he did not search, nor did he imitate
hy het nie gesoek en ook nie nagevolg nie
he softly breathed inwardly an unwhithering calm
hy asem saggies innerlik 'n onwrikbare kalmte
he shone outwardly an unwhithering light
hy het uiterlik 'n onwankelbare lig geskyn
he had about him an untouchable peace
hy het 'n onaantasbare vrede oor hom gehad
the two Samanas recognised him solely by the perfection of his calm
die twee Samanas het hom uitsluitlik herken aan die volmaaktheid van sy kalmte
they recognized him by the quietness of his appearance
hulle het hom herken aan die stilte van sy voorkoms
the quietness in his appearance in which there was no searching
die stilte in sy voorkoms waarin daar nie gesoek is nie
there was no desire, nor imitation
daar was geen begeerte nie, ook nie navolging nie

there was no effort to be seen
daar was geen poging om gesien te word nie
only light and peace was to be seen in his appearance
net lig en vrede was in sy voorkoms te sien
"Today, we'll hear the teachings from his mouth" said Govinda
"Vandag sal ons die leringe uit sy mond hoor," het Govinda gesê
Siddhartha did not answer
Siddhartha het nie geantwoord nie
He felt little curiosity for the teachings
Hy het min nuuskierigheid gevoel vir die leringe
he did not believe that they would teach him anything new
hy het nie geglo dat hulle hom iets nuuts sou leer nie
he had heard the contents of this Buddha's teachings again and again
hy het die inhoud van hierdie Boeddha se leringe weer en weer gehoor
but these reports only represented second hand information
maar hierdie verslae het slegs tweedehandse inligting verteenwoordig
But attentively he looked at Gotama's head
Maar aandagtig kyk hy na Gotama se kop
his shoulders, his feet, his quietly dangling hand
sy skouers, sy voete, sy stil hangende hand
it was as if every finger of this hand was of these teachings
dit was asof elke vinger van hierdie hand van hierdie leringe was
his fingers spoke of truth
sy vingers het van waarheid gepraat
his fingers breathed and exhaled the fragrance of truth
sy vingers haal asem en blaas die geur van waarheid uit
his fingers glistened with truth
sy vingers blink van waarheid
this Buddha was truthful down to the gesture of his last finger

hierdie Boeddha was waarheid tot die gebaar van sy laaste vinger
Siddhartha could see that this man was holy
Siddhartha kon sien dat hierdie man heilig was
Never before, Siddhartha had venerated a person so much
Nog nooit tevore het Siddhartha 'n persoon so vereer nie
he had never before loved a person as much as this one
hy het nog nooit vantevore 'n mens so liefgehad soos hierdie een nie
They both followed the Buddha until they reached the town
Hulle het albei die Boeddha gevolg totdat hulle die dorp bereik het
and then they returned to their silence
en toe keer hulle terug na hul stilte
they themselves intended to abstain on this day
hulle was self van plan om op hierdie dag te onthou
They saw Gotama returning the food that had been given to him
Hulle het gesien hoe Gotama die kos teruggee wat aan hom gegee is
what he ate could not even have satisfied a bird's appetite
wat hy geëet het, kon nie eers 'n voël se aptyt bevredig het nie
and they saw him retiring into the shade of the mango-trees
en hulle het hom in die skaduwee van die mangobome sien wegtrek

in the evening the heat had cooled down
in die aand het die hitte afgekoel
everyone in the camp started to bustle about and gathered around
Almal in die kamp het begin raas en het rondgedrom
they heard the Buddha teaching, and his voice
hulle het gehoor hoe die Boeddha leer, en sy stem
and his voice was also perfected
en sy stem was ook volmaak
his voice was of perfect calmness

sy stem was van volmaakte kalmte
his voice was full of peace
sy stem was vol vrede
Gotama taught the teachings of suffering
Gotama het die leringe van lyding geleer
he taught of the origin of suffering
hy het geleer van die oorsprong van lyding
he taught of the way to relieve suffering
hy het geleer van die manier om lyding te verlig
Calmly and clearly his quiet speech flowed on
Kalm en duidelik het sy stil toespraak voortgevloei
Suffering was life, and full of suffering was the world
Lyding was lewe, en vol lyding was die wêreld
but salvation from suffering had been found
maar verlossing van lyding is gevind
salvation was obtained by him who would walk the path of the Buddha
redding is verkry deur hom wat die pad van die Boeddha sou stap
With a soft, yet firm voice the exalted one spoke
Met 'n sagte, dog ferm stem het die verhewe een gepraat
he taught the four main doctrines
hy het die vier hoofleerstellings geleer
he taught the eight-fold path
hy het die agtvoudige pad geleer
patiently he went the usual path of the teachings
geduldig het hy die gewone pad van die leringe gegaan
his teachings contained the examples
sy leringe het die voorbeelde bevat
his teaching made use of the repetitions
sy leer het van die herhalings gebruik gemaak
brightly and quietly his voice hovered over the listeners
helder en stil sweef sy stem oor die luisteraars
his voice was like a light
sy stem was soos 'n lig
his voice was like a starry sky

sy stem was soos 'n sterrehemel
When the Buddha ended his speech, many pilgrims stepped forward
Toe die Boeddha sy toespraak beëindig het, het baie pelgrims na vore getree
they asked to be accepted into the community
hulle het gevra om in die gemeenskap aanvaar te word
they sought refuge in the teachings
hulle het skuiling in die leringe gesoek
And Gotama accepted them by speaking
En Gotama het hulle aanvaar deur te praat
"You have heard the teachings well"
"Julle het die leringe goed gehoor"
"join us and walk in holiness"
"sluit by ons aan en wandel in heiligheid"
"put an end to all suffering"
"maak 'n einde aan alle lyding"
Behold, then Govinda, the shy one, also stepped forward and spoke
Kyk, toe stap Govinda, die skaam een, ook vorentoe en praat
"I also take my refuge in the exalted one and his teachings"
"Ek skuil ook by die Verhewe en sy leringe"
and he asked to be accepted into the community of his disciples
en hy het gevra om in die gemeenskap van sy dissipels opgeneem te word
and he was accepted into the community of Gotama's disciples
en hy is opgeneem in die gemeenskap van Gotama se dissipels

the Buddha had retired for the night
die Boeddha het vir die nag afgetree
Govinda turned to Siddhartha and spoke eagerly
Govinda het na Siddhartha gedraai en gretig gepraat
"Siddhartha, it is not my place to scold you"
"Siddhartha, dit is nie my plek om jou te skel nie"

"We have both heard the exalted one"
"Ons het albei die verhewe gehoor"
"we have both perceived the teachings"
"ons het albei die leringe waargeneem"
"Govinda has heard the teachings"
"Govinda het die leringe gehoor"
"he has taken refuge in the teachings"
"hy het skuil by die leringe"
"But, my honoured friend, I must ask you"
"Maar, my geëerde vriend, ek moet jou vra"
"don't you also want to walk the path of salvation?"
"wil jy nie ook die pad van verlossing bewandel nie?"
"Would you want to hesitate?"
"Sal jy wil huiwer?"
"do you want to wait any longer?"
"wil jy langer wag?"
Siddhartha awakened as if he had been asleep
Siddhartha het wakker geword asof hy geslaap het
For a long time, he looked into Govinda's face
Hy het lank in Govinda se gesig gekyk
Then he spoke quietly, in a voice without mockery
Toe praat hy stil, met 'n stem sonder spot
"Govinda, my friend, now you have taken this step"
"Govinda, my vriend, nou het jy hierdie stap geneem"
"now you have chosen this path"
"nou het jy hierdie pad gekies"
"Always, oh Govinda, you've been my friend"
"Altyd, o Govinda, jy was my vriend"
"you've always walked one step behind me"
"Jy het nog altyd een tree agter my geloop"
"Often I have thought about you"
"Ek het dikwels aan jou gedink"
"'Won't Govinda for once also take a step by himself'"
"'Sal Govinda nie vir 'n slag ook 'n tree alleen neem nie'"
"'won't Govinda take a step without me?'"
"'sal Govinda nie 'n tree sonder my gee nie?"

"'won't he take a step driven by his own soul?'"
"'sal hy nie 'n tree gee wat deur sy eie siel gedryf word nie?'"
"Behold, now you've turned into a man"
"Kyk, nou het jy in 'n man verander"
"you are choosing your path for yourself"
"Jy kies jou pad vir jouself"
"I wish that you would go it up to its end"
"Ek wens dat jy dit tot sy einde wou gaan"
"oh my friend, I hope that you shall find salvation!"
"O my vriend, ek hoop dat jy redding sal vind!"
Govinda, did not completely understand it yet
Govinda, het dit nog nie heeltemal verstaan nie
he repeated his question in an impatient tone
herhaal hy sy vraag op 'n ongeduldige toon
"Speak up, I beg you, my dear!"
"Praat, ek smeek jou, my skat!"
"Tell me, since it could not be any other way"
"Sê vir my, want dit kan nie anders nie"
"won't you also take your refuge with the exalted Buddha?"
"sal jy nie ook jou toevlug by die verhewe Boeddha neem nie?"
Siddhartha placed his hand on Govinda's shoulder
Siddhartha het sy hand op Govinda se skouer geplaas
"You failed to hear my good wish for you"
"Jy kon nie my goeie wens vir jou hoor nie"
"I'm repeating my wish for you"
"Ek herhaal my wens vir jou"
"I wish that you would go this path"
"Ek wens jy wil hierdie pad gaan"
"I wish that you would go up to this path's end"
"Ek wens jy wil opgaan na hierdie pad se einde"
"I wish that you shall find salvation!"
"Ek wens dat jy verlossing sal vind!"
In this moment, Govinda realized that his friend had left him
In hierdie oomblik het Govinda besef dat sy vriend hom verlaat het

when he realized this he started to weep
toe hy dit besef het hy begin huil
"Siddhartha!" he exclaimed lamentingly
"Siddhartha!" roep hy klaaglik uit
Siddhartha kindly spoke to him
Siddhartha het vriendelik met hom gepraat
"don't forget, Govinda, who you are"
"moenie vergeet nie, Govinda, wie jy is"
"you are now one of the Samanas of the Buddha"
"jy is nou een van die Samanas van die Boeddha"
"You have renounced your home and your parents"
"Jy het jou huis en jou ouers verloën"
"you have renounced your birth and possessions"
"jy het afstand gedoen van jou geboorte en besittings"
"you have renounced your free will"
"jy het afstand gedoen van jou vrye wil"
"you have renounced all friendship"
"Jy het alle vriendskap verloën"
"This is what the teachings require"
"Dit is wat die leringe vereis"
"this is what the exalted one wants"
"dit is wat die verhewe een wil hê"
"This is what you wanted for yourself"
"Dit is wat jy vir jouself wou hê"
"Tomorrow, oh Govinda, I will leave you"
"Môre, o Govinda, ek sal jou verlaat"
For a long time, the friends continued walking in the garden
Die maatjies het lank in die tuin bly stap
for a long time, they lay there and found no sleep
vir 'n lang tyd het hulle daar gelê en geen slaap gevind nie
And over and over again, Govinda urged his friend
En oor en oor het Govinda sy vriend aangespoor
"why would you not want to seek refuge in Gotama's teachings?"
"Hoekom wil jy nie skuiling in Gotama se leerstellings soek nie?"

"what fault could you find in these teachings?"
"watter fout kan jy in hierdie leringe vind?"
But Siddhartha turned away from his friend
Maar Siddhartha het van sy vriend af weggedraai
every time he said, "Be content, Govinda!"
elke keer het hy gesê: "Wees tevrede, Govinda!"
"Very good are the teachings of the exalted one"
"Baie goed is die leringe van die verhewe"
"how could I find a fault in his teachings?"
"hoe kon ek 'n fout in sy leringe vind?"

it was very early in the morning
dit was baie vroeg in die oggend
one of the oldest monks went through the garden
een van die oudste monnike het deur die tuin gegaan
he called to those who had taken their refuge in the teachings
hy het na diegene geroep wat hul toevlug tot die leringe geneem het
he called them to dress them up in the yellow robe
hy het hulle geroep om hulle die geel kleed aan te trek
and he instruct them in the first teachings and duties of their position
en hy onderrig hulle in die eerste leringe en pligte van hul posisie
Govinda once again embraced his childhood friend
Govinda het weer sy jeugvriend omhels
and then he left with the novices
en toe vertrek hy saam met die beginners
But Siddhartha walked through the garden, lost in thought
Maar Siddhartha het deur die tuin gestap, verdwaal in gedagte
Then he happened to meet Gotama, the exalted one
Toe ontmoet hy toevallig Gotama, die verhewe een
he greeted him with respect
hy het hom met respek gegroet

the Buddha's glance was full of kindness and calm
die Boeddha se blik was vol vriendelikheid en kalmte
the young man summoned his courage
het die jong man sy moed bymekaargeskraap
he asked the venerable one for the permission to talk to him
hy het die eerbiedwaardige toestemming gevra om met hom te praat
Silently, the exalted one nodded his approval
In stilte het die verhewe een sy goedkeuring geknik
Spoke Siddhartha, "Yesterday, oh exalted one"
Siddhartha het gesê: "Gister, o verhewe een"
"I had been privileged to hear your wondrous teachings"
"Ek was bevoorreg om jou wonderlike leringe te hoor"
"Together with my friend, I had come from afar, to hear your teachings"
"Saam met my vriend het ek van ver af gekom om jou leringe te hoor"
"And now my friend is going to stay with your people"
"En nou gaan my vriend by jou mense bly"
"he has taken his refuge with you"
"hy het by jou skuil"
"But I will again start on my pilgrimage"
"Maar ek sal weer op my pelgrimstog begin"
"As you please," the venerable one spoke politely
"Soos jy wil," praat die eerbiedwaardige een beleefd
"Too bold is my speech," Siddhartha continued
"Te vet is my toespraak," het Siddhartha voortgegaan
"but I do not want to leave the exalted on this note"
"maar ek wil nie die verhewe op hierdie noot laat nie"
"I want to share with the most venerable one my honest thoughts"
"Ek wil my eerlike gedagtes met die mees eerbiedwaardige een deel"
"Does it please the venerable one to listen for one moment longer?"

"Behaag dit die eerbiedwaardige een om vir een oomblik langer te luister?"
Silently, the Buddha nodded his approval
In stilte het die Boeddha sy goedkeuring geknik
Spoke Siddhartha, "oh most venerable one"
Siddhartha gespreek, "o mees eerbiedwaardige een"
"there is one thing I have admired in your teachings most of all"
"daar is een ding wat ek die meeste van almal in jou leringe bewonder het"
"Everything in your teachings is perfectly clear"
"Alles in jou leringe is heeltemal duidelik"
"what you speak of is proven"
"waarvan jy praat is bewys"
"you are presenting the world as a perfect chain"
"jy stel die wêreld voor as 'n perfekte ketting"
"a chain which is never and nowhere broken"
"'n ketting wat nooit en nêrens gebreek word nie"
"an eternal chain the links of which are causes and effects"
"'n ewige ketting waarvan die skakels oorsake en gevolge is"
"Never before, has this been seen so clearly"
"Nog nooit tevore nie, is dit so duidelik gesien"
"never before, has this been presented so irrefutably"
"nog nooit tevore nie, is dit so onweerlegbaar aangebied"
"truly, the heart of every Brahman has to beat stronger with love"
"Waarlik, die hart van elke Brahman moet sterker klop met liefde"
"he has seen the world through your perfectly connected teachings"
"Hy het die wêreld gesien deur jou volkome verbonde leringe"
"without gaps, clear as a crystal"
"sonder gapings, helder soos 'n kristal"
"not depending on chance, not depending on Gods"
"nie afhanklik van toeval nie, nie afhanklik van gode nie"
"he has to accept it whether it may be good or bad"

"hy moet dit aanvaar of dit nou goed of sleg is"
"he has to live by it whether it would be suffering or joy"
"hy moet daarvolgens lewe of dit lyding of vreugde is"
"but I do not wish to discuss the uniformity of the world"
"maar ek wil nie die eenvormigheid van die wêreld bespreek nie"
"it is possible that this is not essential"
"dit is moontlik dat dit nie noodsaaklik is nie"
"everything which happens is connected"
"alles wat gebeur is verbind"
"the great and the small things are all encompassed"
"die groot en die klein dinge is alles ingesluit"
"they are connected by the same forces of time"
"Hulle is verbind deur dieselfde kragte van tyd"
"they are connected by the same law of causes"
"hulle is verbind deur dieselfde wet van oorsake"
"the causes of coming into being and of dying"
"die oorsake van ontstaan en sterf"
"this is what shines brightly out of your exalted teachings"
"dit is wat helder uit u verhewe leringe skyn"
"But, according to your very own teachings, there is a small gap"
"Maar volgens jou eie leerstellings is daar 'n klein gaping"
"this unity and necessary sequence of all things is broken in one place"
"hierdie eenheid en noodsaaklike volgorde van alle dinge word op een plek verbreek"
"this world of unity is invaded by something alien"
"hierdie wêreld van eenheid word binnegeval deur iets uitheems"
"there is something new, which had not been there before"
"daar is iets nuuts wat nie voorheen daar was nie"
"there is something which cannot be demonstrated"
"daar is iets wat nie gedemonstreer kan word nie"
"there is something which cannot be proven"
"daar is iets wat nie bewys kan word nie"

"these are your teachings of overcoming the world"
"dit is jou leringe om die wêreld te oorwin"
"these are your teachings of salvation"
"dit is jou leerstellings van verlossing"
"But with this small gap, the eternal breaks apart again"
"Maar met hierdie klein gaping breek die ewige weer uitmekaar"
"with this small breach, the law of the world becomes void"
"met hierdie klein oortreding word die wet van die wêreld nietig"
"Please forgive me for expressing this objection"
"Vergewe my asseblief dat ek hierdie beswaar uitspreek"
Quietly, Gotama had listened to him, unmoved
Stilweg het Gotama na hom geluister, onbewoë
Now he spoke, the perfected one, with his kind and polite clear voice
Nou het hy gepraat, die volmaakte een, met sy vriendelike en beleefde helder stem
"You've heard the teachings, oh son of a Brahman"
"Jy het die leringe gehoor, o seun van 'n Brahman"
"and good for you that you've thought about it this deeply"
"en goed vir jou dat jy so diep daaroor nagedink het"
"You've found a gap in my teachings, an error"
"Jy het 'n leemte in my leringe gevind, 'n fout"
"You should think about this further"
"Jy moet verder hieroor dink"
"But be warned, oh seeker of knowledge, of the thicket of opinions"
"Maar wees gewaarsku, o soeker na kennis, teen die bos van opinies"
"be warned of arguing about words"
"Wees gewaarsku om oor woorde te stry"
"There is nothing to opinions"
"Daar is niks aan menings nie"
"they may be beautiful or ugly"
"hulle kan pragtig of lelik wees"

"opinions may be smart or foolish"
"menings kan slim of dwaas wees"
"everyone can support opinions, or discard them"
"almal kan menings ondersteun, of dit weggooi"
"But the teachings, you've heard from me, are no opinion"
"Maar die leringe, wat jy van my gehoor het, is geen mening nie"
"their goal is not to explain the world to those who seek knowledge"
"hulle doel is nie om die wêreld te verduidelik aan diegene wat kennis soek nie"
"They have a different goal"
"Hulle het 'n ander doelwit"
"their goal is salvation from suffering"
"hulle doel is redding van lyding"
"This is what Gotama teaches, nothing else"
"Dit is wat Gotama leer, niks anders nie"
"I wish that you, oh exalted one, would not be angry with me" said the young man
"Ek wens dat jy, o verhewe, nie vir my kwaad sou wees nie," sê die jong man
"I have not spoken to you like this to argue with you"
"Ek het nie so met jou gepraat om met jou te argumenteer nie"
"I do not wish to argue about words"
"Ek wil nie oor woorde stry nie"
"You are truly right, there is little to opinions"
"Jy is regtig reg, daar is min opinies"
"But let me say one more thing"
"Maar laat ek nog een ding sê"
"I have not doubted in you for a single moment"
"Ek het nie een oomblik in jou getwyfel nie"
"I have not doubted for a single moment that you are Buddha"
"Ek het nie vir 'n enkele oomblik getwyfel dat jy Boeddha is nie"
"I have not doubted that you have reached the highest goal"

"Ek het nie getwyfel dat jy die hoogste doel bereik het nie"
"the highest goal towards which so many Brahmans are on their way"
"die hoogste doelwit waarheen soveel Brahmane op pad is"
"You have found salvation from death"
"U het verlossing uit die dood gevind"
"It has come to you in the course of your own search"
"Dit het na jou gekom in die loop van jou eie soeke"
"it has come to you on your own path"
"dit het na jou toe gekom op jou eie pad"
"it has come to you through thoughts and meditation"
"dit het na jou gekom deur gedagtes en meditasie"
"it has come to you through realizations and enlightenment"
"dit het na jou gekom deur besef en verligting"
"but it has not come to you by means of teachings!"
"maar dit het nie tot julle gekom deur middel van leringe nie!"
"And this is my thought"
"En dit is my gedagte"
"nobody will obtain salvation by means of teachings!"
"niemand sal redding verkry deur middel van leringe nie!"
"You will not be able to convey your hour of enlightenment"
"Jy sal nie jou uur van verligting kan oordra nie"
"words of what has happened to you won't convey the moment!"
"Woorde van wat met jou gebeur het, sal nie die oomblik oordra nie!"
"The teachings of the enlightened Buddha contain much"
"Die leerstellings van die verligte Boeddha bevat baie"
"it teaches many to live righteously"
"dit leer baie om regverdig te lewe"
"it teaches many to avoid evil"
"dit leer baie om kwaad te vermy"
"But there is one thing which these teachings do not contain"
"Maar daar is een ding wat hierdie leringe nie bevat nie"
"they are clear and venerable, but the teachings miss something"

"hulle is duidelik en eerbiedwaardig, maar die leringe mis iets"
"the teachings do not contain the mystery"
"die leringe bevat nie die verborgenheid nie"
"the mystery of what the exalted one has experienced for himself"
"die misterie van wat die verhewe een vir homself ervaar het"
"among hundreds of thousands, only he experienced it"
"Tussen honderdduisende het net hy dit ervaar"
"This is what I have thought and realized, when I heard the teachings"
"Dit is wat ek gedink en besef het toe ek die leringe gehoor het"
"This is why I am continuing my travels"
"Dit is hoekom ek voortgaan met my reise"
"this is why I do not to seek other, better teachings"
"dit is hoekom ek nie ander, beter leringe soek nie"
"I know there are no better teachings"
"Ek weet daar is geen beter leringe nie"
"I leave to depart from all teachings and all teachers"
"Ek vertrek om van alle leringe en alle onderwysers af te wyk"
"I leave to reach my goal by myself, or to die"
"Ek vertrek om my doel alleen te bereik, of om te sterf"
"But often, I'll think of this day, oh exalted one"
"Maar dikwels sal ek aan hierdie dag dink, o verhewe een"
"and I'll think of this hour, when my eyes beheld a holy man"
"en ek sal dink aan hierdie uur, toe my oë 'n heilige man gesien het"
The Buddha's eyes quietly looked to the ground
Die Boeddha se oë kyk stil na die grond
quietly, in perfect equanimity, his inscrutable face was smiling
stil, in volmaakte kalmte, glimlag sy ondeurgrondelike gesig
the venerable one spoke slowly
die eerbiedwaardige een het stadig gepraat

"I wish that your thoughts shall not be in error"
"Ek wens dat jou gedagtes nie in dwaling sal wees nie"
"I wish that you shall reach the goal!"
"Ek wens dat jy die doel sal bereik!"
"But there is something I ask you to tell me"
"Maar daar is iets wat ek jou vra om my te vertel"
"Have you seen the multitude of my Samanas?"
"Het jy die menigte van my Samanas gesien?"
"they have taken refuge in the teachings"
"hulle het hul toevlug geneem tot die leringe"
"do you believe it would be better for them to abandon the teachings?"
"glo jy dit sal beter wees vir hulle om die leringe te laat vaar?"
"should they to return into the world of desires?"
"Moet hulle terugkeer na die wêreld van begeertes?"
"Far is such a thought from my mind" exclaimed Siddhartha
"Ver is so 'n gedagte uit my gedagtes," het Siddhartha uitgeroep
"I wish that they shall all stay with the teachings"
"Ek wens dat hulle almal by die leringe sal bly"
"I wish that they shall reach their goal!"
"Ek wens dat hulle hul doel sal bereik!"
"It is not my place to judge another person's life"
"Dit is nie my plek om 'n ander persoon se lewe te oordeel nie"
"I can only judge my own life "
"Ek kan net my eie lewe oordeel"
"I must decide, I must chose, I must refuse"
"Ek moet besluit, ek moet kies, ek moet weier"
"Salvation from the self is what we Samanas search for"
"Redding van die self is waarna ons Samanas soek"
"oh exalted one, if only I were one of your disciples"
"O verhewe, as ek maar een van u dissipels was"
"I'd fear that it might happen to me"
"Ek is bang dat dit met my kan gebeur"
"only seemingly, would my self be calm and be redeemed"
"Slegs oënskynlik, sou my self kalm wees en verlos word"

"but in truth it would live on and grow"
"maar in werklikheid sou dit voortleef en groei"
"because then I would replace my self with the teachings"
"want dan sal ek my self vervang met die leringe"
"my self would be my duty to follow you"
"my self sal my plig wees om jou te volg"
"my self would be my love for you"
"my self sal my liefde vir jou wees"
"and my self would be the community of the monks!"
"en my self sou die gemeenskap van die monnike wees!"
With half of a smile Gotama looked into the stranger's eyes
Met 'n halwe glimlag kyk Gotama in die vreemdeling se oë
his eyes were unwaveringly open and kind
sy oë was onwrikbaar oop en vriendelik
he bid him to leave with a hardly noticeable gesture
hy het hom aangesê om te vertrek met 'n skaars merkbare gebaar
"You are wise, oh Samana" the venerable one spoke
"Jy is wys, o Samana" het die eerbare een gepraat
"You know how to talk wisely, my friend"
"Jy weet hoe om verstandig te praat, my vriend"
"Be aware of too much wisdom!"
"Wees bewus van te veel wysheid!"
The Buddha turned away
Die Boeddha het weggedraai
Siddhartha would never forget his glance
Siddhartha sal nooit sy blik vergeet nie
his half smile remained forever etched in Siddhartha's memory
sy halwe glimlag het vir altyd in Siddhartha se geheue ingeëts gebly
Siddhartha thought to himself
het Siddhartha by homself gedink
"I have never before seen a person glance and smile this way"

"Ek het nog nooit tevore 'n persoon op hierdie manier sien kyk en glimlag nie."
"no one else sits and walks like he does"
"niemand anders sit en loop soos hy nie"
"truly, I wish to be able to glance and smile this way"
"Waarlik, ek wens om op hierdie manier te kan kyk en glimlag"
"I wish to be able to sit and walk this way, too"
"Ek wil ook hierdie kant toe kan sit en loop"
"liberated, venerable, concealed, open, childlike and mysterious"
"bevry, eerbiedwaardig, verborge, oop, kinderlik en geheimsinnig"
"he must have succeeded in reaching the innermost part of his self"
"hy moes daarin geslaag het om die binneste van sy self te bereik"
"only then can someone glance and walk this way"
"net dan kan iemand hierdie kant toe kyk en loop"
"I will also seek to reach the innermost part of my self"
"Ek sal ook probeer om die binneste van my self te bereik"
"I saw a man" Siddhartha thought
"Ek het 'n man gesien," dink Siddhartha
"a single man, before whom I would have to lower my glance"
"'n enkele man, voor wie ek my blik moet laat sak"
"I do not want to lower my glance before anyone else"
"Ek wil nie my blik voor enigiemand anders laat sak nie"
"No teachings will entice me more anymore"
"Geen leringe sal my meer lok nie"
"because this man's teachings have not enticed me"
"omdat hierdie man se leringe my nie verlei het nie"
"I am deprived by the Buddha" thought Siddhartha
"Ek word deur die Boeddha ontneem," dink Siddhartha
"I am deprived, although he has given so much"
"Ek is ontneem, al het hy soveel gegee"

"he has deprived me of my friend"
"hy het my van my vriend ontneem"
"my friend who had believed in me"
"my vriend wat in my geglo het"
"my friend who now believes in him"
"my vriend wat nou in hom glo"
"my friend who had been my shadow"
"my vriend wat my skaduwee was"
"and now he is Gotama's shadow"
"en nou is hy Gotama se skaduwee"
"but he has given me Siddhartha"
"maar hy het vir my Siddhartha gegee"
"he has given me myself"
"Hy het my self gegee"

Awakening
Ontwaking

Siddhartha left the mango grove behind him
Siddhartha het die mangobos agter hom gelos
but he felt his past life also stayed behind
maar hy het gevoel sy vorige lewe het ook agtergebly
the Buddha, the perfected one, stayed behind
die Boeddha, die volmaakte een, het agtergebly
and Govinda stayed behind too
en Govinda het ook agtergebly
and his past life had parted from him
en sy vorige lewe het van hom geskei
he pondered as he was walking slowly
peins hy terwyl hy stadig loop
he pondered about this sensation, which filled him completely
hy het nagedink oor hierdie sensasie, wat hom heeltemal vervul het
He pondered deeply, like diving into a deep water
Hy het diep nagedink, soos om in 'n diep water te duik
he let himself sink down to the ground of the sensation
hy laat hom tot op die grond van die sensasie sak
he let himself sink down to the place where the causes lie
hy het hom laat sak na die plek waar die oorsake lê
to identify the causes is the very essence of thinking
om die oorsake te identifiseer, is die essensie van denke
this was how it seemed to him
dit was hoe dit vir hom gelyk het
and by this alone, sensations turn into realizations
en net hierdeur verander sensasies in besef
and these sensations are not lost
en hierdie sensasies gaan nie verlore nie
but the sensations become entities
maar die sensasies word entiteite
and the sensations start to emit what is inside of them

en die sensasies begin uitstraal wat binne-in hulle is
they show their truths like rays of light
hulle wys hulle waarhede soos ligstrale
Slowly walking along, Siddhartha pondered
Siddhartha het stadig saamgestap en peins
He realized that he was no youth any more
Hy het besef dat hy geen jeug meer is nie
he realized that he had turned into a man
hy het besef dat hy in 'n man verander het
He realized that something had left him
Hy het besef dat iets hom verlaat het
the same way a snake is left by its old skin
op dieselfde manier wat 'n slang deur sy ou vel gelos word
what he had throughout his youth no longer existed in him
wat hy deur sy jeug gehad het, het nie meer in hom bestaan nie
it used to be a part of him; the wish to have teachers
dit was vroeër deel van hom; die wens om onderwysers te hê
the wish to listen to teachings
die wens om na leringe te luister
He had also left the last teacher who had appeared on his path
Hy het ook die laaste onderwyser verlaat wat op sy pad verskyn het
he had even left the highest and wisest teacher
hy het selfs die hoogste en wysste leermeester verlaat
he had left the most holy one, Buddha
hy het die allerheiligste, Boeddha, verlaat
he had to part with him, unable to accept his teachings
hy moes van hom afskei, nie in staat om sy leringe te aanvaar nie
Slower, he walked along in his thoughts
Stadiger stap hy in sy gedagtes saam
and he asked himself, "But what is this?"
en hy vra homself af: Maar wat is dit?

"what have you sought to learn from teachings and from teachers?"
"wat het jy probeer leer uit leringe en van onderwysers?"
"and what were they, who have taught you so much?"
"en wat was hulle wat jou so baie geleer het?"
"what are they if they have been unable to teach you?"
"wat is hulle as hulle jou nie kon leer nie?"
And he found, "It was the self"
En hy het gevind: "Dit was die self"
"it was the purpose and essence of which I sought to learn"
"dit was die doel en essensie waarvan ek probeer leer het"
"It was the self I wanted to free myself from"
"Dit was die self waarvan ek myself wou bevry"
"the self which I sought to overcome"
"die self wat ek wou oorwin"
"But I was not able to overcome it"
"Maar ek kon dit nie oorkom nie"
"I could only deceive it"
"Ek kon dit net bedrieg"
"I could only flee from it"
"Ek kon net daarvan vlug"
"I could only hide from it"
"Ek kon net daarvoor wegkruip"
"Truly, no thing in this world has kept my thoughts so busy"
"Waarlik, geen ding in hierdie wêreld het my gedagtes so besig gehou nie"
"I have been kept busy by the mystery of me being alive"
"Ek is besig gehou deur die misterie dat ek lewendig is"
"the mystery of me being one"
"die raaisel dat ek een is"
"the mystery if being separated and isolated from all others"
"die raaisel as geskei en geïsoleer word van alle ander"
"the mystery of me being Siddhartha!"
"die raaisel dat ek Siddhartha is!"
"And there is no thing in this world I know less about"

"En daar is niks in hierdie wêreld waarvan ek minder weet nie"
he had been pondering while slowly walking along
hy het gepeins terwyl hy stadig geloop het
he stopped as these thoughts caught hold of him
hy stop toe hierdie gedagtes hom beetkry
and right away another thought sprang forth from these thoughts
en dadelik het daar uit hierdie gedagtes 'n ander gedagte ontstaan
"there's one reason why I know nothing about myself"
"daar is een rede hoekom ek niks van myself weet nie"
"there's one reason why Siddhartha has remained alien to me"
"Daar is een rede hoekom Siddhartha vir my vreemd gebly het"
"all of this stems from one cause"
"Dit alles spruit uit een oorsaak"
"I was afraid of myself, and I was fleeing"
"Ek was bang vir myself, en ek het gevlug"
"I have searched for both Atman and Brahman"
"Ek het na beide Atman en Brahman gesoek"
"for this I was willing to dissect my self"
"hiervoor was ek bereid om my self te dissekteer"
"and I was willing to peel off all of its layers"
"en ek was bereid om al sy lae af te skil"
"I wanted to find the core of all peels in its unknown interior"
"Ek wou die kern van alle skille in sy onbekende binnekant vind"
"the Atman, life, the divine part, the ultimate part"
"die Atman, lewe, die goddelike deel, die uiteindelike deel"
"But I have lost myself in the process"
"Maar ek het myself verloor in die proses"
Siddhartha opened his eyes and looked around
Siddhartha het sy oë oopgemaak en rondgekyk

looking around, a smile filled his face
kyk rond, 'n glimlag vul sy gesig
a feeling of awakening from long dreams flowed through him
'n gevoel van ontwaking uit lang drome stroom deur hom
the feeling flowed from his head down to his toes
die gevoel vloei van sy kop af tot by sy tone
And it was not long before he walked again
En dit was nie lank nie of hy het weer geloop
he walked quickly, like a man who knows what he has got to do
hy het vinnig geloop, soos 'n man wat weet wat hy moet doen
"now I will not let Siddhartha escape from me again!"
"Nou sal ek nie weer Siddhartha van my laat ontsnap nie!"
"I no longer want to begin my thoughts and my life with Atman"
"Ek wil nie meer my gedagtes en my lewe met Atman begin nie"
"nor do I want to begin my thoughts with the suffering of the world"
"Ek wil ook nie my gedagtes begin met die lyding van die wêreld nie"
"I do not want to kill and dissect myself any longer"
"Ek wil nie meer myself doodmaak en dissekteer nie"
"Yoga-Veda shall not teach me anymore"
"Joga-Veda sal my nie meer leer nie"
"nor Atharva-Veda, nor the ascetics"
"nog Atharva-Veda, ook nie die askete nie"
"there will not be any kind of teachings"
"daar sal geen soort lering wees nie"
"I want to learn from myself and be my student"
"Ek wil by myself leer en my student wees"
"I want to get to know myself; the secret of Siddhartha"
"Ek wil myself leer ken; die geheim van Siddhartha"

He looked around, as if he was seeing the world for the first time
Hy kyk rond, asof hy die wêreld vir die eerste keer sien
Beautiful and colourful was the world
Mooi en kleurvol was die wêreld
strange and mysterious was the world
vreemd en geheimsinnig was die wêreld
Here was blue, there was yellow, here was green
Hier was blou, daar was geel, hier was groen
the sky and the river flowed
die lug en die rivier het gevloei
the forest and the mountains were rigid
die woud en die berge was styf
all of the world was beautiful
die hele wêreld was pragtig
all of it was mysterious and magical
alles was geheimsinnig en magies
and in its midst was he, Siddhartha, the awakening one
en in sy midde was hy, Siddhartha, die ontwakende
and he was on the path to himself
en hy was op die pad na homself
all this yellow and blue and river and forest entered Siddhartha
al hierdie geel en blou en rivier en woud het Siddhartha binnegegaan
for the first time it entered through the eyes
vir die eerste keer het dit deur die oë ingekom
it was no longer a spell of Mara
dit was nie meer 'n betowering van Mara nie
it was no longer the veil of Maya
dit was nie meer die sluier van Maya nie
it was no longer a pointless and coincidental
dit was nie meer sinloos en toevallig nie
things were not just a diversity of mere appearances
dinge was nie net 'n verskeidenheid van blote voorkoms nie
appearances despicable to the deeply thinking Brahman

voorkoms veragtelik vir die diepdenkende Brahman
the thinking Brahman scorns diversity, and seeks unity
die denkende Brahman minag diversiteit, en soek eenheid
Blue was blue and river was river
Blou was blou en rivier was rivier
the singular and divine lived hidden in Siddhartha
die enkelvoudige en goddelike het verborge in Siddhartha geleef
divinity's way and purpose was to be yellow here, and blue there
Goddelikheid se manier en doel was om geel hier te wees, en blou daar
there sky, there forest, and here Siddhartha
daar lug, daar woud, en hier Siddhartha
The purpose and essential properties was not somewhere behind the things
Die doel en noodsaaklike eienskappe was nie iewers agter die dinge nie
the purpose and essential properties was inside of everything
die doel en noodsaaklike eienskappe was binne-in alles
"How deaf and stupid have I been!" he thought
"Hoe doof en dom was ek nie!" het hy gedink
and he walked swiftly along
en hy het vinnig verder geloop
"When someone reads a text he will not scorn the symbols and letters"
"Wanneer iemand 'n teks lees, sal hy nie die simbole en letters minag nie."
"he will not call the symbols deceptions or coincidences"
"hy sal nie die simbole bedrog of toevallighede noem nie"
"but he will read them as they were written"
"maar hy sal dit lees soos dit geskryf is"
"he will study and love them, letter by letter"
"hy sal hulle bestudeer en liefhê, letter vir brief"

"I wanted to read the book of the world and scorned the letters"
"Ek wou die boek van die wêreld lees en het die briewe geminag"
"I wanted to read the book of myself and scorned the symbols"
"Ek wou die boek van myself lees en het die simbole geminag"
"I called my eyes and my tongue coincidental"
"Ek het my oë en my tong toevallig genoem"
"I said they were worthless forms without substance"
"Ek het gesê dit is waardelose vorms sonder substansie"
"No, this is over, I have awakened"
"Nee, dit is verby, ek het wakker geword"
"I have indeed awakened"
"Ek het inderdaad wakker geword"
"I had not been born before this very day"
"Ek was nog nie voor hierdie dag gebore nie"
In thinking these thoughts, Siddhartha suddenly stopped once again
Deur hierdie gedagtes te dink, het Siddhartha skielik weer gestop
he stopped as if there was a snake lying in front of him
hy stop asof daar 'n slang voor hom lê
suddenly, he had also become aware of something else
skielik het hy ook van iets anders bewus geword
He was indeed like someone who had just woken up
Hy was inderdaad soos iemand wat pas wakker geword het
he was like a new-born baby starting life anew
hy was soos 'n pasgebore baba wat die lewe opnuut begin het
and he had to start again at the very beginning
en hy moes weer by die begin begin
in the morning he had had very different intentions
in die oggend het hy heel ander bedoelings gehad
he had thought to return to his home and his father
hy het gedink om terug te keer na sy huis en sy pa
But now he stopped as if a snake was lying on his path

Maar nou stop hy asof 'n slang op sy pad lê
he made a realization of where he was
hy het 'n besef gemaak van waar hy was
"I am no longer the one I was"
"Ek is nie meer die een wat ek was nie"
"I am no ascetic anymore"
"Ek is nie meer askeet nie"
"I am not a priest anymore"
"Ek is nie meer 'n priester nie"
"I am no Brahman anymore"
"Ek is geen Brahman meer nie"
"Whatever should I do at my father's place?"
"Wat moet ek ook al by my pa doen?"
"Study? Make offerings? Practise meditation?"
"Studie? Maak offers? Oefen meditasie?"
"But all this is over for me"
"Maar dit alles is verby vir my"
"all of this is no longer on my path"
"Dit alles is nie meer op my pad nie"
Motionless, Siddhartha remained standing there
Roerloos bly Siddhartha daar staan
and for the time of one moment and breath, his heart felt cold
en vir die tyd van een oomblik en asem, het sy hart koud gevoel
he felt a coldness in his chest
hy voel 'n koue in sy bors
the same feeling a small animal feels when it sees how alone it is
dieselfde gevoel wat 'n diertjie voel as hy sien hoe alleen hy is
For many years, he had been without home and had felt nothing
Vir baie jare was hy sonder huis en het hy niks gevoel nie
Now, he felt he had been without a home
Nou het hy gevoel hy was sonder 'n huis

Still, even in the deepest meditation, he had been his father's son
Tog, selfs in die diepste meditasie, was hy sy pa se seun
he had been a Brahman, of a high caste
hy was 'n Brahman, van 'n hoë kaste
he had been a cleric
hy was 'n geestelike gewees
Now, he was nothing but Siddhartha, the awoken one
Nou, hy was niks anders as Siddhartha, die ontwaakte een nie
nothing else was left of him
niks anders het van hom oorgebly nie
Deeply, he inhaled and felt cold
Hy het diep ingeasem en koud gevoel
a shiver ran through his body
'n rilling het deur sy lyf getrek
Nobody was as alone as he was
Niemand was so alleen soos hy nie
There was no nobleman who did not belong to the noblemen
Daar was geen edelman wat nie aan die edelmanne behoort het nie
there was no worker that did not belong to the workers
daar was geen werker wat nie aan die werkers behoort het nie
they had all found refuge among themselves
hulle het almal onder mekaar skuiling gevind
they shared their lives and spoke their languages
hulle het hul lewens gedeel en hul tale gepraat
there are no Brahman who would not be regarded as Brahmans
daar is geen Brahmane wat nie as Brahmane beskou sal word nie
and there are no Brahmans that didn't live as Brahmans
en daar is geen Brahmane wat nie as Brahmane geleef het nie
there are no ascetic who could not find refuge with the Samanas

daar is geen askete wat geen toevlug by die Samanas kon vind nie
and even the most forlorn hermit in the forest was not alone
en selfs die mees verlate kluisenaar in die woud was nie alleen nie
he was also surrounded by a place he belonged to
hy was ook omring deur 'n plek waaraan hy behoort het
he also belonged to a caste in which he was at home
hy het ook aan 'n kaste behoort waarin hy tuis was
Govinda had left him and became a monk
Govinda het hom verlaat en 'n monnik geword
and a thousand monks were his brothers
en duisend monnike was sy broers
they wore the same robe as him
hulle het dieselfde kleed as hy gedra
they believed in his faith and spoke his language
hulle het in sy geloof geglo en sy taal gepraat
But he, Siddhartha, where did he belong to?
Maar hy, Siddhartha, waar het hy aan behoort?
With whom would he share his life?
Met wie sou hy sy lewe deel?
Whose language would he speak?
Wie se taal sou hy praat?
the world melted away all around him
die wêreld het oral om hom weggesmelt
he stood alone like a star in the sky
hy het alleen gestaan soos 'n ster in die lug
cold and despair surrounded him
koue en wanhoop het hom omring
but Siddhartha emerged out of this moment
maar Siddhartha het uit hierdie oomblik gekom
Siddhartha emerged more his true self than before
Siddhartha het meer as sy ware self na vore gekom as voorheen
he was more firmly concentrated than he had ever been
hy was stewiger gekonsentreer as wat hy ooit was

He felt; "this had been the last tremor of the awakening"
Hy het gevoel; "Dit was die laaste bewing van die ontwaking"
"the last struggle of this birth"
"die laaste stryd van hierdie geboorte"
And it was not long until he walked again in long strides
En dit was nie lank nie totdat hy weer in lang treë geloop het
he started to proceed swiftly and impatiently
hy het vinnig en ongeduldig begin voortgaan
he was no longer going home
hy gaan nie meer huis toe nie
he was no longer going to his father
hy gaan nie meer na sy pa toe nie

Part Two
Deel Twee

***

Kamala

Siddhartha learned something new on every step of his path
Siddhartha het op elke tree van sy pad iets nuuts geleer
because the world was transformed and his heart was enchanted
want die wêreld is verander en sy hart was betower
He saw the sun rising over the mountains
Hy het die son oor die berge sien opkom
and he saw the sun setting over the distant beach
en hy het die son oor die verre strand sien sak
At night, he saw the stars in the sky in their fixed positions
Snags het hy die sterre in die lug in hul vaste posisies gesien
and he saw the crescent of the moon floating like a boat in the blue
en hy het die sekel van die maan sien dryf soos 'n boot in die blou
He saw trees, stars, animals, and clouds
Hy het bome, sterre, diere en wolke gesien
rainbows, rocks, herbs, flowers, streams and rivers
reënboë, rotse, kruie, blomme, strome en riviere
he saw the glistening dew in the bushes in the morning
hy het in die oggend die glinsterende dou in die bosse gesien
he saw distant high mountains which were blue
hy het veraf hoë berge gesien wat blou was
wind blew through the rice-field
wind het deur die rysveld gewaai
all of this, a thousand-fold and colourful, had always been there
dit alles, duisendvoudig en kleurvol, was nog altyd daar
the sun and the moon had always shone

die son en die maan het altyd geskyn
rivers had always roared and bees had always buzzed
riviere het altyd gedreun en bye het altyd gegons
but in former times all of this had been a deceptive veil
maar in vroeër tye was dit alles 'n bedrieglike sluier
to him it had been nothing more than fleeting
vir hom was dit niks meer as vlugtig nie
it was supposed to be looked upon in distrust
dit was veronderstel om in wantroue gekyk te word
it was destined to be penetrated and destroyed by thought
dit was bestem om deur denke deurgedring en vernietig te word
since it was not the essence of existence
aangesien dit nie die essensie van bestaan was nie
since this essence lay beyond, on the other side of, the visible
aangesien hierdie essensie anderkant, aan die ander kant van, die sigbare gelê het
But now, his liberated eyes stayed on this side
Maar nou het sy bevryde oë aan hierdie kant gebly
he saw and became aware of the visible
hy het gesien en bewus geword van die sigbare
he sought to be at home in this world
hy het gesoek om tuis te wees in hierdie wêreld
he did not search for the true essence
hy het nie na die ware wese gesoek nie
he did not aim at a world beyond
hy het nie na 'n wêreld daarbuite gemik nie
this world was beautiful enough for him
hierdie wêreld was vir hom mooi genoeg
looking at it like this made everything childlike
om dit so te kyk het alles kinderlik gemaak
Beautiful were the moon and the stars
Pragtig was die maan en die sterre
beautiful was the stream and the banks
pragtig was die stroompie en die walle

the forest and the rocks, the goat and the gold-beetle
die bos en die rotse, die bok en die goudkewer
the flower and the butterfly; beautiful and lovely it was
die blom en die skoenlapper; pragtig en pragtig was dit
to walk through the world was childlike again
om deur die wêreld te stap was weer kinderlik
this way he was awoken
so is hy wakker gemaak
this way he was open to what is near
so was hy oop vir wat naby is
this way he was without distrust
so was hy sonder wantroue
differently the sun burnt the head
anders het die son die kop gebrand
differently the shade of the forest cooled him down
anders het die skaduwee van die bos hom afgekoel
differently the pumpkin and the banana tasted
verskillend het die pampoen en die piesang geproe
Short were the days, short were the nights
Kort was die dae, kort was die nagte
every hour sped swiftly away like a sail on the sea
elke uur vinnig weggejaag soos 'n seil op die see
and under the sail was a ship full of treasures, full of joy
en onder die seil was 'n skip vol skatte, vol vreugde
Siddhartha saw a group of apes moving through the high canopy
Siddhartha het 'n groep ape deur die hoë afdak sien beweeg
they were high in the branches of the trees
hulle was hoog in die takke van die bome
and he heard their savage, greedy song
en hy het hulle woeste, gierige lied gehoor
Siddhartha saw a male sheep following a female one and mating with her
Siddhartha het 'n skaap gesien wat 'n wyfie volg en met haar paar

In a lake of reeds, he saw the pike hungrily hunting for its dinner
In 'n meer van riete het hy gesien hoe die snoek hongerig vir sy aandete jag
young fish were propelling themselves away from the pike
jong visse was besig om hulself van die snoek af weg te dryf
they were scared, wiggling and sparkling
hulle was bang, wip en sprankel
the young fish jumped in droves out of the water
die jong visse het in troppe uit die water gespring
the scent of strength and passion came forcefully out of the water
die geur van krag en passie het kragtig uit die water gekom
and the pike stirred up the scent
en die snoek het die geur aangewakker
All of this had always existed
Dit alles het nog altyd bestaan
and he had not seen it, nor had he been with it
en hy het dit nie gesien nie, en hy was ook nie daarby nie
Now he was with it and he was part of it
Nou was hy daarmee en hy was deel daarvan
Light and shadow ran through his eyes
Lig en skadu loop deur sy oë
stars and moon ran through his heart
sterre en maan het deur sy hart geloop

Siddhartha remembered everything he had experienced in the Garden Jetavana
Siddhartha het alles onthou wat hy in die Garden Jetavana ervaar het
he remembered the teaching he had heard there from the divine Buddha
hy het die lering onthou wat hy daar van die goddelike Boeddha gehoor het
he remembered the farewell from Govinda
hy onthou die afskeid van Govinda

he remembered the conversation with the exalted one
hy onthou die gesprek met die verhewe een
Again he remembered his own words that he had spoken to the exalted one
Weer onthou hy sy eie woorde wat hy met die verhewe gespreek het
he remembered every word
hy het elke woord onthou
he realized he had said things which he had not really known
hy het besef hy het dinge gesê wat hy nie regtig geweet het nie
he astonished himself with what he had said to Gotama
hy het homself verstom met wat hy vir Gotama gesê het
the Buddha's treasure and secret was not the teachings
die Boeddha se skat en geheim was nie die leringe nie
but the secret was the inexpressible and not teachable
maar die geheim was die onuitspreeklike en nie leerbare nie
the secret which he had experienced in the hour of his enlightenment
die geheim wat hy ervaar het in die uur van sy verligting
the secret was nothing but this very thing which he had now gone to experience
die geheim was niks anders as hierdie einste ding wat hy nou gaan beleef het nie
the secret was what he now began to experience
die geheim was wat hy nou begin ervaar het
Now he had to experience his self
Nou moes hy homself ervaar
he had already known for a long time that his self was Atman
hy het al lankal geweet dat sy self Atman is
he knew Atman bore the same eternal characteristics as Brahman
hy het geweet Atman het dieselfde ewige eienskappe as Brahman
But he had never really found this self

Maar hy het nog nooit regtig hierdie self gevind nie
because he had wanted to capture the self in the net of thought
omdat hy die self in die net van denke wou vasvang
but the body was not part of the self
maar die liggaam was nie deel van die self nie
it was not the spectacle of the senses
dit was nie die skouspel van die sintuie nie
so it also was not the thought, nor the rational mind
so was dit ook nie die gedagte nie, ook nie die rasionele verstand nie
it was not the learned wisdom, nor the learned ability
dit was nie die aangeleerde wysheid nie, ook nie die aangeleerde vermoë nie
from these things no conclusions could be drawn
uit hierdie dinge kon geen gevolgtrekkings gemaak word nie
No, the world of thought was also still on this side
Nee, die gedagtewêreld was ook nog aan hierdie kant
Both, the thoughts as well as the senses, were pretty things
Beide, die gedagtes sowel as die sintuie, was mooi dinge
but the ultimate meaning was hidden behind both of them
maar die uiteindelike betekenis was agter albei van hulle verborge
both had to be listened to and played with
na albei moes geluister en mee gespeel word
neither had to be scorned nor overestimated
nie geminag of oorskat moes word nie
there were secret voices of the innermost truth
daar was geheime stemme van die diepste waarheid
these voices had to be attentively perceived
hierdie stemme moes aandagtig waargeneem word
He wanted to strive for nothing else
Hy wou vir niks anders streef nie
he would do what the voice commanded him to do
hy sou doen wat die stem hom beveel het om te doen
he would dwell where the voices advised him to

hy sou woon waar die stemme hom aangeraai het
Why had Gotama sat down under the Bodhi tree?
Waarom het Gotama onder die Bodhi-boom gaan sit?
He had heard a voice in his own heart
Hy het 'n stem in sy eie hart gehoor
a voice which had commanded him to seek rest under this tree
'n stem wat hom beveel het om rus te soek onder hierdie boom
he could have gone on to make offerings
hy kon voortgegaan het om offers te bring
he could have performed his ablutions
hy kon sy ablusies uitgevoer het
he could have spent that moment in prayer
hy kon daardie oomblik in gebed deurgebring het
he had chosen not to eat or drink
hy het gekies om nie te eet of te drink nie
he had chosen not to sleep or dream
hy het gekies om nie te slaap of te droom nie
instead, he had obeyed the voice
in plaas daarvan het hy die stem gehoorsaam
To obey like this was good
Om so te gehoorsaam was goed
it was good not to obey to an external command
dit was goed om nie aan 'n eksterne opdrag te gehoorsaam nie
it was good to obey only the voice
dit was goed om net die stem te gehoorsaam
to be ready like this was good and necessary
om so gereed te wees, was goed en nodig
there was nothing else that was necessary
daar was niks anders wat nodig was nie

in the night Siddhartha got to a river
in die nag het Siddhartha by 'n rivier gekom
he slept in the straw hut of a ferryman
hy het in die strooihut van 'n veerman geslaap
this night Siddhartha had a dream

vanaand het Siddhartha 'n droom gehad
Govinda was standing in front of him
Govinda het voor hom gestaan
he was dressed in the yellow robe of an ascetic
hy was geklee in die geel kleed van 'n askeet
Sad was how Govinda looked
Hartseer was hoe Govinda gelyk het
sadly he asked, "Why have you forsaken me?"
hartseer het hy gevra: "Waarom het jy my verlaat?"
Siddhartha embraced Govinda, and wrapped his arms around him
Siddhartha het Govinda omhels en sy arms om hom gevou
he pulled him close to his chest and kissed him
hy het hom naby sy bors getrek en hom gesoen
but it was not Govinda anymore, but a woman
maar dit was nie meer Govinda nie, maar 'n vrou
a full breast popped out of the woman's dress
'n vol bors het uit die vrou se rok gespring
Siddhartha lay and drank from the breast
Siddhartha lê en drink uit die bors
sweetly and strongly tasted the milk from this breast
die melk uit hierdie bors soet en sterk geproe
It tasted of woman and man
Dit het na vrou en man gesmaak
it tasted of sun and forest
dit het na son en bos gesmaak
it tasted of animal and flower
dit het na dier en blom gesmaak
it tasted of every fruit and every joyful desire
dit het gesmaak van elke vrug en elke vreugdevolle begeerte
It intoxicated him and rendered him unconscious
Dit het hom bedwelm en bewusteloos gemaak
Siddhartha woke up from the dream
Siddhartha het uit die droom wakker geword
the pale river shimmered through the door of the hut
die vaal rivier glinster deur die deur van die hut

a dark call of an owl resounded deeply through the forest
'n donker roep van 'n uil weerklink diep deur die bos
Siddhartha asked the ferryman to get him across the river
Siddhartha het die veerbootman gevra om hom oor die rivier te kry
The ferryman got him across the river on his bamboo-raft
Die veerbootman het hom op sy bamboesvlot oor die rivier gekry
the water shimmered reddish in the light of the morning
die water het rooierig geglinster in die lig van die oggend
"This is a beautiful river," he said to his companion
"Hierdie is 'n pragtige rivier," sê hy vir sy metgesel
"Yes," said the ferryman, "a very beautiful river"
"Ja," sê die veerman, "'n baie mooi rivier"
"I love it more than anything"
"Ek is meer mal daaroor as enigiets"
"Often I have listened to it"
"Ek het dikwels daarna geluister"
"often I have looked into its eyes"
"Ek het dikwels in sy oë gekyk"
"and I have always learned from it"
"en ek het nog altyd daaruit geleer"
"Much can be learned from a river"
"Baie kan uit 'n rivier geleer word"
"I thank you, my benefactor" spoke Siddhartha
"Ek dank jou, my weldoener," het Siddhartha gesê
he disembarked on the other side of the river
hy het aan die oorkant van die rivier afgeklim
"I have no gift I could give you for your hospitality, my dear"
"Ek het geen geskenk wat ek vir jou kan gee vir jou gasvryheid nie, my skat"
"and I also have no payment for your work"
"en ek het ook geen betaling vir jou werk nie"
"I am a man without a home"
"Ek is 'n man sonder 'n huis"

"I am the son of a Brahman and a Samana"
"Ek is die seun van 'n Brahman en 'n Samana"
"I did see it," spoke the ferryman
"Ek het dit wel gesien," het die veerbootman gesê
"I did not expect any payment from you"
"Ek het geen betaling van jou verwag nie"
"it is custom for guests to bear a gift"
"dit is gebruiklik dat gaste 'n geskenk dra"
"but I did not expect this from you either"
"maar ek het dit ook nie van jou verwag nie"
"You will give me the gift another time"
"Jy sal vir my die geskenk 'n ander keer gee"
"Do you think so?" asked Siddhartha, bemusedly
"Dink jy so?" vra Siddhartha verward
"I am sure of it," replied the ferryman
"Ek is seker daarvan," antwoord die veerbootman
"This too, I have learned from the river"
"Dit het ek ook by die rivier geleer"
"everything that goes comes back!"
"alles wat gaan, kom terug!"
"You too, Samana, will come back"
"Jy ook, Samana, sal terugkom"
"Now farewell! Let your friendship be my reward"
"Nou totsiens! Laat jou vriendskap my beloning wees"
"Commemorate me, when you make offerings to the gods"
"Gedenk my wanneer jy offers aan die gode bring"
Smiling, they parted from each other
Glimlaggend het hulle van mekaar geskei
Smiling, Siddhartha was happy about the friendship
Glimlaggend was Siddhartha bly oor die vriendskap
and he was happy about the kindness of the ferryman
en hy was bly oor die vriendelikheid van die veerman
"He is like Govinda," he thought with a smile
"Hy is soos Govinda," dink hy met 'n glimlag
"all I meet on my path are like Govinda"
"Al wat ek op my pad ontmoet, is soos Govinda"

"All are thankful for what they have"
"Almal is dankbaar vir wat hulle het"
"but they are the ones who would have a right to receive thanks"
"maar dit is hulle wat die reg sal hê om dank te ontvang"
"all are submissive and would like to be friends"
"almal is onderdanig en wil graag vriende wees"
"all like to obey and think little"
"almal hou daarvan om te gehoorsaam en min te dink"
"all people are like children"
"alle mense is soos kinders"

At about noon, he came through a village
Teen die middaguur het hy deur 'n dorpie gekom
In front of the mud cottages, children were rolling about in the street
Voor die modderhuisies het kinders in die straat rondgerol
they were playing with pumpkin-seeds and sea-shells
hulle het met pampoenpitte en seeskulpe gespeel
they screamed and wrestled with each other
hulle het geskree en met mekaar gestoei
but they all timidly fled from the unknown Samana
maar hulle het almal bedees gevlug van die onbekende Samana
In the end of the village, the path led through a stream
Aan die einde van die dorpie het die paadjie deur 'n stroompie gelei
by the side of the stream, a young woman was kneeling
langs die stroom het 'n jong vrou gekniel
she was washing clothes in the stream
sy was besig om klere in die stroom te was
When Siddhartha greeted her, she lifted her head
Toe Siddhartha haar groet, het sy haar kop opgelig
and she looked up to him with a smile
en sy kyk op na hom met 'n glimlag
he could see the white in her eyes glistening

hy kan die wit in haar oë sien glinster
He called out a blessing to her
Hy het 'n seën vir haar uitgeroep
this was the custom among travellers
dit was die gebruik onder reisigers
and he asked how far it was to the large city
en hy het gevra hoe ver dit tot by die groot stad was
Then she got up and came to him
Toe staan sy op en kom na hom toe
beautifully her wet mouth was shimmering in her young face
pragtig glinster haar nat mond in haar jong gesig
She exchanged humorous banter with him
Sy het humoristiese gekerts met hom uitgeruil
she asked whether he had eaten already
sy vra of hy al geëet het
and she asked curious questions
en sy het nuuskierige vrae gevra
"is it true that the Samanas slept alone in the forest at night?"
"is dit waar dat die Samanas snags alleen in die woud geslaap het?"
"is it true Samanas are not allowed to have women with them"
"is dit waar dat Samanas nie vroue by hulle mag hê nie"
While talking, she put her left foot on his right one
Terwyl sy praat sit sy haar linkervoet op sy regtervoet
the movement of a woman who would want to initiate sexual pleasure
die beweging van 'n vrou wat seksuele plesier wil inisieer
the textbooks call this "climbing a tree"
die handboeke noem dit "boomklim"
Siddhartha felt his blood heating up
Siddhartha voel hoe sy bloed warm word
he had to think of his dream again
hy moes weer aan sy droom dink
he bend slightly down to the woman

hy buk effens af na die vrou
and he kissed with his lips the brown nipple of her breast
en hy soen met sy lippe die bruin tepel van haar bors
Looking up, he saw her face smiling
Toe hy opkyk, sien hy haar gesig glimlag
and her eyes were full of lust
en haar oë was vol begeerlikheid
Siddhartha also felt desire for her
Siddhartha het ook begeerte na haar gevoel
he felt the source of his sexuality moving
hy voel hoe die bron van sy seksualiteit beweeg
but he had never touched a woman before
maar hy het nog nooit voorheen aan 'n vrou geraak nie
so he hesitated for a moment
daarom huiwer hy vir 'n oomblik
his hands were already prepared to reach out for her
sy hande was reeds bereid om na haar uit te reik
but then he heard the voice of his innermost self
maar toe hoor hy die stem van sy binneste
he shuddered with awe at his voice
hy sidder van ontsag vir sy stem
and this voice told him no
en hierdie stem het vir hom nee gesê
all charms disappeared from the young woman's smiling face
alle sjarme het van die jong vrou se glimlaggende gesig verdwyn
he no longer saw anything else but a damp glance
hy sien niks anders as 'n klam blik nie
all he could see was female animal in heat
al wat hy kon sien was vroulike dier in hitte
Politely, he petted her cheek
Beleefd streel hy haar wang
he turned away from her and disappeared away
hy het van haar af weggedraai en weggeraak
he left from the disappointed woman with light steps

hy het met ligte treë van die teleurgestelde vrou weggegaan
and he disappeared into the bamboo-wood
en hy het in die bamboeshout verdwyn

he reached the large city before the evening
hy het die groot stad voor die aand bereik
and he was happy to have reached the city
en hy was bly dat hy die stad bereik het
because he felt the need to be among people
omdat hy die behoefte gevoel het om tussen mense te wees
or a long time, he had lived in the forests
of 'n lang tyd, hy het in die woude gewoon
for first time in a long time he slept under a roof
vir die eerste keer in 'n lang tyd het hy onder 'n dak geslaap
Before the city was a beautifully fenced garden
Voor die stad was 'n pragtig omheinde tuin
the traveller came across a small group of servants
die reisiger het op 'n klein groepie bediendes afgekom
the servants were carrying baskets of fruit
die dienaars het mandjies vrugte gedra
four servants were carrying an ornamental sedan-chair
vier bediendes het 'n ornamentele sedan-stoel gedra
on this chair sat a woman, the mistress
op hierdie stoel het 'n vrou gesit, die minnares
she was on red pillows under a colourful canopy
sy was op rooi kussings onder 'n kleurvolle afdak
Siddhartha stopped at the entrance to the pleasure-garden
Siddhartha het by die ingang van die plesiertuin stilgehou
and he watched the parade go by
en hy kyk hoe die parade verbygaan
he saw saw the servants and the maids
hy sien die dienaars en die diensmeisies sien
he saw the baskets and the sedan-chair
hy sien die mandjies en die sedan-stoel
and he saw the lady on the chair
en hy sien die dame op die stoel

Under her black hair he saw a very delicate face
Onder haar swart hare sien hy 'n baie delikate gesig
a bright red mouth, like a freshly cracked fig
'n helderrooi mond, soos 'n vars gekraakte vy
eyebrows which were well tended and painted in a high arch
wenkbroue wat goed versorg en in 'n hoë boog geverf is
they were smart and watchful dark eyes
hulle was slim en waaksame donker oë
a clear, tall neck rose from a green and golden garment
'n helder, lang nek het uit 'n groen en goue kledingstuk opgestaan
her hands were resting, long and thin
haar hande het gerus, lank en dun
she had wide golden bracelets over her wrists
sy het breë goue armbande oor haar polse gehad
Siddhartha saw how beautiful she was, and his heart rejoiced
Siddhartha het gesien hoe mooi sy was, en sy hart was bly
He bowed deeply, when the sedan-chair came closer
Hy buig diep toe die sedan-stoel nader kom
straightening up again, he looked at the fair, charming face
hy kom weer regop en kyk na die mooi, bekoorlike gesig
he read her smart eyes with the high arcs
hy lees haar slim oë met die hoë boë
he breathed in a fragrance of something he did not know
hy het 'n geur inasem van iets wat hy nie geken het nie
With a smile, the beautiful woman nodded for a moment
Met 'n glimlag knik die pragtige vrou vir 'n oomblik
then she disappeared into the garden
toe verdwyn sy in die tuin
and then the servants disappeared as well
en toe verdwyn die bediendes ook
"I am entering this city with a charming omen" Siddhartha thought

"Ek gaan hierdie stad binne met 'n bekoorlike voorteken," dink Siddhartha

He instantly felt drawn into the garden
Hy voel dadelik in die tuin ingetrek

but he thought about his situation
maar hy het oor sy situasie gedink

he became aware of how the servants and maids had looked at him
hy het bewus geword van hoe die bediendes en diensmeisies na hom gekyk het

they thought him despicable, distrustful, and rejected him
hulle het hom veragtelik, wantrouig gedink en hom verwerp

"I am still a Samana" he thought
"Ek is nog steeds 'n Samana" dink hy

"I am still an ascetic and beggar"
"Ek is steeds 'n askeet en bedelaar"

"I must not remain like this"
"Ek moet nie so bly nie"

"I will not be able to enter the garden like this," he laughed
"Ek sal nie so die tuin kan ingaan nie," het hy gelag

he asked the next person who came along the path about the garden
vra hy vir die volgende persoon wat langs die paadjie kom oor die tuin

and he asked for the name of the woman
en hy het die naam van die vrou gevra

he was told that this was the garden of Kamala, the famous courtesan
daar is vir hom gesê dat dit die tuin van Kamala, die beroemde hofdame, was

and he was told that she also owned a house in the city
en hy is meegedeel dat sy ook 'n huis in die stad besit

Then, he entered the city with a goal
Toe het hy die stad binnegegaan met 'n doel

Pursuing his goal, he allowed the city to suck him in

Deur sy doel na te streef, het hy die stad toegelaat om hom in te suig

he drifted through the flow of the streets
hy het deur die vloei van die strate gedryf
he stood still on the squares in the city
hy het stilgestaan op die pleine in die stad
he rested on the stairs of stone by the river
hy het op die kliptrappe by die rivier gerus
When the evening came, he made friends with a barber's assistant
Toe die aand aanbreek, het hy vriende gemaak met 'n barbierassistent
he had seen him working in the shade of an arch
hy het hom in die skadu van 'n boog sien werk
and he found him again praying in a temple of Vishnu
en hy het hom weer gevind terwyl hy bid in 'n tempel van Vishnu
he told about stories of Vishnu and the Lakshmi
hy het vertel van verhale van Vishnu en die Lakshmi
Among the boats by the river, he slept this night
Tussen die bote langs die rivier het hy vanaand geslaap
Siddhartha came to him before the first customers came into his shop
Siddhartha het na hom toe gekom voordat die eerste klante by sy winkel ingekom het
he had the barber's assistant shave his beard and cut his hair
hy het die barbier se assistent sy baard laat skeer en sy hare laat sny
he combed his hair and anointed it with fine oil
hy het sy hare gekam en dit met fyn olie gesalf
Then he went to take his bath in the river
Toe gaan bad hy in die rivier

late in the afternoon, beautiful Kamala approached her garden
laatmiddag het pragtige Kamala haar tuin genader

Siddhartha was standing at the entrance again
Siddhartha het weer by die ingang gestaan
he made a bow and received the courtesan's greeting
hy het 'n buiging gemaak en die hofdame se groet ontvang
he got the attention of one of the servant
hy het die aandag van een van die bediende gekry
he asked him to inform his mistress
hy het hom gevra om sy minnares in te lig
"a young Brahman wishes to talk to her"
"'n Jong Brahman wil met haar praat"
After a while, the servant returned
Na 'n rukkie het die bediende teruggekeer
the servant asked Siddhartha to follow him
die dienaar het Siddhartha gevra om hom te volg
Siddhartha followed the servant into a pavilion
Siddhartha het die dienaar in 'n pawiljoen gevolg
here Kamala was lying on a couch
hier het Kamala op 'n rusbank gelê
and the servant left him alone with her
en die dienaar het hom alleen by haar gelos
"Weren't you also standing out there yesterday, greeting me?" asked Kamala
"Het jy nie ook gister daar buite gestaan en my gegroet nie?" vra Kamala
"It's true that I've already seen and greeted you yesterday"
"Dit is waar dat ek jou al gister gesien en gegroet het"
"But didn't you yesterday wear a beard, and long hair?"
"Maar het jy nie gister 'n baard en lang hare gedra nie?"
"and was there not dust in your hair?"
"en was daar nie stof in jou hare nie?"
"You have observed well, you have seen everything"
"Jy het goed waargeneem, jy het alles gesien"
"You have seen Siddhartha, the son of a Brahman"
"Jy het Siddhartha gesien, die seun van 'n Brahman"
"the Brahman who has left his home to become a Samana"
"die Brahman wat sy huis verlaat het om 'n Samana te word"

"the Brahman who has been a Samana for three years"
"die Brahman wat vir drie jaar 'n Samana is"
"But now, I have left that path and came into this city"
"Maar nou, ek het daardie pad verlaat en in hierdie stad ingekom."
"and the first one I met, even before I had entered the city, was you"
"en die eerste een wat ek ontmoet het, nog voordat ek die stad ingegaan het, was jy"
"To say this, I have come to you, oh Kamala!"
"Om dit te sê, ek het na jou toe gekom, o Kamala!"
"before, Siddhartha addressed all woman with his eyes to the ground"
"Voorheen het Siddhartha alle vroue met sy oë op die grond aangespreek"
"You are the first woman whom I address otherwise"
"Jy is die eerste vrou vir wie ek andersins aanspreek"
"Never again do I want to turn my eyes to the ground"
"Nooit weer wil ek my oë na die grond draai nie"
"I won't turn when I'm coming across a beautiful woman"
"Ek sal nie draai as ek 'n pragtige vrou teëkom nie"
Kamala smiled and played with her fan of peacocks' feathers
Kamala het geglimlag en met haar waaier van poue se vere gespeel
"And only to tell me this, Siddhartha has come to me?"
"En net om my dit te vertel, het Siddhartha na my toe gekom?"
"To tell you this and to thank you for being so beautiful"
"Om dit vir jou te vertel en om jou te bedank dat jy so mooi is"
"I would like to ask you to be my friend and teacher"
"Ek wil jou graag vra om my vriend en onderwyser te wees"
"for I know nothing yet of that art which you have mastered"
"want ek weet nog niks van daardie kuns wat jy bemeester het nie"
At this, Kamala laughed aloud
Hierop het Kamala hardop gelag

"Never before this has happened to me, my friend"
"Dit het nog nooit met my gebeur nie, my vriend"
"a Samana from the forest came to me and wanted to learn from me!"
"'n Samana uit die bos het na my toe gekom en wou by my leer!"
"Never before this has happened to me"
"Dit het nog nooit met my gebeur nie"
"a Samana came to me with long hair and an old, torn loincloth!"
"'n Samana het na my gekom met lang hare en 'n ou, geskeurde lendelap!"
"Many young men come to me"
"Baie jong mans kom na my toe"
"and there are also sons of Brahmans among them"
"en daar is ook seuns van Brahmane onder hulle"
"but they come in beautiful clothes"
"maar hulle kom in pragtige klere"
"they come in fine shoes"
"hulle kom in goeie skoene"
"they have perfume in their hair
"hulle het parfuum in hul hare
"and they have money in their pouches"
"en hulle het geld in hul sakke"
"This is how the young men are like, who come to me"
"Dit is hoe die jong mans is wat na my toe kom"
Spoke Siddhartha, "Already I am starting to learn from you"
Siddhartha het gepraat, "Ek begin al by jou leer"
"Even yesterday, I was already learning"
"Selfs gister het ek al geleer"
"I have already taken off my beard"
"Ek het reeds my baard afgehaal"
"I have combed the hair"
"Ek het die hare gekam"
"and I have oil in my hair"
"en ek het olie in my hare"

"There is little which is still missing in me"
"Daar is min wat nog in my ontbreek"
"oh excellent one, fine clothes, fine shoes, money in my pouch"
"O uitstekende een, fyn klere, fyn skoene, geld in my sakkie"
"You shall know Siddhartha has set harder goals for himself"
"Jy sal weet Siddhartha het moeiliker doelwitte vir homself gestel"
"and he has reached these goals"
"en hy het hierdie doelwitte bereik"
"How shouldn't I reach that goal?"
"Hoe moet ek nie daardie doel bereik nie?"
"the goal which I have set for myself yesterday"
"die doelwit wat ek gister vir myself gestel het"
"to be your friend and to learn the joys of love from you"
"om jou vriend te wees en die vreugdes van liefde by jou te leer"
"You'll see that I'll learn quickly, Kamala"
"Jy sal sien dat ek vinnig sal leer, Kamala"
"I have already learned harder things than what you're supposed to teach me"
"Ek het al moeiliker dinge geleer as wat jy veronderstel is om my te leer"
"And now let's get to it"
"En nou kom ons daarby"
"You aren't satisfied with Siddhartha as he is?"
"Jy is nie tevrede met Siddhartha soos hy is nie?"
"with oil in his hair, but without clothes"
"met olie in sy hare, maar sonder klere"
"Siddhartha without shoes, without money"
"Siddhartha sonder skoene, sonder geld"
Laughing, Kamala exclaimed, "No, my dear"
Kamala het laggend uitgeroep: "Nee, my skat"
"he doesn't satisfy me, yet"
"Hy stel my nog nie tevrede nie"

"**Clothes are what he must have**"
"Klere is wat hy moet hê"
"**pretty clothes, and shoes is what he needs**"
"mooi klere en skoene is wat hy nodig het"
"**pretty shoes, and lots of money in his pouch**"
"mooi skoene, en baie geld in sy sak"
"**and he must have gifts for Kamala**"
"en hy moet geskenke vir Kamala hê"
"**Do you know it now, Samana from the forest?**"
"Ken jy dit nou, Samana uit die bos?"
"**Did you mark my words?**"
"Het jy my woorde gemerk?"
"**Yes, I have marked your words,**" Siddhartha exclaimed
"Ja, ek het jou woorde gemerk," het Siddhartha uitgeroep
"**How should I not mark words which are coming from such a mouth!**"
"Hoe moet ek nie woorde merk wat uit so 'n mond kom nie!"
"**Your mouth is like a freshly cracked fig, Kamala**"
"Jou mond is soos 'n vars gekraakte vy, Kamala"
"**My mouth is red and fresh as well**"
"My mond is ook rooi en vars"
"**it will be a suitable match for yours, you'll see**"
"dit sal 'n geskikte pasmaat vir joune wees, jy sal sien"
"**But tell me, beautiful Kamala**"
"Maar vertel my, pragtige Kamala"
"**aren't you at all afraid of the Samana from the forest**""
"is jy glad nie bang vir die Samana uit die bos nie""
"**the Samana who has come to learn how to make love**"
"die Samana wat kom leer hoe om liefde te maak"
"**Whatever for should I be afraid of a Samana?**"
"Waarvoor moet ek bang wees vir 'n Samana?"
"**a stupid Samana from the forest**"
"'n dom Samana uit die bos"
"**a Samana who is coming from the jackals**"
"'n Samana wat van die jakkalse af kom"
"**a Samana who doesn't even know yet what women are?**"

"'n Samana wat nog nie eens weet wat vroue is nie?"
"Oh, he's strong, the Samana"
"O, hy is sterk, die Samana"
"and he isn't afraid of anything"
"en hy is vir niks bang nie"
"He could force you, beautiful girl"
"Hy kan jou dwing, pragtige meisie"
"He could kidnap you and hurt you"
"Hy kan jou ontvoer en jou seermaak"
"No, Samana, I am not afraid of this"
"Nee, Samana, ek is nie bang hiervoor nie"
"Did any Samana or Brahman ever fear someone might come and grab him?"
"Het enige Samana of Brahman ooit gevrees dat iemand hom kan kom gryp?"
"could he fear someone steals his learning?
"Kan hy bang wees dat iemand sy geleerdheid steel?
"could anyone take his religious devotion"
"kan iemand sy godsdienstige toewyding vat"
"is it possible to take his depth of thought?"
"Is dit moontlik om sy diepte van nadenke te neem?
"No, because these things are his very own"
"Nee, want hierdie dinge is sy eie."
"he would only give away the knowledge he is willing to give"
"Hy sal net die kennis weggee wat hy bereid is om te gee"
"he would only give to those he is willing to give to"
"Hy sal net vir diegene gee vir wie hy bereid is om te gee"
"precisely like this it is also with Kamala"
"presies so is dit ook met Kamala"
"and it is the same way with the pleasures of love"
"en so is dit met die plesiere van liefde"
"Beautiful and red is Kamala's mouth," answered Siddhartha
"Mooi en rooi is Kamala se mond," antwoord Siddhartha
"but don't try to kiss it against Kamala's will"
"maar moenie probeer om dit teen Kamala se wil te soen nie"

"because you will not obtain a single drop of sweetness from it"
"want jy sal nie 'n enkele druppel soetigheid daaruit kry nie"
"You are learning easily, Siddhartha"
"Jy leer maklik, Siddhartha"
"you should also learn this"
"jy moet dit ook leer"
"love can be obtained by begging, buying"
"liefde kan verkry word deur te bedel, te koop"
"you can receive it as a gift"
"jy kan dit as geskenk ontvang"
"or you can find it in the street"
"of jy kan dit in die straat kry"
"but love cannot be stolen"
"maar liefde kan nie gesteel word nie"
"In this, you have come up with the wrong path"
"Hierin het jy met die verkeerde pad vorendag gekom"
"it would be a pity if you would want to tackle love in such a wrong manner"
"Dit sal jammer wees as jy liefde op so 'n verkeerde manier wil aanpak"
Siddhartha bowed with a smile
Siddhartha buig met 'n glimlag
"It would be a pity, Kamala, you are so right"
"Dit sal jammer wees, Kamala, jy is so reg"
"It would be such a great pity"
"Dit sal so 'n groot jammerte wees"
"No, I shall not lose a single drop of sweetness from your mouth"
"Nee, ek sal nie 'n enkele druppel soetigheid uit jou mond verloor nie"
"nor shall you lose sweetness from my mouth"
"jy sal ook nie soetigheid uit my mond verloor nie"
"So it is agreed. Siddhartha will return"
"Daar word dus ooreengekom. Siddhartha sal terugkeer."
"Siddhartha will return once he has what he still lacks"

"Siddhartha sal terugkeer sodra hy het wat hy nog kort."
"he will come back with clothes, shoes, and money"
"hy sal terugkom met klere, skoene en geld"
"But speak, lovely Kamala, couldn't you still give me one small advice?"
"Maar praat, liewe Kamala, kon jy my nie nog een klein raad gee nie?"
"Give you an advice? Why not?"
"Gee jou raad? Hoekom nie?"
"Who wouldn't like to give advice to a poor, ignorant Samana?"
"Wie wil nie graag raad gee aan 'n arm, onkundige Samana nie?"
"Dear Kamala, where I should go to find these three things most quickly?"
"Liewe Kamala, waarheen moet ek gaan om hierdie drie dinge die vinnigste te vind?"
"Friend, many would like to know this"
"Vriend, baie sal dit graag wil weet"
"You must do what you've learned and ask for money"
"Jy moet doen wat jy geleer het en geld vra"
"There is no other way for a poor man to obtain money"
"Daar is geen ander manier vir 'n arm man om geld te bekom nie"
"What might you be able to do?"
"Wat kan jy dalk doen?"
"I can think. I can wait. I can fast" said Siddhartha
"Ek kan dink. Ek kan wag. Ek kan vas," sê Siddhartha
"Nothing else?" asked Kamala
"Niks anders nie?" vra Kamala
"yes, I can also write poetry"
"ja, ek kan ook poësie skryf"
"Would you like to give me a kiss for a poem?"
"Wil jy vir my 'n soen gee vir 'n gedig?"
"I would like to, if I like your poem"
"Ek wil graag, as ek van jou gedig hou"

"What would be its title?"
"Wat sou die titel daarvan wees?"

Siddhartha spoke, after he had thought about it for a moment
Siddhartha het gepraat, nadat hy 'n oomblik daaroor gedink het

"Into her shady garden stepped the pretty Kamala"
"In haar skaduryke tuin stap die mooi Kamala"

"At the garden's entrance stood the brown Samana"
"By die tuin se ingang het die bruin Samana gestaan"

"Deeply, seeing the lotus's blossom, Bowed that man"
"Diep, toe hy die lotus se blom sien, het daardie man gebuig"

"and smiling, Kamala thanked him"
"en glimlag, Kamala het hom bedank"

"More lovely, thought the young man, than offerings for gods"
"Liefliker, dink die jongman, as offergawes vir gode."

Kamala clapped her hands so loud that the golden bracelets clanged
Kamala klap haar hande so hard dat die goue armbande geklink het

"Beautiful are your verses, oh brown Samana"
"Mooi is jou verse, o bruin Samana"

"and truly, I'm losing nothing when I'm giving you a kiss for them"
"en waarlik, ek verloor niks as ek jou 'n soen vir hulle gee nie"

She beckoned him with her eyes
Sy wink hom met haar oë

he tilted his head so that his face touched hers
hy het sy kop gekantel sodat sy gesig aan hare raak

and he placed his mouth on her mouth
en hy het sy mond op haar mond gelê

the mouth which was like a freshly cracked fig
die mond wat soos 'n vars gekraakte vy was

For a long time, Kamala kissed him
Vir 'n lang tyd het Kamala hom gesoen

and with a deep astonishment Siddhartha felt how she taught him
en met 'n diepe verbasing het Siddhartha gevoel hoe sy hom geleer het
he felt how wise she was
hy voel hoe wys sy is
he felt how she controlled him
hy voel hoe sy hom beheer
he felt how she rejected him
hy voel hoe sy hom verwerp
he felt how she lured him
hy voel hoe sy hom lok
and he felt how there were to be more kisses
en hy het gevoel hoe daar meer soene sou wees
every kiss was different from the others
elke soen was anders as die ander
he was still, when he received the kisses
hy was stil, toe hy die soene ontvang het
Breathing deeply, he remained standing where he was
Hy het diep asemgehaal en bly staan waar hy was
he was astonished like a child about the things worth learning
hy was soos 'n kind verstom oor die dinge wat die moeite werd is om te leer
the knowledge revealed itself before his eyes
die wete het hom voor sy oë geopenbaar
"Very beautiful are your verses" exclaimed Kamala
"Baie mooi is jou verse" het Kamala uitgeroep
"if I were rich, I would give you pieces of gold for them"
"as ek ryk was, sou ek vir jou stukke goud daarvoor gee"
"But it will be difficult for you to earn enough money with verses"
"Maar dit sal vir jou moeilik wees om genoeg geld te verdien met verse"
"because you need a lot of money, if you want to be Kamala's friend"

"want jy het baie geld nodig, as jy Kamala se vriend wil wees"
"The way you're able to kiss, Kamala!" stammered Siddhartha
"Die manier waarop jy in staat is om te soen, Kamala!" stamel Siddhartha
"Yes, this I am able to do"
"Ja, dit kan ek doen"
"therefore I do not lack clothes, shoes, bracelets"
"daarom het ek nie 'n gebrek aan klere, skoene, armbande nie"
"I have all the beautiful things"
"Ek het al die mooi dinge"
"But what will become of you?"
"Maar wat sal van jou word?"
"Aren't you able to do anything else?"
"Kan jy niks anders doen nie?"
"can you do more than think, fast, and make poetry?"
"kan jy meer doen as dink, vas en poësie maak?"
"I also know the sacrificial songs" said Siddhartha
"Ek ken ook die offerliedjies," het Siddhartha gesê
"but I do not want to sing those songs anymore"
"maar ek wil nie meer daardie liedjies sing nie"
"I also know how to make magic spells"
"Ek weet ook hoe om towerspreuke te maak"
"but I do not want to speak them anymore"
"maar ek wil hulle nie meer praat nie"
"I have read the scriptures"
"Ek het die Skrif gelees"
"Stop!" Kamala interrupted him
"Hou op!" Onderbreek Kamala hom
"You're able to read and write?"
"Kan jy lees en skryf?"
"Certainly, I can do this, many people can"
"Sekerlik, ek kan dit doen, baie mense kan"
"Most people can't," Kamala replied
"Die meeste mense kan nie," het Kamala geantwoord
"I am also one of those who can't do it"

"Ek is ook een van die wat dit nie kan doen nie"
"It is very good that you're able to read and write"
"Dit is baie goed dat jy kan lees en skryf"
"you will also find use for the magic spells"
"jy sal ook gebruik vind vir die towerspreuke"
In this moment, a maid came running in
Op hierdie oomblik het 'n bediende ingehardloop gekom
she whispered a message into her mistress's ear
fluister sy 'n boodskap in haar minnares se oor
"There's a visitor for me" exclaimed Kamala
"Daar is 'n besoeker vir my" het Kamala uitgeroep
"Hurry and get yourself away, Siddhartha"
"Maak gou en kom weg, Siddhartha"
"nobody may see you in here, remember this!"
"Niemand mag jou hier binne sien nie, onthou dit!"
"Tomorrow, I'll see you again"
"Môre, ek sien jou weer"
Kamala ordered her maid to give Siddhartha white garments
Kamala het haar bediende beveel om vir Siddhartha wit klere te gee
and then Siddhartha found himself being dragged away by the maid
en toe vind Siddhartha dat hy deur die bediende weggesleep word
he was brought into a garden-house out of sight of any paths
hy is in 'n tuinhuis gebring buite sig van enige paadjies
then he was led into the bushes of the garden
toe is hy in die bosse van die tuin ingelei
he was urged to get himself out of the garden as soon as possible
hy is versoek om homself so gou moontlik uit die tuin te kry
and he was told he must not be seen
en daar is vir hom gesê dat hy nie gesien mag word nie
he did as he had been told
hy het gedoen soos vir hom gesê is
he was accustomed to the forest

hy was gewoond aan die bos
so he managed to get out without making a sound
so hy het daarin geslaag om uit te kom sonder om 'n geluid te maak

he returned to the city carrying the rolled up garments under his arm
hy het na die stad teruggekeer met die opgerolde klere onder sy arm
At the inn, where travellers stay, he positioned himself by the door
By die herberg, waar reisigers bly, het hy hom by die deur geposisioneer
without words he asked for food
sonder woorde het hy kos gevra
without a word he accepted a piece of rice-cake
sonder 'n woord het hy 'n stukkie ryskoek aanvaar
he thought about how he had always begged
hy het gedink hoe hy altyd gesmeek het
"Perhaps as soon as tomorrow I will ask no one for food anymore"
"Miskien sal ek so gou as môre niemand meer vir kos vra nie"
Suddenly, pride flared up in him
Skielik het trots in hom opgevlam
He was no Samana any more
Hy was geen Samana meer nie
it was no longer appropriate for him to beg for food
dit was nie meer gepas vir hom om kos te bedel nie
he gave the rice-cake to a dog
hy het die ryskoek vir 'n hond gegee
and that night he remained without food
en daardie nag het hy sonder kos gebly
Siddhartha thought to himself about the city
Siddhartha het by homself oor die stad gedink
"Simple is the life which people lead in this world"
"Eenvoudig is die lewe wat mense in hierdie wêreld lei"

"this life presents no difficulties"
"hierdie lewe bied geen probleme nie"
"Everything was difficult and toilsome when I was a Samana"
"Alles was moeilik en moeisaam toe ek 'n Samana was"
"as a Samana everything was hopeless"
"as 'n Samana was alles hopeloos"
"but now everything is easy"
"maar nou is alles maklik"
"it is easy like the lesson in kissing from Kamala"
"dit is maklik soos die les in soen van Kamala"
"I need clothes and money, nothing else"
"Ek het klere en geld nodig, niks anders nie"
"these goals are small and achievable"
"hierdie doelwitte is klein en haalbaar"
"such goals won't make a person lose any sleep"
"sulke doelwitte sal 'n persoon nie laat slaap nie"

the next day he returned to Kamala's house
die volgende dag is hy terug na Kamala se huis
"Things are working out well" she called out to him
"Dinge werk goed uit," roep sy vir hom
"They are expecting you at Kamaswami's"
"Hulle verwag jou by Kamaswami's"
"he is the richest merchant of the city"
"hy is die rykste handelaar van die stad"
"If he likes you, he'll accept you into his service"
"As hy van jou hou, sal hy jou in sy diens aanvaar"
"but you must be smart, brown Samana"
"maar jy moet slim wees, bruin Samana"
"I had others tell him about you"
"Ek het ander vir hom van jou laat vertel"
"Be polite towards him, he is very powerful"
"Wees beleefd teenoor hom, hy is baie kragtig"
"But I warn you, don't be too modest!"
"Maar ek waarsku jou, moenie te beskeie wees nie!"

"I do not want you to become his servant"
"Ek wil nie hê jy moet sy dienaar word nie"
"you shall become his equal"
"jy sal sy gelyke word"
"or else I won't be satisfied with you"
"anders sal ek nie met jou tevrede wees nie"
"Kamaswami is starting to get old and lazy"
"Kamaswami begin oud en lui word"
"If he likes you, he'll entrust you with a lot"
"As hy van jou hou, sal hy baie aan jou toevertrou"
Siddhartha thanked her and laughed
Siddhartha het haar bedank en gelag
she found out that he had not eaten
sy het uitgevind dat hy nie geëet het nie
so she sent him bread and fruits
daarom het sy vir hom brood en vrugte gestuur
"You've been lucky" she said when they parted
"Julle was gelukkig" het sy gesê toe hulle uitmekaar is
"I'm opening one door after another for you"
"Ek maak die een deur na die ander vir jou oop"
"How come? Do you have a spell?"
"Hoekom? Het jy 'n towerspel?"
"I told you I knew how to think, to wait, and to fast"
"Ek het vir jou gesê ek weet hoe om te dink, te wag en om te vas"
"but you thought this was of no use"
"maar jy het gedink dit is van geen nut nie"
"But it is useful for many things"
"Maar dit is nuttig vir baie dinge"
"Kamala, you'll see that the stupid Samanas are good at learning"
"Kamala, jy sal sien dat die dom Samanas goed is om te leer"
"you'll see they are able to do many pretty things in the forest"
"jy sal sien hulle kan baie mooi dinge in die bos doen"
"things which the likes of you aren't capable of"

"dinge waartoe mense soos jy nie in staat is nie"
"The day before yesterday, I was still a shaggy beggar"
"Eergister was ek nog 'n ruige bedelaar"
"as recently as yesterday I have kissed Kamala"
"so onlangs soos gister het ek vir Kamala gesoen"
"and soon I'll be a merchant and have money"
"en binnekort sal ek 'n handelaar wees en geld hê"
"and I'll have all those things you insist upon"
"en ek sal al daardie dinge hê waarop jy aandring"
"Well yes," she admitted, "but where would you be without me?"
"Nou ja," het sy erken, "maar waar sou jy wees sonder my?"
"What would you be, if Kamala wasn't helping you?"
"Wat sou jy wees as Kamala jou nie gehelp het nie?"
"Dear Kamala" said Siddhartha
"Liewe Kamala," sê Siddhartha
and he straightened up to his full height
en hy het regop gestaan tot sy volle hoogte
"when I came to you into your garden, I did the first step"
"Toe ek by jou in jou tuin kom, het ek die eerste stap gedoen"
"It was my resolution to learn love from this most beautiful woman"
"Dit was my voorneme om liefde by hierdie mooiste vrou te leer"
"that moment I had made this resolution"
"daardie oomblik het ek hierdie besluit geneem"
"and I knew I would carry it out"
"en ek het geweet ek sou dit uitvoer"
"I knew that you would help me"
"Ek het geweet dat jy my sou help"
"at your first glance at the entrance of the garden I already knew it"
"met jou eerste blik by die ingang van die tuin het ek dit al geweet"
"But what if I hadn't been willing?" asked Kamala
"Maar wat as ek nie gewillig was nie?" vra Kamala

"You were willing" replied Siddhartha
"Jy was gewillig" antwoord Siddhartha
"When you throw a rock into water, it takes the fastest course to the bottom"
"Wanneer jy 'n klip in die water gooi, neem dit die vinnigste koers na onder"
"This is how it is when Siddhartha has a goal"
"Dit is hoe dit is as Siddhartha 'n doel het"
"Siddhartha does nothing; he waits, he thinks, he fasts"
"Siddhartha doen niks; hy wag, hy dink, hy vas"
"but he passes through the things of the world like a rock through water"
"maar hy gaan deur die dinge van die wêreld soos 'n rots deur water"
"he passed through the water without doing anything"
"hy het deur die water gegaan sonder om iets te doen"
"he is drawn to the bottom of the water"
"hy word na die bodem van die water getrek"
"he lets himself fall to the bottom of the water"
"hy laat hom op die bodem van die water val"
"His goal attracts him towards it"
"Sy doelwit lok hom daarheen"
"he doesn't let anything enter his soul which might oppose the goal"
"hy laat niks in sy siel ingaan wat die doel kan teëwerk nie"
"This is what Siddhartha has learned among the Samanas"
"Dit is wat Siddhartha onder die Samanas geleer het"
"This is what fools call magic"
"Dit is wat dwase magie noem"
"they think it is done by daemons"
"hulle dink dit word deur daemone gedoen"
"but nothing is done by daemons"
"maar niks word deur daemone gedoen nie"
"there are no daemons in this world"
"daar is geen daemone in hierdie wêreld nie"
"Everyone can perform magic, should they choose to"

"Almal kan toor, sou hulle dit verkies"
"everyone can reach his goals if he is able to think"
"almal kan sy doelwitte bereik as hy in staat is om te dink"
"everyone can reach his goals if he is able to wait"
"almal kan sy doelwitte bereik as hy in staat is om te wag"
"everyone can reach his goals if he is able to fast"
"almal kan sy doelwitte bereik as hy in staat is om te vas"
Kamala listened to him; she loved his voice
Kamala het na hom geluister; sy was mal oor sy stem
she loved the look from his eyes
sy was mal oor die kyk van sy oë
"Perhaps it is as you say, friend"
"Miskien is dit soos jy sê, vriend"
"But perhaps there is another explanation"
"Maar miskien is daar 'n ander verduideliking"
"Siddhartha is a handsome man"
"Siddhartha is 'n aantreklike man"
"his glance pleases the women"
"sy blik behaag die vroue"
"good fortune comes towards him because of this"
"geluk kom na hom as gevolg hiervan"
With one kiss, Siddhartha bid his farewell
Met een soen neem Siddhartha afskeid
"I wish that it should be this way, my teacher"
"Ek wens dit moet so wees, my onderwyser"
"I wish that my glance shall please you"
"Ek wens dat my blik jou sal behaag"
"I wish that that you always bring me good fortune"
"Ek wens dat jy my altyd geluk bring"

With the Childlike People
Met die kinderlike mense

Siddhartha went to Kamaswami the merchant
Siddhartha het na die handelaar Kamaswami gegaan
he was directed into a rich house
hy is na 'n ryk huis gelei
servants led him between precious carpets into a chamber
bediendes het hom tussen kosbare matte in 'n kamer ingelei
in the chamber was where he awaited the master of the house
in die kamer was waar hy die eienaar van die huis ingewag het
Kamaswami entered swiftly into the room
Kamaswami het vinnig die kamer binnegekom
he was a smoothly moving man
hy was 'n glad bewegende man
he had very gray hair and very intelligent, cautious eyes
hy het baie grys hare en baie intelligente, versigtige oë gehad
and he had a greedy mouth
en hy het 'n gulsige mond gehad
Politely, the host and the guest greeted one another
Die gasheer en die gas het mekaar beleefd gegroet
"I have been told that you were a Brahman" the merchant began
"Daar is vir my gesê dat jy 'n Brahman was" begin die handelaar
"I have been told that you are a learned man"
"Daar is vir my gesê dat jy 'n geleerde man is"
"and I have also been told something else"
"en ek is ook iets anders vertel"
"you seek to be in the service of a merchant"
"jy soek om in diens van 'n handelaar te wees"
"Might you have become destitute, Brahman, so that you seek to serve?"

"Het jy dalk behoeftig geword, Brahman, sodat jy soek om te dien?"

"No," said Siddhartha, "I have not become destitute"
"Nee," sê Siddhartha, "ek het nie behoeftig geword nie"

"nor have I ever been destitute" added Siddhartha
"Ek was ook nog nooit behoeftig nie," het Siddhartha bygevoeg

"You should know that I'm coming from the Samanas"
"Jy moet weet dat ek van die Samanas af kom"

"I have lived with them for a long time"
"Ek woon al lank by hulle"

"you are coming from the Samanas"
"Jy kom van die Samanas"

"how could you be anything but destitute?"
"hoe kan jy enigiets anders as behoeftig wees?"

"Aren't the Samanas entirely without possessions?"
"Is die Samanas nie heeltemal sonder besittings nie?"

"I am without possessions, if that is what you mean" said Siddhartha
"Ek is sonder besittings, as dit is wat jy bedoel," sê Siddhartha

"But I am without possessions voluntarily"
"Maar ek is vrywillig sonder besittings"

"and therefore I am not destitute"
"en daarom is ek nie behoeftig nie"

"But what are you planning to live from, being without possessions?"
"Maar waarvan beplan jy om te lewe, sonder besittings?"

"I haven't thought of this yet, sir"
"Ek het nog nie hieraan gedink nie, meneer"

"For more than three years, I have been without possessions"
"Vir meer as drie jaar is ek sonder besittings"

"and I have never thought about of what I should live"
"en ek het nog nooit gedink aan wat ek moet lewe nie"

"So you've lived of the possessions of others"
"Dus het jy van ander se besittings gelewe"

"Presumable, this is how it is?"

"Vermoedelik, is dit hoe dit is?"
"Well, merchants also live of what other people own"
"Wel, handelaars leef ook van wat ander mense besit"
"Well said," granted the merchant
"Goed gesê," gee die handelaar toe
"But he wouldn't take anything from another person for nothing"
"Maar hy sal niks verniet van 'n ander persoon neem nie"
"he would give his merchandise in return" said Kamaswami
"Hy sou sy goedere in ruil gee," het Kamaswami gesê
"So it seems to be indeed"
"So blyk dit inderdaad te wees"
"Everyone takes, everyone gives, such is life"
"Almal neem, almal gee, so is die lewe"
"But if you don't mind me asking, I have a question"
"Maar as jy nie omgee dat ek vra nie, het ek 'n vraag"
"being without possessions, what would you like to give?"
"om sonder besittings te wees, wat sou jy graag wou gee?"
"Everyone gives what he has"
"Elkeen gee wat hy het"
"The warrior gives strength"
"Die vegter gee krag"
"the merchant gives merchandise"
"die handelaar gee handelsware"
"the teacher gives teachings"
"die onderwyser gee leringe"
"the farmer gives rice"
"die boer gee rys"
"the fisher gives fish"
"die visser gee vis"
"Yes indeed. And what is it that you've got to give?"
"Ja inderdaad. En wat is dit wat jy moet gee?"
"What is it that you've learned?"
"Wat is dit wat jy geleer het?"
"what you're able to do?"
"wat kan jy doen?"

"I can think. I can wait. I can fast"
"Ek kan dink. Ek kan wag. Ek kan vas"
"That's everything?" asked Kamaswami
"Dis alles?" vra Kamaswami
"I believe that is everything there is!"
"Ek glo dit is alles wat daar is!"
"And what's the use of that?"
"En wat is die nut daarvan?"
"For example; fasting. What is it good for?"
"Byvoorbeeld; vas. Waarvoor is dit goed?"
"It is very good, sir"
"Dit is baie goed, meneer"
"there are times a person has nothing to eat"
"Daar is tye dat 'n mens niks het om te eet nie"
"then fasting is the smartest thing he can do"
"dan is vas die slimste ding wat hy kan doen"
"there was a time where Siddhartha hadn't learned to fast"
"Daar was 'n tyd waar Siddhartha nie geleer het om te vas nie"
"in this time he had to accept any kind of service"
"in hierdie tyd moes hy enige soort diens aanvaar"
"because hunger would force him to accept the service"
"omdat honger hom sou dwing om die diens te aanvaar"
"But like this, Siddhartha can wait calmly"
"Maar so kan Siddhartha rustig wag"
"he knows no impatience, he knows no emergency"
"hy ken geen ongeduld nie, hy ken geen nood nie"
"for a long time he can allow hunger to besiege him"
"hy kan lank toelaat dat honger hom beleër"
"and he can laugh about the hunger"
"en hy kan lag oor die honger"
"This, sir, is what fasting is good for"
"Dit, meneer, is waarvoor vas goed is"
"You're right, Samana" acknowledged Kamaswami
"Jy is reg, Samana," erken Kamaswami
"Wait for a moment" he asked of his guest
"Wag vir 'n oomblik" vra hy vir sy gas

Kamaswami left the room and returned with a scroll
Kamaswami het die kamer verlaat en met 'n boekrol teruggekeer
he handed Siddhartha the scroll and asked him to read it
hy het vir Siddhartha die boekrol gegee en hom gevra om dit te lees
Siddhartha looked at the scroll handed to him
Siddhartha kyk na die boekrol wat aan hom oorhandig is
on the scroll a sales-contract had been written
op die boekrol is 'n verkoopskontrak geskryf
he began to read out the scroll's contents
hy begin die boekrol se inhoud uitlees
Kamaswami was very pleased with Siddhartha
Kamaswami was baie tevrede met Siddhartha
"would you write something for me on this piece of paper?"
"Sal jy iets vir my op hierdie stuk papier skryf?"
He handed him a piece of paper and a pen
Hy gee vir hom 'n stuk papier en 'n pen
Siddhartha wrote, and returned the paper
Siddhartha het geskryf en die koerant teruggestuur
Kamaswami read, "Writing is good, thinking is better"
Kamaswami lees: "Skryf is goed, dink is beter"
"Being smart is good, being patient is better"
"Om slim te wees is goed, om geduldig te wees is beter"
"It is excellent how you're able to write" the merchant praised him
"Dit is uitstekend hoe jy kan skryf," het die handelaar hom geprys
"Many a thing we will still have to discuss with one another"
"Baie dinge sal ons nog met mekaar moet bespreek"
"For today, I'm asking you to be my guest"
"Vir vandag vra ek jou om my gas te wees"
"please come to live in this house"
"Kom woon asseblief in hierdie huis"
Siddhartha thanked Kamaswami and accepted his offer
Siddhartha het Kamaswami bedank en sy aanbod aanvaar

he lived in the dealer's house from now on
hy het van nou af in die handelaar se huis gewoon
Clothes were brought to him, and shoes
Klere is vir hom gebring, en skoene
and every day, a servant prepared a bath for him
en elke dag het 'n dienaar vir hom 'n bad voorberei

Twice a day, a plentiful meal was served
Twee keer per dag is 'n oorvloedige ete bedien
but Siddhartha only ate once a day
maar Siddhartha het net een keer per dag geëet
and he ate neither meat, nor did he drink wine
en hy het geen vleis geëet en geen wyn gedrink nie
Kamaswami told him about his trade
Kamaswami het hom van sy handel vertel
he showed him the merchandise and storage-rooms
hy het vir hom die handelsware en stoorkamers gewys
he showed him how the calculations were done
hy het hom gewys hoe die berekeninge gedoen is
Siddhartha got to know many new things
Siddhartha het baie nuwe dinge leer ken
he heard a lot and spoke little
hy het baie gehoor en min gepraat
but he did not forget Kamala's words
maar hy het nie Kamala se woorde vergeet nie
so he was never subservient to the merchant
dus was hy nooit diensbaar aan die handelaar nie
he forced him to treat him as an equal
hy het hom gedwing om hom as 'n gelyke te behandel
perhaps he forced him to treat him as even more than an equal
miskien het hy hom gedwing om hom selfs meer as 'n gelyke te behandel
Kamaswami conducted his business with care
Kamaswami het sy besigheid met sorg bedryf
and he was very passionate about his business

en hy was baie passievol oor sy besigheid
but Siddhartha looked upon all of this as if it was a game
maar Siddhartha het dit alles beskou asof dit 'n speletjie was
he tried hard to learn the rules of the game precisely
hy het hard probeer om die spelreëls presies te leer
but the contents of the game did not touch his heart
maar die inhoud van die spel het nie sy hart geraak nie
He had not been in Kamaswami's house for long
Hy was nie lank in Kamaswami se huis nie
but soon he took part in his landlord's business
maar gou het hy deelgeneem aan sy huisbaas se besigheid

every day he visited beautiful Kamala
elke dag het hy die pragtige Kamala besoek
Kamala had an hour appointed for their meetings
Kamala het 'n uur vir hul vergaderings aangestel
she was wearing pretty clothes and fine shoes
sy het mooi klere en fyn skoene aangehad
and soon he brought her gifts as well
en gou het hy vir haar geskenke ook gebring
Much he learned from her red, smart mouth
Hy het baie geleer uit haar rooi, slim mond
Much he learned from her tender, supple hand
Hy het baie geleer uit haar teer, soepel hand
regarding love, Siddhartha was still a boy
wat liefde betref, was Siddhartha nog 'n seun
and he had a tendency to plunge into love blindly
en hy het 'n neiging gehad om blindelings in liefde te dompel
he fell into lust like into a bottomless pit
hy het in begeerlikheid verval soos in 'n bodemlose put
she taught him thoroughly, starting with the basics
sy het hom deeglik geleer, met die basiese beginsels begin
pleasure cannot be taken without giving pleasure
plesier kan nie geneem word sonder om plesier te verskaf nie
every gesture, every caress, every touch, every look
elke gebaar, elke streling, elke aanraking, elke kyk

every spot of the body, however small it was, had its secret
elke plek van die liggaam, hoe klein dit ook al was, het sy geheim gehad
the secrets would bring happiness to those who know them
die geheime sou geluk bring vir diegene wat hulle ken
lovers must not part from one another after celebrating love
minnaars moet nie van mekaar skei nadat hulle liefde gevier het nie
they must not part without one admiring the other
hulle mag nie skei sonder dat die een die ander bewonder nie
they must be as defeated as they have been victorious
hulle moet net so verslaan wees as wat hulle oorwin het
neither lover should start feeling fed up or bored
nie een van die geliefdes moet keelvol of verveeld begin voel nie
they should not get the evil feeling of having been abusive
hulle moet nie die bose gevoel kry dat hulle beledigend was nie
and they should not feel like they have been abused
en hulle moet nie voel dat hulle mishandel is nie
Wonderful hours he spent with the beautiful and smart artist
Wonderlike ure wat hy saam met die pragtige en slim kunstenaar deurgebring het
he became her student, her lover, her friend
hy het haar student, haar minnaar, haar vriend geword
Here with Kamala was the worth and purpose of his present life
Hier by Kamala was die waarde en doel van sy huidige lewe
his purpose was not with the business of Kamaswami
sy doel was nie met die besigheid van Kamaswami nie

Siddhartha received important letters and contracts
Siddhartha het belangrike briewe en kontrakte ontvang
Kamaswami began discussing all important affairs with him
Kamaswami het alle belangrike sake met hom begin bespreek

He soon saw that Siddhartha knew little about rice and wool
Hy het gou gesien dat Siddhartha min van rys en wol weet
but he saw that he acted in a fortunate manner
maar hy het gesien dat hy op 'n gelukkige manier opgetree het
and Siddhartha surpassed him in calmness and equanimity
en Siddhartha het hom oortref in kalmte en gelykmoedigheid
he surpassed him in the art of understanding previously unknown people
hy het hom oortref in die kuns om voorheen onbekende mense te verstaan
Kamaswami spoke about Siddhartha to a friend
Kamaswami het met 'n vriend oor Siddhartha gepraat
"This Brahman is no proper merchant"
"Hierdie Brahman is geen regte handelaar nie"
"he will never be a merchant"
"hy sal nooit 'n handelaar wees nie"
"for business there is never any passion in his soul"
"vir besigheid is daar nooit enige passie in sy siel nie"
"But he has a mysterious quality about him"
"Maar hy het 'n geheimsinnige eienskap oor hom"
"this quality brings success about all by itself"
"hierdie eienskap bring sukses oor alles vanself"
"it could be from a good Star of his birth"
"dit kan van 'n goeie ster van sy geboorte wees"
"or it could be something he has learned among Samanas"
"of dit kan iets wees wat hy onder Samanas geleer het"
"He always seems to be merely playing with our business-affairs"
"Dit lyk asof hy altyd net met ons sake-aangeleenthede speel"
"his business never fully becomes a part of him"
"sy besigheid word nooit ten volle deel van hom nie"
"his business never rules over him"
"sy besigheid heers nooit oor hom nie"
"he is never afraid of failure"
"hy is nooit bang vir mislukking nie"
"he is never upset by a loss"

"hy is nooit ontsteld deur 'n verlies nie"
The friend advised the merchant
Die vriend het die handelaar geadviseer
"Give him a third of the profits he makes for you"
"Gee hom 'n derde van die wins wat hy vir jou maak"
"but let him also be liable when there are losses"
"maar laat hy ook aanspreeklik wees as daar verliese is"
"Then, he'll become more zealous"
"Dan sal hy meer ywerig word"
Kamaswami was curious, and followed the advice
Kamaswami was nuuskierig en het die raad gevolg
But Siddhartha cared little about loses or profits
Maar Siddhartha het min omgegee oor verliese of winste
When he made a profit, he accepted it with equanimity
Toe hy wins gemaak het, het hy dit met gelykmoedigheid aanvaar
when he made losses, he laughed it off
toe hy verliese gemaak het, het hy dit afgelag
It seemed indeed, as if he did not care about the business
Dit het inderdaad gelyk asof hy nie omgee vir die besigheid nie
At one time, he travelled to a village
Op 'n tyd het hy na 'n dorpie gereis
he went there to buy a large harvest of rice
hy het daarheen gegaan om 'n groot oes rys te koop
But when he got there, the rice had already been sold
Maar toe hy daar aankom, was die rys reeds verkoop
another merchant had gotten to the village before him
'n ander handelaar het voor hom in die dorp gekom
Nevertheless, Siddhartha stayed for several days in that village
Nietemin, Siddhartha het vir 'n paar dae in daardie dorpie gebly
he treated the farmers for a drink
hy het die boere vir 'n drankie getrakteer
he gave copper-coins to their children

hy het kopermuntstukke vir hulle kinders gegee
he joined in the celebration of a wedding
hy het by die viering van 'n troue aangesluit
and he returned extremely satisfied from his trip
en hy het uiters tevrede teruggekeer van sy reis
Kamaswami was angry that Siddhartha had wasted time and money
Kamaswami was kwaad dat Siddhartha tyd en geld gemors het
Siddhartha answered "Stop scolding, dear friend!"
Siddhartha het geantwoord "Hou op skel, liewe vriend!"
"Nothing was ever achieved by scolding"
"Niks is ooit bereik deur te skel nie"
"If a loss has occurred, let me bear that loss"
"As 'n verlies plaasgevind het, laat ek daardie verlies dra"
"I am very satisfied with this trip"
"Ek is baie tevrede met hierdie reis"
"I have gotten to know many kinds of people"
"Ek het baie soorte mense leer ken"
"a Brahman has become my friend"
"'n Brahman het my vriend geword"
"children have sat on my knees"
"kinders het op my knieë gesit"
"farmers have shown me their fields"
"boere het my hul lande gewys"
"nobody knew that I was a merchant"
"niemand het geweet dat ek 'n handelaar is nie"
"That's all very nice," exclaimed Kamaswami indignantly
"Dis alles baie lekker," roep Kamaswami verontwaardig uit
"but in fact, you are a merchant after all"
"maar eintlik is jy tog 'n handelaar"
"Or did you have only travel for your amusement?"
"Of het jy net vir jou vermaak reis gehad?"
"of course I have travelled for my amusement" Siddhartha laughed
"natuurlik het ek vir my vermaak gereis," het Siddhartha gelag

"For what else would I have travelled?"
"Vir wat anders sou ek gereis het?"
"I have gotten to know people and places"
"Ek het mense en plekke leer ken"
"I have received kindness and trust"
"Ek het vriendelikheid en vertroue ontvang"
"I have found friendships in this village"
"Ek het vriendskappe in hierdie dorpie gevind"
"if I had been Kamaswami, I would have travelled back annoyed"
"as ek Kamaswami was, sou ek vererg teruggereis het"
"I would have been in hurry as soon as my purchase failed"
"Ek sou haastig gewees het sodra my aankoop misluk het"
"and time and money would indeed have been lost"
"en tyd en geld sou inderdaad verlore gegaan het"
"But like this, I've had a few good days"
"Maar so, ek het 'n paar goeie dae gehad"
"I've learned from my time there"
"Ek het geleer uit my tyd daar"
"and I have had joy from the experience"
"en ek het vreugde uit die ervaring gehad"
"I've neither harmed myself nor others by annoyance and hastiness"
"Ek het nie myself of ander benadeel deur ergernis en oorhaastigheid nie"
"if I ever return friendly people will welcome me"
"as ek ooit terugkeer sal vriendelike mense my verwelkom"
"if I return to do business friendly people will welcome me too"
"As ek terugkeer om sake te doen, sal vriendelike mense my ook verwelkom"
"I praise myself for not showing any hurry or displeasure"
"Ek prys myself dat ek geen haas of misnoeë toon nie"
"So, leave it as it is, my friend"
"So, los dit soos dit is, my vriend"
"and don't harm yourself by scolding"

"en moenie jouself leed aandoen deur te skel nie"
"If you see Siddhartha harming himself, then speak with me"
"As jy sien dat Siddhartha homself benadeel, praat dan met my."
"and Siddhartha will go on his own path"
"en Siddhartha sal op sy eie pad gaan"
"But until then, let's be satisfied with one another"
"Maar tot dan, laat ons tevrede wees met mekaar"
the merchant's attempts to convince Siddhartha were futile
die handelaar se pogings om Siddhartha te oortuig was futiel
he could not make Siddhartha eat his bread
hy kon Siddhartha nie sy brood laat eet nie
Siddhartha ate his own bread
Siddhartha het sy eie brood geëet
or rather, they both ate other people's bread
of liewer, hulle het albei ander mense se brood geëet
Siddhartha never listened to Kamaswami's worries
Siddhartha het nooit na Kamaswami se bekommernisse geluister nie
and Kamaswami had many worries he wanted to share
en Kamaswami het baie bekommernisse gehad wat hy wou deel
there were business-deals going on in danger of failing
daar was saketransaksies aan die gang wat gevaar het om te misluk
shipments of merchandise seemed to have been lost
verskepings van handelsware het blykbaar verlore gegaan
debtors seemed to be unable to pay
Dit lyk asof debiteure nie in staat was om te betaal nie
Kamaswami could never convince Siddhartha to utter words of worry
Kamaswami kon Siddhartha nooit oortuig om woorde van kommer uit te spreek nie
Kamaswami could not make Siddhartha feel anger towards business

Kamaswami kon nie vir Siddhartha woede vir besigheid laat voel nie

he could not get him to to have wrinkles on the forehead
hy kon hom nie kry om plooie op die voorkop te hê nie
he could not make Siddhartha sleep badly
hy kon nie vir Siddhartha sleg laat slaap nie

one day, Kamaswami tried to speak with Siddhartha
eendag het Kamaswami probeer om met Siddhartha te praat
"Siddhartha, you have failed to learn anything new"
"Siddhartha, jy het nie daarin geslaag om iets nuuts te leer nie"
but again, Siddhartha laughed at this
maar weereens, Siddhartha het hieroor gelag
"Would you please not kid me with such jokes"
"Sal jy my asseblief nie met sulke grappies bespot nie"
"What I've learned from you is how much a basket of fish costs"
"Wat ek by jou geleer het, is hoeveel 'n mandjie vis kos"
"and I learned how much interest may be charged on loaned money"
"en ek het geleer hoeveel rente op geleende geld gehef mag word"
"These are your areas of expertise"
"Dit is jou areas van kundigheid"
"I haven't learned to think from you, my dear Kamaswami"
"Ek het nie by jou geleer om te dink nie, my liewe Kamaswami"
"you ought to be the one seeking to learn from me"
"jy behoort die een te wees wat by my wil leer"
Indeed his soul was not with the trade
Inderdaad was sy siel nie by die handel nie
The business was good enough to provide him with money for Kamala
Die besigheid was goed genoeg om hom van geld vir Kamala te voorsien
and it earned him much more than he needed

en dit het hom baie meer verdien as wat hy nodig gehad het
Besides Kamala, Siddhartha's curiosity was with the people
Behalwe Kamala, was Siddhartha se nuuskierigheid by die mense
their businesses, crafts, worries, and pleasures
hul besighede, handwerk, bekommernisse en plesier
all these things used to be alien to him
al hierdie dinge was vroeër vir hom vreemd
their acts of foolishness used to be as distant as the moon
hulle dade van dwaasheid was vroeër so ver soos die maan
he easily succeeded in talking to all of them
hy het maklik daarin geslaag om met almal te praat
he could live with all of them
hy kon met almal saamleef
and he could continue to learn from all of them
en hy kon voortgaan om by hulle almal te leer
but there was something which separated him from them
maar daar was iets wat hom van hulle geskei het
he could feel a divide between him and the people
hy kon 'n skeiding tussen hom en die mense voel
this separating factor was him being a Samana
hierdie skeidingsfaktor was dat hy 'n Samana was
He saw mankind going through life in a childlike manner
Hy het gesien hoe die mensdom op 'n kinderlike wyse deur die lewe gaan
in many ways they were living the way animals live
in baie opsigte het hulle geleef soos diere leef
he loved and also despised their way of life
hy het hulle lewenswyse liefgehad en ook verag
He saw them toiling and suffering
Hy het gesien hoe hulle swoeg en ly
they were becoming gray for things unworthy of this price
hulle het grys geword vir dinge wat hierdie prys onwaardig was
they did things for money and little pleasures
hulle het dinge gedoen vir geld en klein plesiertjies

they did things for being slightly honoured
hulle het dinge gedoen omdat hulle effens vereer is
he saw them scolding and insulting each other
hy het gesien hoe hulle mekaar skel en beledig
he saw them complaining about pain
hy het gesien hoe hulle kla oor pyn
pains at which a Samana would only smile
pyne waarteen 'n Samana net sal glimlag
and he saw them suffering from deprivations
en hy het gesien hoe hulle aan gebrek ly
deprivations which a Samana would not feel
ontberings wat 'n Samana nie sou voel nie
He was open to everything these people brought his way
Hy was oop vir alles wat hierdie mense oor sy pad gebring het
welcome was the merchant who offered him linen for sale
welkom was die handelaar wat vir hom linne te koop aangebied het
welcome was the debtor who sought another loan
welkom was die skuldenaar wat 'n ander lening gesoek het
welcome was the beggar who told him the story of his poverty
welkom was die bedelaar wat hom die verhaal van sy armoede vertel het
the beggar who was not half as poor as any Samana
die bedelaar wat nie half so arm soos enige Samana was nie
He did not treat the rich merchant and his servant different
Hy het nie die ryk handelaar en sy dienaar anders behandel nie
he let street-vendor cheat him when buying bananas
hy laat straatverkoper hom verneuk wanneer hy piesangs koop
Kamaswami would often complain to him about his worries
Kamaswami het gereeld by hom gekla oor sy bekommernisse
or he would reproach him about his business
of hy sou hom verwyt oor sy besigheid
he listened curiously and happily

hy luister nuuskierig en gelukkig
but he was puzzled by his friend
maar hy was verbaas oor sy vriend
he tried to understand him
hy het hom probeer verstaan
and he admitted he was right, up to a certain point
en hy het erken hy was reg, tot op 'n sekere punt
there were many who asked for Siddhartha
daar was baie wat vir Siddhartha gevra het
many wanted to do business with him
baie wou met hom sake doen
there were many who wanted to cheat him
daar was baie wat hom wou verneuk
many wanted to draw some secret out of him
baie wou een of ander geheim uit hom haal
many wanted to appeal to his sympathy
baie wou 'n beroep op sy simpatie doen
many wanted to get his advice
baie wou sy raad kry
He gave advice to those who wanted it
Hy het raad gegee aan diegene wat dit wou hê
he pitied those who needed pity
hy het jammer gekry vir diegene wat jammerte nodig gehad het
he made gifts to those who liked presents
hy het geskenke gemaak aan dié wat van geskenke gehou het
he let some cheat him a bit
hy laat sommige hom 'n bietjie verneuk
this game which all people played occupied his thoughts
hierdie speletjie wat alle mense gespeel het, het sy gedagtes in beslag geneem
he thought about this game just as much as he had about the Gods
hy het net soveel aan hierdie speletjie gedink as oor die gode
deep in his chest he felt a dying voice
diep in sy bors voel hy 'n sterwende stem

- 139 -

this voice admonished him quietly
hierdie stem vermaan hom stilweg
and he hardly perceived the voice inside of himself
en hy het skaars die stem in homself waargeneem
And then, for an hour, he became aware of something
En toe, vir 'n uur, word hy bewus van iets
he became aware of the strange life he was leading
hy het bewus geword van die vreemde lewe wat hy lei
he realized this life was only a game
hy het besef hierdie lewe is net 'n speletjie
at times he would feel happiness and joy
soms sou hy geluk en vreugde voel
but real life was still passing him by
maar die regte lewe het steeds by hom verbygegaan
and it was passing by without touching him
en dit het verbygegaan sonder om aan hom te raak
Siddhartha played with his business-deals
Siddhartha het met sy saketransaksies gespeel
Siddhartha found amusement in the people around him
Siddhartha het vermaak gevind in die mense om hom
but regarding his heart, he was not with them
maar wat sy hart betref, hy was nie by hulle nie
The source ran somewhere, far away from him
Die bron het iewers heen gehardloop, ver van hom af
it ran and ran invisibly
dit het onsigbaar gehardloop en gehardloop
it had nothing to do with his life any more
dit het niks meer met sy lewe te doen gehad nie
at several times he became scared on account of such thoughts
op verskeie kere het hy bang geword weens sulke gedagtes
he wished he could participate in all of these childlike games
hy wens hy kon aan al hierdie kinderlike speletjies deelneem
he wanted to really live
hy wou regtig lewe

he wanted to really act in their theatre
hy wou regtig in hul teater optree
he wanted to really enjoy their pleasures
hy wou regtig hulle plesier geniet
and he wanted to live, instead of just standing by as a spectator
en hy wou lewe, in plaas daarvan om net as toeskouer te staan

But again and again, he came back to beautiful Kamala
Maar telkens het hy teruggekom na die pragtige Kamala
he learned the art of love
hy het die kuns van liefde geleer
and he practised the cult of lust
en hy het die kultus van wellus beoefen
lust, in which giving and taking becomes one
wellus, waarin gee en neem een word
he chatted with her and learned from her
hy het met haar gesels en by haar geleer
he gave her advice, and he received her advice
hy het haar raad gegee, en hy het haar raad ontvang
She understood him better than Govinda used to understand him
Sy het hom beter verstaan as wat Govinda hom altyd verstaan het
she was more similar to him than Govinda had been
sy was meer soortgelyk aan hom as wat Govinda was
"You are like me," he said to her
"Jy is soos ek," sê hy vir haar
"you are different from most people"
"jy is anders as die meeste mense"
"You are Kamala, nothing else"
"Jy is Kamala, niks anders nie"
"and inside of you, there is a peace and refuge"
"en binne-in jou is daar vrede en toevlug"
"a refuge to which you can go at every hour of the day"
"'n toevlugsoord waarheen jy elke uur van die dag kan gaan"

"you can be at home with yourself"
"jy kan tuis wees by jouself"
"I can do this too"
"Ek kan dit ook doen"
"Few people have this place"
"Min mense het hierdie plek"
"and yet all of them could have it"
"en tog kon almal van hulle dit hê"
"Not all people are smart" said Kamala
"Nie alle mense is slim nie," het Kamala gesê
"No," said Siddhartha, "that's not the reason why"
"Nee," sê Siddhartha, "dit is nie die rede hoekom nie"
"Kamaswami is just as smart as I am"
"Kamaswami is net so slim soos ek"
"but he has no refuge in himself"
"maar hy het geen toevlug in homself nie"
"Others have it, although they have the minds of children"
"Ander het dit, hoewel hulle die gedagtes van kinders het"
"Most people, Kamala, are like a falling leaf"
"Die meeste mense, Kamala, is soos 'n vallende blaar"
"a leaf which is blown and is turning around through the air"
"'n blaar wat gewaai word en deur die lug omdraai"
"a leaf which wavers, and tumbles to the ground"
"'n blaar wat wankel en op die grond tuimel"
"But others, a few, are like stars"
"Maar ander, 'n paar, is soos sterre"
"they go on a fixed course"
"hulle gaan op 'n vaste kursus"
"no wind reaches them"
"geen wind bereik hulle nie"
"in themselves they have their law and their course"
"in hulleself het hulle hul wet en hul loop"
"Among all the learned men I have met, there was one of this kind"

"Tussen al die geleerde mans wat ek ontmoet het, was daar een van hierdie soort"
"he was a truly perfected one"
"Hy was 'n werklik volmaakte een"
"I'll never be able to forget him"
"Ek sal hom nooit kan vergeet nie"
"It is that Gotama, the exalted one"
"Dit is daardie Gotama, die verhewe een"
"Thousands of followers are listening to his teachings every day"
"Duisende volgelinge luister elke dag na sy leringe"
"they follow his instructions every hour"
"hulle volg sy instruksies elke uur"
"but they are all falling leaves"
"maar hulle is almal vallende blare"
"not in themselves they have teachings and a law"
"nie in hulleself het hulle leringe en 'n wet nie"
Kamala looked at him with a smile
Kamala kyk na hom met 'n glimlag
"Again, you're talking about him," she said
"Weereens, jy praat van hom," het sy gesê
"again, you're having a Samana's thoughts"
"Weereens, jy het 'n Samana se gedagtes"
Siddhartha said nothing, and they played the game of love
Siddhartha het niks gesê nie, en hulle het die spel van liefde gespeel
one of the thirty or forty different games Kamala knew
een van die dertig of veertig verskillende speletjies wat Kamala geken het
Her body was flexible like that of a jaguar
Haar liggaam was buigsaam soos dié van 'n jaguar
flexible like the bow of a hunter
buigsaam soos die boog van 'n jagter
he who had learned from her how to make love
hy wat by haar geleer het hoe om liefde te maak
he was knowledgeable of many forms of lust

hy was op hoogte van baie vorme van wellus
he that learned from her knew many secrets
hy wat by haar geleer het, het baie geheime geken
For a long time, she played with Siddhartha
Sy het lank saam met Siddhartha gespeel
she enticed him and rejected him
sy het hom verlei en verwerp
she forced him and embraced him
sy het hom gedwing en hom omhels
she enjoyed his masterful skills
sy het sy meesterlike vaardighede geniet
until he was defeated and rested exhausted by her side
totdat hy verslaan is en uitgeput aan haar sy gerus het
The courtesan bent over him
Die hofdame buk oor hom
she took a long look at his face
sy kyk lank na sy gesig
she looked at his eyes, which had grown tired
sy kyk na sy oë wat moeg geword het
"You are the best lover I have ever seen" she said thoughtfully
"Jy is die beste minnaar wat ek nog ooit gesien het," het sy ingedagte gesê
"You're stronger than others, more supple, more willing"
"Jy is sterker as ander, soepeler, meer gewillig"
"You've learned my art well, Siddhartha"
"Jy het my kuns goed geleer, Siddhartha"
"At some time, when I'll be older, I'd want to bear your child"
"Een of ander tyd, wanneer ek ouer sal wees, sal ek jou kind wil baar"
"And yet, my dear, you've remained a Samana"
"En tog, my skat, jy het 'n Samana gebly"
"and despite this, you do not love me"
"en ten spyte hiervan het jy my nie lief nie"
"there is nobody that you love"

"daar is niemand vir wie jy lief is nie"
"Isn't it so?" asked Kamala
"Is dit nie so nie?" vra Kamala
"It might very well be so," Siddhartha said tiredly
"Dit kan heel moontlik so wees," het Siddhartha moeg gesê
"I am like you, because you also do not love"
"Ek is soos jy, want jy het ook nie lief nie"
"how else could you practise love as a craft?"
"hoe anders kan jy liefde as 'n kunsvlyt beoefen?"
"Perhaps, people of our kind can't love"
"Miskien kan mense van ons soort nie liefhê nie"
"The childlike people can love, that's their secret"
"Die kinderlike mense kan liefhê, dit is hul geheim"

Sansara

For a long time, Siddhartha had lived in the world and lust
Vir 'n lang tyd het Siddhartha in die wêreld en wellus geleef
he lived this way though, without being a part of it
hy het egter so geleef, sonder om deel daarvan te wees
he had killed this off when he had been a Samana
hy het dit doodgemaak toe hy 'n Samana was
but now they had awoken again
maar nou het hulle weer wakker geword
he had tasted riches, lust, and power
hy het rykdom, wellus en krag gesmaak
for a long time he had remained a Samana in his heart
vir lank het hy 'n Samana in sy hart gebly
Kamala, being smart, had realized this quite right
Kamala, wat slim was, het dit heeltemal reg besef
thinking, waiting, and fasting still guided his life
dink, wag en vas het steeds sy lewe gelei
the childlike people remained alien to him
die kinderlike mense het vir hom vreemd gebly
and he remained alien to the childlike people
en hy het vreemd gebly vir die kinderlike mense
Years passed by; surrounded by the good life
Jare het verbygegaan; omring deur die goeie lewe
Siddhartha hardly felt the years fading away
Siddhartha het skaars gevoel hoe die jare verdwyn
He had become rich and possessed a house of his own
Hy het ryk geword en 'n huis van sy eie besit
he even had his own servants
hy het selfs sy eie dienaars gehad
he had a garden before the city, by the river
hy het 'n tuin gehad voor die stad, by die rivier
The people liked him and came to him for money or advice
Die mense het van hom gehou en na hom toe gekom vir geld of raad
but there was nobody close to him, except Kamala

maar daar was niemand naby hom nie, behalwe Kamala
the bright state of being awake
die helder toestand van wakker wees
the feeling which he had experienced at the height of his youth
die gevoel wat hy op die hoogtepunt van sy jeug ervaar het
in those days after Gotama's sermon
in daardie dae ná Gotama se preek
after the separation from Govinda
na die skeiding van Govinda
the tense expectation of life
die gespanne lewensverwagting
the proud state of standing alone
die trotse toestand van alleen staan
being without teachings or teachers
sonder leringe of onderwysers
the supple willingness to listen to the divine voice in his own heart
die soepel gewilligheid om na die goddelike stem in sy eie hart te luister
all these things had slowly become a memory
al hierdie dinge het stadigaan 'n herinnering geword
the memory had been fleeting, distant, and quiet
die herinnering was vlugtig, ver en stil
the holy source, which used to be near, now only murmured
die heilige bron, wat vroeër naby was, het nou net gemurmureer
the holy source, which used to murmur within himself
die heilige bron, wat vroeër in homself murmureer het
Nevertheless, many things he had learned from the Samanas
Nietemin, baie dinge het hy by die Samanas geleer
he had learned from Gotama
hy het by Gotama geleer
he had learned from his father the Brahman
hy het by sy pa die Brahman geleer
his father had remained within his being for a long time

sy vader het lank in sy wese gebly
moderate living, the joy of thinking, hours of meditation
matige lewe, die vreugde van dink, ure se meditasie
the secret knowledge of the self; his eternal entity
die geheime kennis van die self; sy ewige entiteit
the self which is neither body nor consciousness
die self wat nóg liggaam nóg bewussyn is
Many a part of this he still had
Baie deel hiervan het hy nog gehad
but one part after another had been submerged
maar die een deel na die ander was onder water
and eventually each part gathered dust
en uiteindelik het elke deel stof versamel
a potter's wheel, once in motion, will turn for a long time
'n pottebakker se wiel, sodra dit in beweging is, sal vir 'n lang tyd draai
it loses its vigour only slowly
dit verloor sy krag net stadig
and it comes to a stop only after time
en dit kom eers na die tyd tot stilstand
Siddhartha's soul had kept on turning the wheel of asceticism
Siddhartha se siel het aangehou om die wiel van askese te draai
the wheel of thinking had kept turning for a long time
die dinkwiel het lank aangehou draai
the wheel of differentiation had still turned for a long time
die wiel van differensiasie het nog lank gedraai
but it turned slowly and hesitantly
maar dit draai stadig en huiwerig
and it was close to coming to a standstill
en dit was naby om tot stilstand te kom
Slowly, like humidity entering the dying stem of a tree
Stadig, soos humiditeit wat die sterwende stam van 'n boom binnedring
filling the stem slowly and making it rot

vul die stam stadig en laat dit vrot
the world and sloth had entered Siddhartha's soul
die wêreld en luiheid het Siddhartha se siel binnegegaan
slowly it filled his soul and made it heavy
stadig het dit sy siel gevul en dit swaar gemaak
it made his soul tired and put it to sleep
dit het sy siel moeg gemaak en dit laat slaap
On the other hand, his senses had become alive
Aan die ander kant het sy sintuie lewendig geword
there was much his senses had learned
daar was baie wat sy sintuie geleer het
there was much his senses had experienced
daar was baie wat sy sintuie ervaar het
Siddhartha had learned to trade
Siddhartha het geleer om handel te dryf
he had learned how to use his power over people
hy het geleer hoe om sy mag oor mense te gebruik
he had learned how to enjoy himself with a woman
hy het geleer hoe om hom saam met 'n vrou te geniet
he had learned how to wear beautiful clothes
hy het geleer hoe om mooi klere te dra
he had learned how to give orders to servants
hy het geleer hoe om bevele aan bediendes te gee
he had learned how to bathe in perfumed waters
hy het geleer hoe om in geparfumeerde water te bad
He had learned how to eat tenderly and carefully prepared food
Hy het geleer hoe om teer en sorgvuldig voorbereide kos te eet
he even ate fish, meat, and poultry
hy het selfs vis, vleis en pluimvee geëet
spices and sweets and wine, which causes sloth and forgetfulness
speserye en lekkers en wyn, wat traagheid en vergeetagtigheid veroorsaak
He had learned to play with dice and on a chess-board
Hy het geleer om met dobbelstene en op 'n skaakbord te speel

he had learned to watch dancing girls
hy het geleer om dansende meisies te kyk
he learned to have himself carried about in a sedan-chair
hy het geleer om homself in 'n sedan-stoel te laat ronddra
he learned to sleep on a soft bed
hy het geleer om op 'n sagte bed te slaap
But still he felt different from others
Maar steeds het hy anders gevoel as ander
he still felt superior to the others
hy voel steeds verhewe bo die ander
he always watched them with some mockery
hy het hulle altyd met een of ander bespotting dopgehou
there was always some mocking disdain to how he felt about them
daar was altyd een of ander spottende minagting oor hoe hy oor hulle voel
the same disdain a Samana feels for the people of the world
dieselfde minagting wat 'n Samana vir die mense van die wêreld voel

Kamaswami was ailing and felt annoyed
Kamaswami was siek en het geïrriteerd gevoel
he felt insulted by Siddhartha
hy voel beledig deur Siddhartha
and he was vexed by his worries as a merchant
en hy was ontsteld oor sy bekommernisse as 'n handelaar
Siddhartha had always watched these things with mockery
Siddhartha het altyd hierdie dinge met spot gekyk
but his mockery had become more tired
maar sy spot het meer moeg geword
his superiority had become more quiet
sy meerderwaardigheid het stiller geword
as slowly imperceptible as the rainy season passing by
so stadig onmerkbaar soos die reënseisoen wat verbygaan
slowly, Siddhartha had assumed something of the childlike people's ways

Stadig het Siddhartha iets van die kinderlike mense se weë aangeneem
he had gained some of their childishness
hy het van hulle kinderagtigheid bygekry
and he had gained some of their fearfulness
en hy het van hulle angs verwerf
And yet, the more be become like them the more he envied them
En tog, hoe meer soos hulle geword het, hoe meer het hy hulle beny
He envied them for the one thing that was missing from him
Hy het hulle beny oor die een ding wat by hom ontbreek het
the importance they were able to attach to their lives
die belangrikheid wat hulle aan hul lewens kon heg
the amount of passion in their joys and fears
die hoeveelheid passie in hul vreugdes en vrese
the fearful but sweet happiness of being constantly in love
die vreesaanjaende maar soet geluk om voortdurend verlief te wees
These people were in love with themselves all of the time
Hierdie mense was heeltyd verlief op hulself
women loved their children, with honours or money
vroue het hul kinders liefgehad, met eer of geld
the men loved themselves with plans or hopes
die mans het hulself liefgehad met planne of hoop
But he did not learn this from them
Maar hy het dit nie by hulle geleer nie
he did not learn the joy of children
hy het nie die vreugde van kinders geleer nie
and he did not learn their foolishness
en hulle dwaasheid het hy nie geleer nie
what he mostly learned were their unpleasant things
wat hy meestal geleer het, was hul onaangename dinge
and he despised these things
en hy het hierdie dinge verag
in the morning, after having had company

in die oggend, nadat hulle geselskap gehad het
more and more he stayed in bed for a long time
meer en meer het hy lank in die bed gebly
he felt unable to think, and was tired
hy voel nie in staat om te dink nie, en was moeg
he became angry and impatient when Kamaswami bored him with his worries
hy het kwaad en ongeduldig geword toe Kamaswami hom met sy bekommernisse verveel het
he laughed just too loud when he lost a game of dice
hy het net te hard gelag toe hy 'n dobbelspel verloor het
His face was still smarter and more spiritual than others
Sy gesig was steeds slimmer en meer geestelik as ander
but his face rarely laughed anymore
maar sy gesig het selde meer gelag
slowly, his face assumed other features
stadig het sy gesig ander trekke aangeneem
the features often found in the faces of rich people
die kenmerke wat dikwels in die gesigte van ryk mense gevind word
features of discontent, of sickliness, of ill-humour
kenmerke van ontevredenheid, van siekte, van slegte humor
features of sloth, and of a lack of love
kenmerke van luiheid, en van 'n gebrek aan liefde
the disease of the soul which rich people have
die siekte van die siel wat ryk mense het
Slowly, this disease grabbed hold of him
Stadig het hierdie siekte hom beetgepak
like a thin mist, tiredness came over Siddhartha
soos 'n dun mis het moegheid oor Siddhartha gekom
slowly, this mist got a bit denser every day
stadig, hierdie mis het elke dag 'n bietjie digter geword
it got a bit murkier every month
dit het elke maand 'n bietjie donkerder geword
and every year it got a bit heavier
en elke jaar het dit 'n bietjie swaarder geword

dresses become old with time
rokke word oud met tyd
clothes lose their beautiful colour over time
klere verloor mettertyd hul pragtige kleur
they get stains, wrinkles, worn off at the seams
hulle kry vlekke, plooie, verslyt by die nate
they start to show threadbare spots here and there
hulle begin hier en daar verslete kolle wys
this is how Siddhartha's new life was
dit is hoe Siddhartha se nuwe lewe was
the life which he had started after his separation from Govinda
die lewe wat hy begin het na sy skeiding van Govinda
his life had grown old and lost colour
sy lewe het oud geword en kleur verloor
there was less splendour to it as the years passed by
daar was minder prag namate die jare verbygegaan het
his life was gathering wrinkles and stains
sy lewe was besig om plooie en vlekke bymekaar te maak
and hidden at bottom, disappointment and disgust were waiting
en onder weggesteek het teleurstelling en walging gewag
they were showing their ugliness
hulle het hul lelik gewys
Siddhartha did not notice these things
Siddhartha het nie hierdie dinge raakgesien nie
he remembered the bright and reliable voice inside of him
hy onthou die helder en betroubare stem in hom
he noticed the voice had become silent
hy merk die stem het stil geword
the voice which had awoken in him at that time
die stem wat destyds in hom wakker geword het
the voice that had guided him in his best times
die stem wat hom in sy beste tye gelei het
he had been captured by the world
hy was deur die wêreld gevange geneem

he had been captured by lust, covetousness, sloth
hy was gevange geneem deur wellus, hebsug, luiheid
and finally he had been captured by his most despised vice
en uiteindelik is hy deur sy mees veragte ondeug gevange geneem
the vice which he mocked the most
die ondeug waarmee hy die meeste gespot het
the most foolish one of all vices
die dwaasste een van alle ondeugde
he had let greed into his heart
hy het gierigheid in sy hart ingelaat
Property, possessions, and riches also had finally captured him
Eiendom, besittings en rykdom het hom ook uiteindelik gevange geneem
having things was no longer a game to him
om dinge te hê was nie meer vir hom 'n speletjie nie
his possessions had become a shackle and a burden
sy besittings het 'n boei en 'n las geword
It had happened in a strange and devious way
Dit het op 'n vreemde en slinkse manier gebeur
Siddhartha had gotten this vice from the game of dice
Siddhartha het hierdie ondeug van die dobbelspel gekry
he had stopped being a Samana in his heart
hy het opgehou om 'n Samana in sy hart te wees
and then he began to play the game for money
en toe begin hy die speletjie speel vir geld
first he joined the game with a smile
eers het hy met 'n glimlag by die spel aangesluit
at this time he only played casually
in hierdie tyd het hy net terloops gespeel
he wanted to join the customs of the childlike people
hy wou by die gebruike van die kinderlike mense aansluit
but now he played with an increasing rage and passion
maar nou het hy met 'n toenemende woede en passie gespeel
He was a feared gambler among the other merchants

Hy was 'n gevreesde dobbelaar onder die ander handelaars
his stakes were so audacious that few dared to take him on
sy belange was so vermetel dat min dit gewaag het om hom aan te vat
He played the game due to a pain of his heart
Hy het die wedstryd gespeel weens 'n pyn van sy hart
losing and wasting his wretched money brought him an angry joy
om sy ellendige geld te verloor en te mors, het hom 'n kwaai vreugde gebring
he could demonstrate his disdain for wealth in no other way
hy kon sy minagting vir rykdom op geen ander manier demonstreer nie
he could not mock the merchants' false god in a better way
hy kon nie die handelaars se valse god op 'n beter manier bespot nie
so he gambled with high stakes
daarom het hy met hoë insette gedobbel
he mercilessly hated himself and mocked himself
hy het homself genadeloos gehaat en homself gespot
he won thousands, threw away thousands
hy het duisende gewen, duisende weggegooi
he lost money, jewellery, a house in the country
hy het geld, juweliersware, 'n huis in die platteland verloor
he won it again, and then he lost again
hy het dit weer gewen, en toe verloor hy weer
he loved the fear he felt while he was rolling the dice
hy was mal oor die vrees wat hy gevoel het terwyl hy besig was om die dobbelsteen te gooi
he loved feeling worried about losing what he gambled
hy was mal daaroor om bekommerd te wees oor die verlies van wat hy gedobbel het
he always wanted to get this fear to a slightly higher level
hy wou altyd hierdie vrees op 'n effens hoër vlak kry
he only felt something like happiness when he felt this fear

hy het net iets soos geluk gevoel toe hy hierdie vrees gevoel het
it was something like an intoxication
dit was iets soos 'n dronkenskap
something like an elevated form of life
iets soos 'n verhewe vorm van lewe
something brighter in the midst of his dull life
iets helderder te midde van sy vaal lewe
And after each big loss, his mind was set on new riches
En ná elke groot verlies was sy gedagtes ingestel op nuwe rykdom
he pursued the trade more zealously
hy het die handel yweriger voortgesit
he forced his debtors more strictly to pay
hy het sy debiteure strenger gedwing om te betaal
because he wanted to continue gambling
omdat hy wou aanhou dobbel
he wanted to continue squandering
hy wou aanhou verkwis
he wanted to continue demonstrating his disdain of wealth
hy wou voortgaan om sy minagting van rykdom te demonstreer
Siddhartha lost his calmness when losses occurred
Siddhartha het sy kalmte verloor toe verliese plaasgevind het
he lost his patience when he was not paid on time
hy het sy geduld verloor toe hy nie betyds betaal is nie
he lost his kindness towards beggars
hy het sy vriendelikheid teenoor bedelaars verloor
He gambled away tens of thousands at one roll of the dice
Hy het tienduisende met een rol van die dobbelsteen weggedobbel
he became more strict and more petty in his business
hy het strenger en kleinliker geword in sy besigheid
occasionally, he was dreaming at night about money!
soms het hy snags oor geld gedroom!

whenever he woke up from this ugly spell, he continued fleeing
wanneer hy ook al wakker geword het van hierdie lelike tower, het hy voortgegaan om te vlug
whenever he found his face in the mirror to have aged, he found a new game
elke keer as hy gevind het dat sy gesig in die spieël verouder het, het hy 'n nuwe speletjie gevind
whenever embarrassment and disgust came over him, he numbed his mind
wanneer ook al verleentheid en afsku oor hom gekom het, het hy sy gedagtes verdoof
he numbed his mind with sex and wine
hy het sy gedagtes verdoof met seks en wyn
and from there he fled back into the urge to pile up and obtain possessions
en vandaar het hy teruggevlug in die drang om op te stapel en besittings te bekom
In this pointless cycle he ran
In hierdie sinnelose siklus het hy gehardloop
from his life he grow tired, old, and ill
uit sy lewe word hy moeg, oud en siek

Then the time came when a dream warned him
Toe kom die tyd dat 'n droom hom gewaarsku het
He had spent the hours of the evening with Kamala
Hy het die ure van die aand saam met Kamala deurgebring
he had been in her beautiful pleasure-garden
hy was in haar pragtige plesiertuin gewees
They had been sitting under the trees, talking
Hulle het onder die bome gesit en gesels
and Kamala had said thoughtful words
en Kamala het deurdagte woorde gesê
words behind which a sadness and tiredness lay hidden
woorde waaragter 'n hartseer en moegheid skuil
She had asked him to tell her about Gotama

Sy het hom gevra om haar van Gotama te vertel
she could not hear enough of him
sy kon nie genoeg van hom hoor nie
she loved how clear his eyes were
sy was mal oor hoe helder sy oë was
she loved how still and beautiful his mouth was
sy was mal oor hoe stil en mooi sy mond was
she loved the kindness of his smile
sy was mal oor die vriendelikheid van sy glimlag
she loved how peaceful his walk had been
sy was mal oor hoe vreedsaam sy stap was
For a long time, he had to tell her about the exalted Buddha
Vir 'n lang tyd moes hy haar vertel van die verhewe Boeddha
and Kamala had sighed, and spoke
en Kamala het gesug en gepraat
"One day, perhaps soon, I'll also follow that Buddha"
"Eendag, miskien binnekort, sal ek ook daardie Boeddha volg"
"I'll give him my pleasure-garden for a gift"
"Ek sal vir hom my plesiertuin gee vir 'n geskenk"
"and I will take my refuge in his teachings"
"en ek sal my skuil by sy leringe"
But after this, she had aroused him
Maar hierna het sy hom opgewek
she had tied him to her in the act of making love
sy het hom aan haar vasgemaak in die daad van liefde maak
with painful fervour, biting and in tears
met pynlike ywer, byt en in trane
it was as if she wanted to squeeze the last sweet drop out of this wine
dit was asof sy die laaste soet druppel uit hierdie wyn wou druk
Never before had it become so strangely clear to Siddhartha
Nog nooit het dit vir Siddhartha so vreemd duidelik geword nie
he felt how close lust was akin to death
hy het gevoel hoe naby wellus aan die dood verwant is

he laid by her side, and Kamala's face was close to him
hy het langs haar gelê, en Kamala se gesig was naby hom
under her eyes and next to the corners of her mouth
onder haar oë en langs haar mondhoeke
it was as clear as never before
dit was so duidelik soos nog nooit tevore nie
there read a fearful inscription
daar lees 'n vreesaanjaende inskripsie
an inscription of small lines and slight grooves
'n inskripsie van klein lyne en effense groewe
an inscription reminiscent of autumn and old age
'n inskripsie wat aan herfs en ouderdom herinner
here and there, gray hairs among his black ones
hier en daar, grys hare tussen sy swartes
Siddhartha himself, who was only in his forties, noticed the same thing
Siddhartha self, wat eers in sy veertigs was, het dieselfde ding opgemerk
Tiredness was written on Kamala's beautiful face
Moegheid was op Kamala se pragtige gesig geskryf
tiredness from walking a long path
moegheid om 'n lang pad te stap
a path which has no happy destination
'n pad wat geen gelukkige bestemming het nie
tiredness and the beginning of withering
moegheid en die begin van verwelking
fear of old age, autumn, and having to die
vrees vir ouderdom, herfs, en om te sterf
With a sigh, he had bid his farewell to her
Met 'n sug het hy van haar afskeid geneem
the soul full of reluctance, and full of concealed anxiety
die siel vol onwilligheid, en vol verborge angs

Siddhartha had spent the night in his house with dancing girls

Siddhartha het die nag saam met dansende meisies in sy huis deurgebring

he acted as if he was superior to them
hy het opgetree asof hy verhewe bo hulle was
he acted superior towards the fellow-members of his caste
hy het meerderwaardig teenoor die mede-lede van sy kaste opgetree
but this was no longer true
maar dit was nie meer waar nie
he had drunk much wine that night
hy het daardie aand baie wyn gedrink
and he went to bed a long time after midnight
en hy het lank na middernag gaan slaap
tired and yet excited, close to weeping and despair
moeg en tog opgewonde, naby aan geween en wanhoop
for a long time he sought to sleep, but it was in vain
hy het lank gesoek om te slaap, maar dit was tevergeefs
his heart was full of misery
sy hart was vol ellende
he thought he could not bear any longer
hy het gedink hy kan dit nie meer verduur nie
he was full of a disgust, which he felt penetrating his entire body
hy was vol walging, wat hy gevoel het om sy hele liggaam binne te dring
like the lukewarm repulsive taste of the wine
soos die lou afstootlike smaak van die wyn
the dull music was a little too happy
die dowwe musiek was 'n bietjie te gelukkig
the smile of the dancing girls was a little too soft
die glimlag van die dansende meisies was 'n bietjie te sag
the scent of their hair and breasts was a little too sweet
die geur van hul hare en borste was 'n bietjie te soet
But more than by anything else, he was disgusted by himself

Maar meer as deur enigiets anders was hy gewalg deur homself
he was disgusted by his perfumed hair
hy was gewalg deur sy geparfumeerde hare
he was disgusted by the smell of wine from his mouth
hy was gewalg deur die reuk van wyn uit sy mond
he was disgusted by the listlessness of his skin
hy was gewalg deur die lusteloosheid van sy vel
Like when someone who has eaten and drunk far too much
Soos wanneer iemand wat heeltemal te veel geëet en gedrink het
they vomit it back up again with agonising pain
hulle braak dit weer op met pynlike pyn
but they feel relieved by the vomiting
maar hulle voel verlig deur die braking
this sleepless man wished to free himself of these pleasures
hierdie slapelose man wou homself van hierdie plesier bevry
he wanted to be rid of these habits
hy wou van hierdie gewoontes ontslae raak
he wanted to escape all of this pointless life
hy wou al hierdie sinnelose lewe ontsnap
and he wanted to escape from himself
en hy wou van homself ontsnap
it wasn't until the light of the morning when he had slightly fallen sleep
dit was eers in die lig van die oggend toe hy effens aan die slaap geraak het
the first activities in the street were already beginning
die eerste bedrywighede in die straat het reeds begin
for a few moments he had found a hint of sleep
vir 'n paar oomblikke het hy 'n sweempie slaap gevind
In those moments, he had a dream
In daardie oomblikke het hy 'n droom gehad
Kamala owned a small, rare singing bird in a golden cage
Kamala het 'n klein, skaars singende voël in 'n goue hok besit
it always sung to him in the morning

dit het altyd soggens vir hom gesing
but then he dreamt this bird had become mute
maar toe droom hy hierdie voël het stom geword
since this arose his attention, he stepped in front of the cage
aangesien dit sy aandag getrek het, stap hy voor die hok in
he looked at the bird inside the cage
hy kyk na die voël in die hok
the small bird was dead, and lay stiff on the ground
die voëltjie was dood, en het styf op die grond gelê
He took the dead bird out of its cage
Hy het die dooie voël uit sy hok gehaal
he took a moment to weigh the dead bird in his hand
hy het 'n oomblik geneem om die dooie voël in sy hand te weeg
and then threw it away, out in the street
en toe weggegooi, in die straat
in the same moment he felt terribly shocked
in dieselfde oomblik het hy vreeslik geskok gevoel
his heart hurt as if he had thrown away all value
sy hart was seer asof hy alle waarde weggegooi het
everything good had been inside of this dead bird
alles goed was binne-in hierdie dooie voël
Starting up from this dream, he felt encompassed by a deep sadness
Met die begin van hierdie droom, voel hy omring deur 'n diep hartseer
everything seemed worthless to him
alles het vir hom waardeloos gelyk
worthless and pointless was the way he had been going through life
waardeloos en nutteloos was die manier waarop hy deur die lewe gegaan het
nothing which was alive was left in his hands
niks wat lewendig was, het in sy hande oorgebly nie
nothing which was in some way delicious could be kept

niks wat op een of ander manier lekker was, kon gehou word nie
nothing worth keeping would stay
niks wat die moeite werd is om te hou, sou bly nie
alone he stood there, empty like a castaway on the shore
alleen staan hy daar, leeg soos 'n wegbreekman op die wal

With a gloomy mind, Siddhartha went to his pleasure-garden
Met 'n somber gemoed het Siddhartha na sy plesiertuin gegaan
he locked the gate and sat down under a mango-tree
hy het die hek gesluit en onder 'n mangoboom gaan sit
he felt death in his heart and horror in his chest
hy voel die dood in sy hart en afgryse in sy bors
he sensed how everything died and withered in him
hy het aangevoel hoe alles in hom dood en verdor het
By and by, he gathered his thoughts in his mind
By en deur het hy sy gedagtes in sy gedagtes versamel
once again, he went through the entire path of his life
weereens het hy deur die hele pad van sy lewe gegaan
he started with the first days he could remember
hy het begin met die eerste dae wat hy kon onthou
When was there ever a time when he had felt a true bliss?
Wanneer was daar ooit 'n tyd toe hy 'n ware saligheid gevoel het?
Oh yes, several times he had experienced such a thing
O ja, verskeie kere het hy so iets beleef
In his years as a boy he had had a taste of bliss
In sy jare as 'n seun het hy 'n smaak van geluk gehad
he had felt happiness in his heart when he obtained praise from the Brahmans
hy het geluk in sy hart gevoel toe hy lof van die Brahmane gekry het
"There is a path in front of the one who has distinguished himself"

"Daar is 'n pad voor die een wat homself onderskei het"
he had felt bliss reciting the holy verses
hy het saligheid gevoel toe hy die heilige verse opgesê het
he had felt bliss disputing with the learned ones
hy het saligheid gevoel om met die geleerdes te twis
he had felt bliss when he was an assistant in the offerings
hy het geluk gevoel toe hy 'n assistent in die offers was
Then, he had felt it in his heart
Toe het hy dit in sy hart gevoel
"There is a path in front of you"
"Daar is 'n pad voor jou"
"you are destined for this path"
"jy is bestem vir hierdie pad"
"the gods are awaiting you"
"die gode wag vir jou"
And again, as a young man, he had felt bliss
En weer, as 'n jong man, het hy geluk gevoel
when his thoughts separated him from those thinking on the same things
toe sy gedagtes hom geskei het van dié wat oor dieselfde dinge dink
when he wrestled in pain for the purpose of Brahman
toe hy in pyn geworstel het vir die doel van Brahman
when every obtained knowledge only kindled new thirst in him
toe elke verkryde kennis net nuwe dors by hom aangesteek het
in the midst of the pain he felt this very same thing
te midde van die pyn het hy dieselfde ding gevoel
"Go on! You are called upon!"
"Gaan aan! Jy word geroep!"
He had heard this voice when he had left his home
Hy het hierdie stem gehoor toe hy sy huis verlaat het
he heard heard this voice when he had chosen the life of a Samana

hy het hierdie stem gehoor toe hy die lewe van 'n Samana gekies het

and again he heard this voice when left the Samanas

en weer het hy hierdie stem gehoor toe hy die Samanas verlaat het

he had heard the voice when he went to see the perfected one

hy het die stem gehoor toe hy die volmaakte een gaan sien het

and when he had gone away from the perfected one, he had heard the voice

en toe hy van die volmaakte weggegaan het, het hy die stem gehoor

he had heard the voice when he went into the uncertain

hy het die stem gehoor toe hy in die onseker ingegaan het

For how long had he not heard this voice anymore?

Hoe lank het hy nie meer hierdie stem gehoor nie?

for how long had he reached no height anymore?

vir hoe lank het hy geen hoogte meer bereik nie?

how even and dull was the manner in which he went through life?

hoe egalig en dof was die manier waarop hy deur die lewe gegaan het?

for many long years without a high goal

vir baie lang jare sonder 'n hoë doelwit

he had been without thirst or elevation

hy was sonder dors of verheffing

he had been content with small lustful pleasures

hy was tevrede met klein wellustige plesiertjies

and yet he was never satisfied!

en tog was hy nooit tevrede nie!

For all of these years he had tried hard to become like the others

Hy het al die jare hard probeer om soos die ander te word

he longed to be one of the childlike people

hy het verlang om een van die kinderlike mense te wees

but he didn't know that that was what he really wanted

maar hy het nie geweet dat dit was wat hy regtig wou hê nie
his life had been much more miserable and poorer than theirs
sy lewe was baie ellendiger en armer as hulle s'n
because their goals and worries were not his
want hulle doelwitte en bekommernisse was nie syne nie
the entire world of the Kamaswami-people had only been a game to him
die hele wêreld van die Kamaswami-mense was vir hom net 'n speletjie gewees
their lives were a dance he would watch
hulle lewens was 'n dans waarna hy sou kyk
they performed a comedy he could amuse himself with
hulle het 'n komedie opgevoer waarmee hy homself kon vermaak
Only Kamala had been dear and valuable to him
Net Kamala was vir hom dierbaar en waardevol gewees
but was she still valuable to him?
maar was sy nog waardevol vir hom?
Did he still need her?
Het hy haar nog nodig gehad?
Or did she still need him?
Of het sy hom nog nodig gehad?
Did they not play a game without an ending?
Het hulle nie 'n speletjie sonder 'n einde gespeel nie?
Was it necessary to live for this?
Was dit nodig om hiervoor te lewe?
No, it was not necessary!
Nee, dit was nie nodig nie!
The name of this game was Sansara
Die naam van hierdie speletjie was Sansara
a game for children which was perhaps enjoyable to play once
'n speletjie vir kinders wat dalk een keer lekker was om te speel
maybe it could be played twice

miskien kan dit twee keer gespeel word
perhaps you could play it ten times
miskien kan jy dit tien keer speel
but should you play it for ever and ever?
maar moet jy dit vir ewig en altyd speel?
Then, Siddhartha knew that the game was over
Toe het Siddhartha geweet dat die wedstryd verby was
he knew that he could not play it any more
hy het geweet dat hy dit nie meer kon speel nie
Shivers ran over his body and inside of him
Rillings het oor sy lyf en binne-in hom gehardloop
he felt that something had died
hy het gevoel dat iets dood is

That entire day, he sat under the mango-tree
Daardie hele dag het hy onder die mangoboom gesit
he was thinking of his father
hy het aan sy pa gedink
he was thinking of Govinda
hy het aan Govinda gedink
and he was thinking of Gotama
en hy het aan Gotama gedink
Did he have to leave them to become a Kamaswami?
Moes hy hulle verlaat om 'n Kamaswami te word?
He was still sitting there when the night had fallen
Hy het nog daar gesit toe die nag aangebreek het
he caught sight of the stars, and thought to himself
hy het die sterre gesien en by homself gedink
"Here I'm sitting under my mango-tree in my pleasure-garden"
"Hier sit ek onder my mangoboom in my plesiertuin"
He smiled a little to himself
Hy glimlag 'n bietjie vir homself
was it really necessary to own a garden?
was dit regtig nodig om 'n tuin te besit?
was it not a foolish game?

was dit nie 'n dwase speletjie nie?
did he need to own a mango-tree?
moes hy 'n mangoboom besit?
He also put an end to this
Hieraan het hy ook 'n einde gemaak
this also died in him
dit het ook in hom gesterf
He rose and bid his farewell to the mango-tree
Hy staan op en neem afskeid van die mangoboom
he bid his farewell to the pleasure-garden
hy neem afskeid van die plesiertuin
Since he had been without food this day, he felt strong hunger
Aangesien hy hierdie dag sonder kos was, het hy sterk honger gevoel
and he thought of his house in the city
en hy het gedink aan sy huis in die stad
he thought of his chamber and bed
hy dink aan sy kamer en bed
he thought of the table with the meals on it
hy dink aan die tafel met die etes daarop
He smiled tiredly, shook himself, and bid his farewell to these things
Hy glimlag moeg, skud homself en neem afskeid van hierdie dinge
In the same hour of the night, Siddhartha left his garden
In dieselfde uur van die nag het Siddhartha sy tuin verlaat
he left the city and never came back
hy het die stad verlaat en nooit teruggekom nie

For a long time, Kamaswami had people look for him
Vir 'n lang tyd het Kamaswami mense na hom laat soek
they thought he had fallen into the hands of robbers
hulle het gedink hy het in die hande van rowers geval
Kamala had no one look for him
Kamala het niemand na hom laat soek nie

she was not astonished by his disappearance
sy was nie verstom oor sy verdwyning nie
Did she not always expect it?
Het sy dit nie altyd verwag nie?
Was he not a Samana?
Was hy nie 'n Samana nie?
a man who was at home nowhere, a pilgrim
'n man wat nêrens tuis was nie, 'n pelgrim
she had felt this the last time they had been together
sy het dit gevoel die laaste keer wat hulle saam was
she was happy despite all the pain of the loss
sy was gelukkig ten spyte van al die pyn van die verlies
she was happy she had been with him one last time
sy was bly sy was die laaste keer by hom
she was happy she had pulled him so affectionately to her heart
sy was bly sy het hom so liefdevol na haar hart getrek
she was happy she had felt completely possessed and penetrated by him
sy was bly dat sy heeltemal beset en deur hom deurdring gevoel het
When she received the news, she went to the window
Toe sy die nuus kry, het sy na die venster gegaan
at the window she held a rare singing bird
by die venster hou sy 'n seldsame singende voël vas
the bird was held captive in a golden cage
die voël is in 'n goue hok gevange gehou
She opened the door of the cage
Sy het die deur van die hok oopgemaak
she took the bird out and let it fly
sy het die voël uitgehaal en dit laat vlieg
For a long time, she gazed after it
Sy het lank daarna gekyk
From this day on, she received no more visitors
Van vandag af het sy geen besoekers meer ontvang nie
and she kept her house locked

en sy het haar huis gesluit gehou
But after some time, she became aware that she was pregnant
Maar na 'n ruk het sy bewus geword dat sy swanger is
she was pregnant from the last time she was with Siddhartha
sy was swanger van die laaste keer toe sy by Siddhartha was

By the River
By die Rivier

Siddhartha walked through the forest
Siddhartha het deur die woud gestap
he was already far from the city
hy was reeds ver van die stad af
and he knew nothing but one thing
en hy het niks anders as een ding geweet nie
there was no going back for him
daar was geen terugkeer vir hom nie
the life that he had lived for many years was over
die lewe wat hy vir baie jare geleef het, was verby
he had tasted all of this life
hy het al hierdie lewe geproe
he had sucked everything out of this life
hy het alles uit hierdie lewe gesuig
until he was disgusted with it
totdat hy dit gewalg het
the singing bird he had dreamt of was dead
die singende voël waarvan hy gedroom het, was dood
and the bird in his heart was dead too
en die voël in sy hart was ook dood
he had been deeply entangled in Sansara
hy was diep verstrengel in Sansara
he had sucked up disgust and death into his body
hy het walging en dood in sy liggaam opgesuig
like a sponge sucks up water until it is full
soos 'n spons water opsuig totdat dit vol is
he was full of misery and death
hy was vol ellende en dood
there was nothing left in this world which could have attracted him
daar was niks in hierdie wêreld oor wat hom kon aantrek nie
nothing could have given him joy or comfort
niks kon hom vreugde of vertroosting gegee het nie

he passionately wished to know nothing about himself anymore
hy wou hartstogtelik niks meer van homself weet nie
he wanted to have rest and be dead
hy wou rus hê en dood wees
he wished there was a lightning-bolt to strike him dead!
hy wens daar was 'n weerligstraal om hom dood te slaan!
If there only was a tiger to devour him!
As daar maar net 'n tier was om hom te verslind!
If there only was a poisonous wine which would numb his senses
As daar maar net 'n giftige wyn was wat sy sintuie sou verdoof
a wine which brought him forgetfulness and sleep
'n wyn wat hom vergeetagtigheid en slaap gebring het
a wine from which he wouldn't awake from
'n wyn waaruit hy nie sou wakker word nie
Was there still any kind of filth he had not soiled himself with?
Was daar nog enige soort vuilheid waarmee hy homself nie bevuil het nie?
was there a sin or foolish act he had not committed?
was daar 'n sonde of dwase daad wat hy nie gepleeg het nie?
was there a dreariness of the soul he didn't know?
was daar 'n somberheid van die siel wat hy nie geken het nie?
was there anything he had not brought upon himself?
was daar iets wat hy nie oor homself gebring het nie?
Was it still at all possible to be alive?
Was dit nog hoegenaamd moontlik om te lewe?
Was it possible to breathe in again and again?
Was dit moontlik om weer en weer in te asem?
Could he still breathe out?
Kon hy nog uitasem?
was he able to bear hunger?
kon hy honger verduur?
was there any way to eat again?

was daar enige manier om weer te eet?
was it possible to sleep again?
was dit moontlik om weer te slaap?
could he sleep with a woman again?
kan hy weer by 'n vrou slaap?
had this cycle not exhausted itself?
het hierdie siklus nie homself uitgeput nie?
were things not brought to their conclusion?
is dinge nie tot hul gevolgtrekking gebring nie?

Siddhartha reached the large river in the forest
Siddhartha het die groot rivier in die woud bereik
it was the same river he crossed when he had still been a young man
dit was dieselfde rivier wat hy oorgesteek het toe hy nog 'n jong man was
it was the same river he crossed from the town of Gotama
dit was dieselfde rivier wat hy van die dorp Gotama oorgesteek het
he remembered a ferryman who had taken him over the river
hy onthou 'n veerman wat hom oor die rivier geneem het
By this river he stopped, and hesitantly he stood at the bank
By hierdie rivier het hy stilgehou, en huiwerig gaan staan hy by die wal
Tiredness and hunger had weakened him
Moegheid en honger het hom verswak
"what should I walk on for?"
"waarvoor moet ek loop?"
"to what goal was there left to go?"
"na watter doel was daar oor om te gaan?"
No, there were no more goals
Nee, daar was nie meer doele nie
there was nothing left but a painful yearning to shake off this dream

daar was niks meer oor as 'n pynlike hunkering om hierdie droom af te skud nie
he yearned to spit out this stale wine
hy het verlang om hierdie ou wyn uit te spoeg
he wanted to put an end to this miserable and shameful life
hy wou 'n einde maak aan hierdie ellendige en skandelike lewe
a coconut-tree bent over the bank of the river
'n klapperboom gebuig oor die oewer van die rivier
Siddhartha leaned against its trunk with his shoulder
Siddhartha het met sy skouer teen sy slurp geleun
he embraced the trunk with one arm
hy omhels die slurp met een arm
and he looked down into the green water
en hy kyk af in die groen water
the water ran under him
die water het onder hom ingeloop
he looked down and found himself to be entirely filled with the wish to let go
hy het afgekyk en gevind dat hy heeltemal gevul is met die wens om te laat gaan
he wanted to drown in these waters
hy wou in hierdie waters verdrink
the water reflected a frightening emptiness back at him
die water weerkaats 'n angswekkende leegheid na hom terug
the water answered to the terrible emptiness in his soul
die water antwoord op die verskriklike leegheid in sy siel
Yes, he had reached the end
Ja, hy het die einde bereik
There was nothing left for him, except to annihilate himself
Daar was niks vir hom oor nie, behalwe om homself te vernietig
he wanted to smash the failure into which he had shaped his life
hy wou die mislukking verpletter waarin hy sy lewe gevorm het

he wanted to throw his life before the feet of mockingly laughing gods
hy wou sy lewe voor die voete van spottende laggende gode gooi
This was the great vomiting he had longed for; death
Dit was die groot braking waarna hy gesmag het; dood
the smashing to bits of the form he hated
die verbryseling van die vorm wat hy gehaat het
Let him be food for fishes and crocodiles
Laat hom voedsel wees vir visse en krokodille
Siddhartha the dog, a lunatic
Siddhartha die hond, 'n gek
a depraved and rotten body; a weakened and abused soul!
'n verdorwe en vrot liggaam; 'n verswakte en mishandelde siel!
let him be chopped to bits by the daemons
laat hom deur die demone in stukke gekap word
With a distorted face, he stared into the water
Met 'n verwronge gesig staar hy in die water
he saw the reflection of his face and spat at it
hy het die weerkaatsing van sy gesig gesien en daarna gespoeg
In deep tiredness, he took his arm away from the trunk of the tree
In diepe moegheid het hy sy arm van die stam van die boom af weggeneem
he turned a bit, in order to let himself fall straight down
hy draai 'n bietjie om hom reguit te laat val
in order to finally drown in the river
om uiteindelik in die rivier te verdrink
With his eyes closed, he slipped towards death
Met sy oë toe gly hy na die dood
Then, out of remote areas of his soul, a sound stirred up
Toe, uit afgeleë gebiede van sy siel, het 'n geluid geroer
a sound stirred up out of past times of his now weary life
'n geluid wat opgewek is uit vorige tye van sy nou moeë lewe

It was a singular word, a single syllable
Dit was 'n enkelvoudige woord, 'n enkele lettergreep
without thinking he spoke the voice to himself
sonder om te dink het hy die stem met homself gepraat
he slurred the beginning and the end of all prayers of the Brahmans
hy het die begin en die einde van alle gebede van die Brahmane verduister
he spoke the holy Om
hy het die heilige Om gespreek
"that what is perfect" or "the completion"
"dit wat perfek is" of "die voltooiing"
And in the moment he realized the foolishness of his actions
En in die oomblik het hy die dwaasheid van sy optrede besef
the sound of Om touched Siddhartha's ear
die geluid van Om het Siddhartha se oor aangeraak
his dormant spirit suddenly woke up
sy sluimerende gees het skielik wakker geword
Siddhartha was deeply shocked
Siddhartha was diep geskok
he saw this was how things were with him
hy het gesien dit is hoe dit met hom gaan
he was so doomed that he had been able to seek death
hy was so gedoem dat hy die dood kon soek
he had lost his way so much that he wished the end
hy het so verdwaal dat hy die einde gewens het
the wish of a child had been able to grow in him
die wens van 'n kind kon in hom groei
he had wished to find rest by annihilating his body!
hy wou rus vind deur sy liggaam te vernietig!
all the agony of recent times
al die angs van die afgelope tyd
all sobering realizations that his life had created
alles ontnugterende besef wat sy lewe geskep het
all the desperation that he had felt
al die desperaatheid wat hy gevoel het

these things did not bring about this moment
hierdie dinge het nie hierdie oomblik teweeggebring nie
when the Om entered his consciousness he became aware of himself
toe die Om in sy bewussyn ingekom het, het hy van homself bewus geword
he realized his misery and his error
hy het sy ellende en sy fout besef
Om! he spoke to himself
Om! hy het met homself gepraat
Om! and again he knew about Brahman
Om! en weer het hy geweet van Brahman
Om! he knew about the indestructibility of life
Om! hy het geweet van die onvernietigbaarheid van die lewe
Om! he knew about all that is divine, which he had forgotten
Om! hy het geweet van alles wat goddelik is, wat hy vergeet het
But this was only a moment that flashed before him
Maar dit was net 'n oomblik wat voor hom flits
By the foot of the coconut-tree, Siddhartha collapsed
Aan die voet van die klapperboom het Siddhartha ineengestort
he was struck down by tiredness
hy is deur moegheid getref
mumbling "Om", he placed his head on the root of the tree
prewel "Om", plaas hy sy kop op die wortel van die boom
and he fell into a deep sleep
en hy het in 'n diepe slaap geval
Deep was his sleep, and without dreams
Diep was sy slaap, en sonder drome
for a long time he had not known such a sleep any more
lankal het hy so 'n slaap nie meer geken nie

When he woke up after many hours, he felt as if ten years had passed

Toe hy ná baie ure wakker word, het hy gevoel asof tien jaar verby is

he heard the water quietly flowing
hoor hy die water stil vloei
he did not know where he was
hy het nie geweet waar hy was nie
and he did not know who had brought him here
en hy het nie geweet wie hom hierheen gebring het nie
he opened his eyes and looked with astonishment
hy maak sy oë oop en kyk met verbasing
there were trees and the sky above him
daar was bome en die lug bo hom
he remembered where he was and how he got here
hy het onthou waar hy was en hoe hy hier gekom het
But it took him a long while for this
Maar dit het hom lank geneem hiervoor
the past seemed to him as if it had been covered by a veil
die verlede het vir hom gelyk asof dit deur 'n sluier bedek was
infinitely distant, infinitely far away, infinitely meaningless
oneindig ver, oneindig ver, oneindig betekenisloos
He only knew that his previous life had been abandoned
Hy het net geweet dat sy vorige lewe verlaat is
this past life seemed to him like a very old, previous incarnation
hierdie vorige lewe het vir hom soos 'n baie ou, vorige inkarnasie gelyk
this past life felt like a pre-birth of his present self
hierdie vorige lewe het gevoel soos 'n voorgeboorte van sy huidige self
full of disgust and wretchedness, he had intended to throw his life away
vol walging en ellende was hy van plan om sy lewe weg te gooi
he had come to his senses by a river, under a coconut-tree
hy het tot sy sinne gekom by 'n rivier, onder 'n klapperboom
the holy word "Om" was on his lips

die heilige woord "Om" was op sy lippe
he had fallen asleep and had now woken up
hy het aan die slaap geraak en het nou wakker geword
he was looking at the world as a new man
hy het na die wêreld as 'n nuwe man gekyk
Quietly, he spoke the word "Om" to himself
Stil-stil het hy die woord "Om" met homself gepraat
the "Om" he was speaking when he had fallen asleep
die "Om" wat hy gepraat het toe hy aan die slaap geraak het
his sleep felt like nothing more than a long meditative recitation of "Om"
sy slaap het gevoel soos niks meer as 'n lang meditatiewe voordrag van "Om"
all his sleep had been a thinking of "Om"
al sy slaap was 'n gedagte van "Om"
a submergence and complete entering into "Om"
'n onderdompeling en voltooiing van "Om"
a going into the perfected and completed
'n ingaan in die volmaakte en voltooide
What a wonderful sleep this had been!
Wat 'n wonderlike slaap was dit nie!
he had never before been so refreshed by sleep
hy was nog nooit so verkwik deur die slaap nie
Perhaps, he really had died
Miskien het hy regtig gesterf
maybe he had drowned and was reborn in a new body?
dalk het hy verdrink en is hy in 'n nuwe liggaam hergebore?
But no, he knew himself and who he was
Maar nee, hy het homself geweet en wie hy was
he knew his hands and his feet
hy het sy hande en sy voete geken
he knew the place where he lay
hy het die plek geken waar hy gelê het
he knew this self in his chest
hy het hierdie self in sy bors geken
Siddhartha the eccentric, the weird one

Siddhartha die eksentrieke, die vreemde een
but this Siddhartha was nevertheless transformed
maar hierdie Siddhartha is nietemin getransformeer
he was strangely well rested and awake
hy was vreemd goed uitgerus en wakker
and he was joyful and curious
en hy was bly en nuuskierig

Siddhartha straightened up and looked around
Siddhartha kom regop en kyk rond
then he saw a person sitting opposite to him
toe sien hy 'n persoon oorkant hom sit
a monk in a yellow robe with a shaven head
'n monnik in 'n geel kleed met 'n geskeerde kop
he was sitting in the position of pondering
hy het in die posisie van peins gesit
He observed the man, who had neither hair on his head nor a beard
Hy het die man waargeneem, wat nie hare op sy kop of 'n baard gehad het nie
he had not observed him for long when he recognised this monk
hy het hom nie lank waargeneem nie toe hy hierdie monnik herken het
it was Govinda, the friend of his youth
dit was Govinda, die vriend van sy jeug
Govinda, who had taken his refuge with the exalted Buddha
Govinda, wat sy toevlug by die verhewe Boeddha geneem het
Like Siddhartha, Govinda had also aged
Soos Siddhartha, het Govinda ook verouder
but his face still bore the same features
maar sy gesig het nog dieselfde trekke gedra
his face still expressed zeal and faithfulness
sy gesig het steeds ywer en getrouheid uitgespreek
you could see he was still searching, but timidly
jy kon sien hy soek steeds, maar bedees

Govinda sensed his gaze, opened his eyes, and looked at him
Govinda voel sy blik, maak sy oë oop en kyk na hom
Siddhartha saw that Govinda did not recognise him
Siddhartha het gesien dat Govinda hom nie herken nie
Govinda was happy to find him awake
Govinda was bly om hom wakker te vind
apparently, he had been sitting here for a long time
blykbaar het hy lankal hier gesit
he had been waiting for him to wake up
hy het gewag dat hy wakker word
he waited, although he did not know him
hy het gewag, hoewel hy hom nie geken het nie
"I have been sleeping" said Siddhartha
"Ek het geslaap," sê Siddhartha
"How did you get here?"
"Hoe het jy hier gekom?"
"You have been sleeping" answered Govinda
"Jy het geslaap" antwoord Govinda
"It is not good to be sleeping in such places"
"Dit is nie goed om op sulke plekke te slaap nie"
"snakes and the animals of the forest have their paths here"
"slange en die diere van die woud het hul paaie hier"
"I, oh sir, am a follower of the exalted Gotama"
"Ek, o meneer, is 'n volgeling van die verhewe Gotama"
"I was on a pilgrimage on this path"
"Ek was op 'n pelgrimstog op hierdie pad"
"I saw you lying and sleeping in a place where it is dangerous to sleep"
"Ek het jou sien lê en slaap op 'n plek waar dit gevaarlik is om te slaap"
"Therefore, I sought to wake you up"
"Daarom het ek probeer om jou wakker te maak"
"but I saw that your sleep was very deep"
"maar ek het gesien dat jou slaap baie diep was"
"so I stayed behind from my group"

"so ek het agtergebly van my groep"
"and I sat with you until you woke up"
"en ek het by jou gesit totdat jy wakker geword het"
"And then, so it seems, I have fallen asleep myself"
"En toe, so lyk dit, het ek self aan die slaap geraak"
"I, who wanted to guard your sleep, fell asleep"
"Ek, wat jou slaap wou bewaak, het aan die slaap geraak"
"Badly, I have served you"
"Sleg, ek het jou gedien"
"tiredness had overwhelmed me"
"moegheid het my oorweldig"
"But since you're awake, let me go to catch up with my brothers"
"Maar aangesien jy wakker is, laat ek gaan om my broers in te haal."
"I thank you, Samana, for watching out over my sleep" spoke Siddhartha
"Ek dank jou, Samana, dat jy uitkyk oor my slaap," het Siddhartha gesê
"You're friendly, you followers of the exalted one"
"Julle is vriendelik, julle volgelinge van die verhewe een"
"Now you may go to them"
"Nou mag jy na hulle toe gaan"
"I'm going, sir. May you always be in good health"
"Ek gaan, meneer. Mag jy altyd in goeie gesondheid wees"
"I thank you, Samana"
"Ek dankie, Samana"
Govinda made the gesture of a salutation and said "Farewell"
Govinda het die gebaar van 'n groet gemaak en gesê "Totsiens"
"Farewell, Govinda" said Siddhartha
"Vaarwel, Govinda," sê Siddhartha
The monk stopped as if struck by lightning
Die monnik het gestop asof dit deur weerlig getref is
"Permit me to ask, sir, from where do you know my name?"
"Laat my toe om te vra, meneer, van waar ken u my naam?"

Siddhartha smiled, "I know you, oh Govinda, from your father's hut"
Siddhartha het geglimlag, "Ek ken jou, o Govinda, van jou pa se hut"
"and I know you from the school of the Brahmans"
"en ek ken jou van die skool van die Brahmane"
"and I know you from the offerings"
"en ek ken jou uit die offerandes"
"and I know you from our walk to the Samanas"
"en ek ken jou van ons wandeling na die Samanas"
"and I know you from when you took refuge with the exalted one"
"en ek ken jou van toe jy by die verhewe geskuil het"
"You're Siddhartha," Govinda exclaimed loudly, "Now, I recognise you"
"Jy is Siddhartha," het Govinda hard uitgeroep, "Nou, ek herken jou."
"I don't comprehend how I couldn't recognise you right away"
"Ek verstaan nie hoe ek jou nie dadelik kon herken nie"
"Siddhartha, my joy is great to see you again"
"Siddhartha, my vreugde is groot om jou weer te sien"
"It also gives me joy, to see you again" spoke Siddhartha
"Dit gee my ook vreugde om jou weer te sien," het Siddhartha gesê
"You've been the guard of my sleep"
"Jy was die wag van my slaap"
"again, I thank you for this"
"Weereens dankie hiervoor"
"but I wouldn't have required any guard"
"maar ek sou nie enige wag vereis het nie"
"Where are you going to, oh friend?"
"Waarheen gaan jy, o vriend?"
"I'm going nowhere," answered Govinda
"Ek gaan nêrens nie," antwoord Govinda
"We monks are always travelling"

"Ons monnike reis altyd"
"whenever it is not the rainy season, we move from one place to another"
"wanneer dit nie die reënseisoen is nie, beweeg ons van een plek na 'n ander"
"we live according to the rules of the teachings passed on to us"
"ons lewe volgens die reëls van die leringe wat aan ons oorgedra is"
"we accept alms, and then we move on"
"ons aanvaar aalmoese, en dan gaan ons aan"
"It is always like this"
"Dit is altyd so"
"But you, Siddhartha, where are you going to?"
"Maar jy, Siddhartha, waarheen gaan jy?"
"for me it is as it is with you"
"vir my is dit soos dit met jou is"
"I'm going nowhere; I'm just travelling"
"Ek gaan nêrens nie; ek reis net"
"I'm also on a pilgrimage"
"Ek is ook op 'n pelgrimstog"
Govinda spoke "You say you're on a pilgrimage, and I believe you"
Govinda het gepraat "Jy sê jy is op 'n pelgrimstog, en ek glo jou"
"But, forgive me, oh Siddhartha, you do not look like a pilgrim"
"Maar, vergewe my, o Siddhartha, jy lyk nie soos 'n pelgrim nie."
"You're wearing a rich man's garments"
"Jy dra 'n ryk man se klere"
"you're wearing the shoes of a distinguished gentleman"
"jy dra die skoene van 'n vooraanstaande heer"
"and your hair, with the fragrance of perfume, is not a pilgrim's hair"

"en jou hare, met die geur van parfuum, is nie 'n pelgrimshare nie"
"you do not have the hair of a Samana"
"jy het nie die hare van 'n Samana nie"
"you are right, my dear"
"Jy is reg, my skat"
"you have observed things well"
"Jy het dinge goed waargeneem"
"your keen eyes see everything"
"jou skerp oë sien alles"
"But I haven't said to you that I was a Samana"
"Maar ek het nie vir jou gesê dat ek 'n Samana was nie."
"I said I'm on a pilgrimage"
"Ek het gesê ek is op 'n pelgrimstog"
"And so it is, I'm on a pilgrimage"
"En so is dit, ek is op 'n pelgrimstog"
"You're on a pilgrimage" said Govinda
"Jy is op 'n pelgrimstog," sê Govinda
"But few would go on a pilgrimage in such clothes"
"Maar min sal in sulke klere op 'n pelgrimstog gaan"
"few would pilger in such shoes"
"min sal in sulke skoene pels"
"and few pilgrims have such hair"
"en min pelgrims het sulke hare"
"I have never met such a pilgrim"
"Ek het nog nooit so 'n pelgrim ontmoet nie"
"and I have been a pilgrim for many years"
"en ek is al baie jare 'n pelgrim"
"I believe you, my dear Govinda"
"Ek glo jou, my liewe Govinda"
"But now, today, you've met a pilgrim just like this"
"Maar nou, vandag, het jy 'n pelgrim net so ontmoet"
"a pilgrim wearing these kinds of shoes and garment"
"'n pelgrim wat hierdie soort skoene en kledingstukke dra"
"Remember, my dear, the world of appearances is not eternal"

"Onthou, my skat, die wêreld van verskynings is nie ewig nie"
"our shoes and garments are anything but eternal"
"ons skoene en klere is alles behalwe ewig"
"our hair and bodies are not eternal either"
"ons hare en lywe is ook nie ewig nie"
I'm wearing a rich man's clothes"
Ek dra 'n ryk man se klere"
"you've seen this quite right"
"Jy het dit heeltemal reg gesien"
"I'm wearing them, because I have been a rich man"
"Ek dra hulle, want ek was 'n ryk man"
"and I'm wearing my hair like the worldly and lustful people"
"en ek dra my hare soos die wêreldse en wellustige mense"
"because I have been one of them"
"omdat ek een van hulle was"
"And what are you now, Siddhartha?" Govinda asked
"En wat is jy nou, Siddhartha?" het Govinda gevra
"I don't know it, just like you"
"Ek weet dit nie, net soos jy"
"I was a rich man, and now I am not a rich man anymore"
"Ek was 'n ryk man, en nou is ek nie meer 'n ryk man nie."
"and what I'll be tomorrow, I don't know"
"en wat ek môre sal wees, weet ek nie"
"You've lost your riches?" asked Govinda
"Het jy jou rykdom verloor?" vra Govinda
"I've lost my riches, or they have lost me"
"Ek het my rykdom verloor, of hulle het my verloor"
"My riches somehow happened to slip away from me"
"My rykdom het op een of ander manier van my weggeglip"
"The wheel of physical manifestations is turning quickly, Govinda"
"Die wiel van fisiese manifestasies draai vinnig, Govinda"
"Where is Siddhartha the Brahman?"
"Waar is Siddhartha die Brahman?"
"Where is Siddhartha the Samana?"

"Waar is Siddhartha die Samana?"
"Where is Siddhartha the rich man?"
"Waar is Siddhartha, die ryk man?"
"Non-eternal things change quickly, Govinda, you know it"
"Nie-ewige dinge verander vinnig, Govinda, jy weet dit."
Govinda looked at the friend of his youth for a long time
Govinda het lank na die vriend van sy jeug gekyk
he looked at him with doubt in his eyes
hy kyk na hom met twyfel in sy oë
After that, he gave him the salutation which one would use on a gentleman
Daarna het hy vir hom die groet gegee wat 'n mens op 'n heer sou gebruik
and he went on his way, and continued his pilgrimage
en hy het verder gegaan en sy pelgrimstog voortgesit
With a smiling face, Siddhartha watched him leave
Met 'n glimlaggende gesig het Siddhartha gekyk hoe hy weggaan
he loved him still, this faithful, fearful man
hy het hom nog steeds liefgehad, hierdie getroue, vreesbevange man
how could he not have loved everybody and everything in this moment?
hoe kon hy nie op hierdie oomblik almal en alles liefgehad het nie?
in the glorious hour after his wonderful sleep, filled with Om!
in die heerlike uur na sy wonderlike slaap, gevul met Om!
The enchantment, which had happened inside of him in his sleep
Die betowering, wat in sy slaap in hom gebeur het
this enchantment was everything that he loved
hierdie betowering was alles wat hy liefgehad het
he was full of joyful love for everything he saw
hy was vol vreugdevolle liefde vir alles wat hy gesien het
exactly this had been his sickness before

presies dit was voorheen sy siekte
he had not been able to love anybody or anything
hy was nie in staat om enigiemand of enigiets lief te hê nie
With a smiling face, Siddhartha watched the leaving monk
Met 'n glimlaggende gesig het Siddhartha die vertrekkende monnik dopgehou

The sleep had strengthened him a lot
Die slaap het hom baie versterk
but hunger gave him great pain
maar honger het hom groot pyn gegee
by now he had not eaten for two days
hy het nou al twee dae lank nie geëet nie
the times were long past when he could resist such hunger
die tye was lankal verby toe hy sulke honger kon weerstaan
With sadness, and yet also with a smile, he thought of that time
Met hartseer, en tog ook met 'n glimlag, het hy aan daardie tyd gedink
In those days, so he remembered, he had boasted of three things to Kamala
In daardie dae, so het hy onthou, het hy vir Kamala met drie dinge gespog
he had been able to do three noble and undefeatable feats
hy kon drie edele en onoorwinlike prestasies verrig
he was able to fast, wait, and think
hy kon vas, wag en dink
These had been his possessions; his power and strength
Dit was sy besittings gewees; sy krag en krag
in the busy, laborious years of his youth, he had learned these three feats
in die besige, moeisame jare van sy jeug het hy hierdie drie prestasies geleer
And now, his feats had abandoned him
En nou het sy prestasies hom laat vaar
none of his feats were his any more

nie een van sy prestasies was meer syne nie
neither fasting, nor waiting, nor thinking
nie vas nie, ook nie wag of dink nie
he had given them up for the most wretched things
hy het hulle prysgegee vir die ellendigste dinge
what is it that fades most quickly?
wat is dit wat die vinnigste vervaag?
sensual lust, the good life, and riches!
sensuele wellus, die goeie lewe en rykdom!
His life had indeed been strange
Sy lewe was inderdaad vreemd gewees
And now, so it seemed, he had really become a childlike person
En nou, so het dit gelyk, het hy regtig 'n kinderlike mens geword
Siddhartha thought about his situation
Siddhartha het oor sy situasie gedink
Thinking was hard for him now
Om te dink was nou vir hom moeilik
he did not really feel like thinking
hy was nie regtig lus om te dink nie
but he forced himself to think
maar hy het homself gedwing om te dink
"all these most easily perishing things have slipped from me"
"al hierdie dinge wat die maklikste vergaan, het van my afgegly"
"again, now I'm standing here under the sun"
"weereens, nou staan ek hier onder die son"
"I am standing here just like a little child"
"Ek staan hier net soos 'n klein kindjie"
"nothing is mine, I have no abilities"
"niks is myne nie, ek het geen vermoëns nie"
"there is nothing I could bring about"
"Daar is niks wat ek kan meebring nie"
"I have learned nothing from my life"

"Ek het niks uit my lewe geleer nie"
"How wondrous all of this is!"
"Hoe wonderlik is dit alles!"
"it's wondrous that I'm no longer young"
"Dit is wonderlik dat ek nie meer jonk is nie"
"my hair is already half gray and my strength is fading"
"my hare is al halfgrys en my krag vervaag"
"and now I'm starting again at the beginning, as a child!"
"en nou begin ek weer by die begin, as kind!"
Again, he had to smile to himself
Weer moes hy vir homself glimlag
Yes, his fate had been strange!
Ja, sy lot was vreemd gewees!
Things were going downhill with him
Dinge het met hom afdraand gegaan
and now he was again facing the world naked and stupid
en nou het hy weer naak en dom die wêreld in die gesig gestaar
But he could not feel sad about this
Maar hieroor kon hy nie hartseer voel nie
no, he even felt a great urge to laugh
nee, hy het selfs 'n groot drang gevoel om te lag
he felt an urge to laugh about himself
hy voel 'n drang om oor homself te lag
he felt an urge to laugh about this strange, foolish world
hy voel 'n drang om te lag oor hierdie vreemde, dwase wêreld
"Things are going downhill with you!" he said to himself
"Dinge gaan afdraand met jou!" het hy vir homself gesê
and he laughed about his situation
en hy het gelag oor sy situasie
as he was saying it he happened to glance at the river
terwyl hy dit sê het hy toevallig na die rivier gekyk
and he also saw the river going downhill
en hy het ook die rivier sien afdraand
it was singing and being happy about everything
dit was sing en bly wees oor alles

He liked this, and kindly he smiled at the river
Hy het hiervan gehou en vriendelik geglimlag vir die rivier
Was this not the river in which he had intended to drown himself?
Was dit nie die rivier waarin hy van plan was om homself te verdrink nie?
in past times, a hundred years ago
in die verlede, honderd jaar gelede
or had he dreamed this?
of het hy dit gedroom?
"Wondrous indeed was my life" he thought
"Wonderlik was my lewe" dink hy
"my life has taken wondrous detours"
"my lewe het wonderlike ompaaie geneem"
"As a boy, I only dealt with gods and offerings"
"As 'n seun het ek net met gode en offerandes te doen gehad"
"As a youth, I only dealt with asceticism"
"As jongmens het ek net met askese te doen gehad"
"I spent my time in thinking and meditation"
"Ek het my tyd spandeer aan dink en meditasie"
"I was searching for Brahman
"Ek het na Brahman gesoek
"and I worshipped the eternal in the Atman"
"en ek het die ewige in die Atman aanbid"
"But as a young man, I followed the penitents"
"Maar as jong man het ek die boetelinge gevolg"
"I lived in the forest and suffered heat and frost"
"Ek het in die woud gewoon en hitte en ryp gely"
"there I learned how to overcome hunger"
"Daar het ek geleer hoe om honger te oorkom"
"and I taught my body to become dead"
"en ek het my liggaam geleer om dood te word"
"Wonderfully, soon afterwards, insight came towards me"
"Wonderlik, kort daarna het insig na my toe gekom"
"insight in the form of the great Buddha's teachings"
"insig in die vorm van die groot Boeddha se leringe"

"I felt the knowledge of the oneness of the world"
"Ek het die kennis van die eenheid van die wêreld gevoel"
"I felt it circling in me like my own blood"
"Ek het gevoel hoe dit soos my eie bloed in my sirkel"
"But I also had to leave Buddha and the great knowledge"
"Maar ek moes ook Boeddha en die groot kennis verlaat"
"I went and learned the art of love with Kamala"
"Ek het die kuns van liefde by Kamala gaan leer"
"I learned trading and business with Kamaswami"
"Ek het handel en besigheid met Kamaswami geleer"
"I piled up money, and wasted it again"
"Ek het geld opgestapel en dit weer gemors"
"I learned to love my stomach and please my senses"
"Ek het geleer om my maag lief te hê en my sintuie te behaag"
"I had to spend many years losing my spirit"
"Ek moes baie jare spandeer om my gees te verloor"
"and I had to unlearn thinking again"
"en ek moes weer leer dink"
"there I had forgotten the oneness"
"daar het ek die eenheid vergeet"
"Isn't it just as if I had turned slowly from a man into a child"?
"Is dit nie net asof ek stadig van 'n man in 'n kind verander het nie"?
"from a thinker into a childlike person"
"van 'n denker in 'n kinderlike persoon"
"And yet, this path has been very good"
"En tog was hierdie pad baie goed"
"and yet, the bird in my chest has not died"
"en tog het die voël in my bors nie gevrek nie"
"what a path has this been!"
"wat 'n pad was dit nie!"
"I had to pass through so much stupidity"
"Ek moes deur soveel onnoselheid gaan"
"I had to pass through so much vice"
"Ek moes deur soveel vice gaan"

"I had to make so many errors"
"Ek moes soveel foute maak"
"I had to feel so much disgust and disappointment"
"Ek moes soveel walging en teleurstelling voel"
"I had to do all this to become a child again"
"Ek moes dit alles doen om weer 'n kind te word"
"and then I could start over again"
"en dan kon ek weer begin"
"But it was the right way to do it"
"Maar dit was die regte manier om dit te doen"
"my heart says yes to it and my eyes smile to it"
"my hart sê ja daarvoor en my oë glimlag daarvoor"
"I've had to experience despair"
"Ek moes wanhoop ervaar"
"I've had to sink down to the most foolish of all thoughts"
"Ek moes wegsink tot die dwaasste van alle gedagtes"
"I've had to think to the thoughts of suicide"
"Ek moes aan die gedagtes van selfmoord dink"
"only then would I be able to experience divine grace"
"net dan sou ek goddelike genade kan ervaar"
"only then could I hear Om again"
"net toe kon ek weer Om hoor"
"only then would I be able to sleep properly and awake again"
"net dan sal ek weer behoorlik kan slaap en wakker word"
"I had to become a fool, to find Atman in me again"
"Ek moes 'n dwaas word om Atman weer in my te vind"
"I had to sin, to be able to live again"
"Ek moes sondig, om weer te kon lewe"
"Where else might my path lead me to?"
"Waarheen anders kan my pad my lei?"
"It is foolish, this path, it moves in loops"
"Dit is dwaas, hierdie pad, dit beweeg in lusse"
"perhaps it is going around in a circle"
"dalk gaan dit in 'n sirkel rond"
"Let this path go where it likes"

"Laat hierdie pad gaan waar dit wil"
"where ever this path goes, I want to follow it"
"Waar hierdie pad ook al gaan, wil ek dit volg"
he felt joy rolling like waves in his chest
hy voel hoe vreugde soos branders in sy bors rol
he asked his heart, "from where did you get this happiness?"
vra hy vir sy hart, "waar het jy hierdie geluk vandaan?"
"does it perhaps come from that long, good sleep?"
"kom dit dalk van daardie lang, goeie slaap?"
"the sleep which has done me so much good"
"die slaap wat my soveel goed gedoen het"
"or does it come from the word Om, which I said?"
"of kom dit van die woord Om, wat ek gesê het?"
"Or does it come from the fact that I have escaped?"
"Of kom dit van die feit dat ek ontsnap het?"
"does this happiness come from standing like a child under the sky?"
"kom hierdie geluk daarvan om soos 'n kind onder die lug te staan?"
"Oh how good is it to have fled"
"Ag, hoe goed is dit om te vlug"
"it is great to have become free!"
"dit is wonderlik om vry te word!"
"How clean and beautiful the air here is"
"Hoe skoon en mooi is die lug hier"
"the air is good to breath"
"die lug is goed om asem te haal"
"where I ran away from everything smelled of ointments"
"waar ek weggehardloop het, het alles na salf geruik"
"spices, wine, excess, sloth"
"speserye, wyn, oormaat, luiheid"
"How I hated this world of the rich"
"Hoe het ek hierdie wêreld van die rykes gehaat"
"I hated those who revel in fine food and the gamblers!"
"Ek het diegene gehaat wat lekker kos geniet en die dobbelaars!"

"I hated myself for staying in this terrible world for so long!
"Ek het myself gehaat omdat ek so lank in hierdie verskriklike wêreld gebly het!
"I have deprived, poisoned, and tortured myself"
"Ek het myself ontneem, vergiftig en gemartel"
"I have made myself old and evil!"
"Ek het myself oud en boos gemaak!"
"No, I will never again do the things I liked doing so much"
"Nee, ek sal nooit weer die dinge doen wat ek so graag gedoen het nie"
"I won't delude myself into thinking that Siddhartha was wise!"
"Ek sal myself nie mislei om te dink dat Siddhartha wys was nie!"
"But this one thing I have done well"
"Maar hierdie een ding het ek goed gedoen"
"this I like, this I must praise"
"dit hou van, dit moet ek prys"
"I like that there is now an end to that hatred against myself"
"Ek hou daarvan dat daar nou 'n einde is aan daardie haat teen myself"
"there is an end to that foolish and dreary life!"
"daar is 'n einde aan daardie dwase en somber lewe!"
"I praise you, Siddhartha, after so many years of foolishness"
"Ek loof jou, Siddhartha, na soveel jare van dwaasheid"
"you have once again had an idea"
"jy het weer 'n idee gehad"
"you have heard the bird in your chest singing"
"Jy het die voël in jou bors hoor sing"
"and you followed the song of the bird!"
"en jy het die lied van die voël gevolg!"
with these thoughts he praised himself
met hierdie gedagtes het hy homself geprys
he had found joy in himself again
hy het weer vreugde in homself gevind
he listened curiously to his stomach rumbling with hunger

hy luister nuuskierig na sy maag wat dreun van die honger
he had tasted and spat out a piece of suffering and misery
hy het 'n stukkie lyding en ellende geproe en uitgespoeg
in these recent times and days, this is how he felt
in hierdie onlangse tye en dae is dit hoe hy gevoel het
he had devoured it up to the point of desperation and death
hy het dit verslind tot op die punt van desperaatheid en dood
how everything had happened was good
hoe alles gebeur het, was goed
he could have stayed with Kamaswami for much longer
hy kon baie langer by Kamaswami gebly het
he could have made more money, and then wasted it
hy kon meer geld gemaak het, en dit dan gemors het
he could have filled his stomach and let his soul die of thirst
hy kon sy maag vol gemaak het en sy siel van dors laat sterf het
he could have lived in this soft upholstered hell much longer
hy kon baie langer in hierdie sagte gestoffeerde hel gewoon het
if this had not happened, he would have continued this life
as dit nie gebeur het nie, sou hy hierdie lewe voortgesit het
the moment of complete hopelessness and despair
die oomblik van algehele hopeloosheid en wanhoop
the most extreme moment when he hung over the rushing waters
die mees ekstreme oomblik toe hy oor die bruisende waters gehang het
the moment he was ready to destroy himself
die oomblik toe hy gereed was om homself te vernietig
the moment he had felt this despair and deep disgust
die oomblik toe hy hierdie wanhoop en diepe walging gevoel het
he had not succumbed to it
hy het nie daarvoor beswyk nie
the bird was still alive after all

die voël het tog nog gelewe
this was why he felt joy and laughed
dit was hoekom hy vreugde gevoel en gelag het
this was why his face was smiling brightly under his hair
dit was hoekom sy gesig helder onder sy hare glimlag
his hair which had now turned gray
sy hare wat nou grys geword het
"It is good," he thought, "to get a taste of everything for oneself"
"Dit is goed," het hy gedink, "om 'n voorsmakie van alles vir jouself te kry"
"everything which one needs to know"
"alles wat 'n mens moet weet"
"lust for the world and riches do not belong to the good things"
"lus vir die wêreld en rykdom behoort nie tot die goeie dinge nie"
"I have already learned this as a child"
"Ek het dit al as kind geleer"
"I have known it for a long time"
"Ek weet dit al lankal"
"but I hadn't experienced it until now"
"maar ek het dit nog nie ervaar nie"
"And now that I I've experienced it I know it"
"En noudat ek dit ervaar het, weet ek dit"
"I don't just know it in my memory, but in my eyes, heart, and stomach"
"Ek weet dit nie net in my geheue nie, maar in my oë, hart en maag."
"it is good for me to know this!"
"dit is goed vir my om dit te weet!"

For a long time, he pondered his transformation
Hy het lank oor sy transformasie nagedink
he listened to the bird, as it sang for joy
hy het na die voël geluister, terwyl dit van vreugde sing

Had this bird not died in him?
Het hierdie voël nie in hom gevrek nie?
had he not felt this bird's death?
het hy nie hierdie voël se dood gevoel nie?
No, something else from within him had died
Nee, iets anders van binne hom het gesterf
something which yearned to die had died
iets wat verlang het om te sterf, het gesterf
Was it not this that he used to intend to kill?
Was dit nie dit wat hy vroeër van plan was om dood te maak nie?
Was it not his his small, frightened, and proud self that had died?
Was dit nie sy klein, bang en trotse self wat gesterf het nie?
he had wrestled with his self for so many years
hy het soveel jare met homself geworstel
the self which had defeated him again and again
die self wat hom keer op keer verslaan het
the self which was back again after every killing
die self wat na elke moord weer terug was
the self which prohibited joy and felt fear?
die self wat vreugde verbied en vrees gevoel het?
Was it not this self which today had finally come to its death?
Was dit nie hierdie self wat vandag uiteindelik tot sy dood gekom het nie?
here in the forest, by this lovely river
hier in die woud, by hierdie lieflike rivier
Was it not due to this death, that he was now like a child?
Was dit nie as gevolg van hierdie dood, dat hy nou soos 'n kind was nie?
so full of trust and joy, without fear
so vol vertroue en vreugde, sonder vrees
Now Siddhartha also got some idea of why he had fought this self in vain

Nou het Siddhartha ook 'n idee gekry van hoekom hy
tevergeefs teen hierdie self geveg het
he knew why he couldn't fight his self as a Brahman
hy het geweet hoekom hy nie homself as 'n Brahman kon
beveg nie
Too much knowledge had held him back
Te veel kennis het hom teruggehou
too many holy verses, sacrificial rules, and self-castigation
te veel heilige verse, offerreëls en selfkastyding
all these things held him back
al hierdie dinge het hom teruggehou
so much doing and striving for that goal!
soveel doen en strewe na daardie doel!
he had been full of arrogance
hy was vol arrogansie
he was always the smartest
hy was altyd die slimste
he was always working the most
hy het altyd die meeste gewerk
he had always been one step ahead of all others
hy was nog altyd een tree voor al die ander
he was always the knowing and spiritual one
hy was altyd die wetende en geestelike een
he was always considered the priest or wise one
hy is altyd as die priester of wyse een beskou
his self had retreated into being a priest, arrogance, and spirituality
sy self het teruggetrek tot priesterwees, arrogansie en spiritualiteit
there it sat firmly and grew all this time
daar het dit stewig gesit en gegroei al die tyd
and he had thought he could kill it by fasting
en hy het gedink hy kan dit doodmaak deur te vas
Now he saw his life as it had become
Nou het hy sy lewe gesien soos dit geword het
he saw that the secret voice had been right

hy het gesien dat die geheime stem reg was
no teacher would ever have been able to bring about his salvation
geen leermeester sou ooit sy redding kon bewerkstellig nie
Therefore, he had to go out into the world
Daarom moes hy uitgaan na die wêreld
he had to lose himself to lust and power
hy moes homself verloor aan wellus en mag
he had to lose himself to women and money
hy moes homself aan vroue en geld verloor
he had to become a merchant, a dice-gambler, a drinker
hy moes 'n handelaar word, 'n dobbelaar, 'n drinker
and he had to become a greedy person
en hy moes 'n gierige mens word
he had to do this until the priest and Samana in him was dead
hy moes dit doen totdat die priester en Samana in hom dood was
Therefore, he had to continue bearing these ugly years
Daarom moes hy hierdie lelike jare aanhou dra
he had to bear the disgust and the teachings
hy moes die walging en die leringe dra
he had to bear the pointlessness of a dreary and wasted life
hy moes die nutteloosheid van 'n somber en vermorste lewe verduur
he had to conclude it up to its bitter end
hy moes dit tot sy bitter einde afsluit
he had to do this until Siddhartha the lustful could also die
hy moes dit doen totdat Siddhartha die wellustige ook kon sterf
He had died and a new Siddhartha had woken up from the sleep
Hy het gesterf en 'n nuwe Siddhartha het uit die slaap wakker geword
this new Siddhartha would also grow old
hierdie nuwe Siddhartha sou ook oud word

he would also have to die eventually
hy sou ook uiteindelik moes sterf
Siddhartha was still mortal, as is every physical form
Siddhartha was steeds sterflik, soos elke fisiese vorm
But today he was young and a child and full of joy
Maar vandag was hy jonk en 'n kind en vol vreugde
He thought these thoughts to himself
Hy het hierdie gedagtes by homself gedink
he listened with a smile to his stomach
hy luister met 'n glimlag op sy maag
he listened gratefully to a buzzing bee
hy luister dankbaar na 'n gonsende by
Cheerfully, he looked into the rushing river
Vrolik kyk hy in die bruisende rivier in
he had never before liked a water as much as this one
hy het nog nooit vantevore so van 'n water gehou soos hierdie een nie
he had never before perceived the voice so stronger
hy het nog nooit tevore die stem so sterker gewaar nie
he had never understood the parable of the moving water so strongly
hy het nog nooit die gelykenis van die bewegende water so goed verstaan nie
he had never before noticed how beautifully the river moved
hy het nog nooit tevore opgemerk hoe mooi die rivier beweeg nie
It seemed to him, as if the river had something special to tell him
Dit het vir hom gelyk asof die rivier iets besonders het om hom te vertel
something he did not know yet, which was still awaiting him
iets wat hy nog nie geweet het nie, wat nog op hom gewag het
In this river, Siddhartha had intended to drown himself

In hierdie rivier was Siddhartha van plan om homself te verdrink

in this river the old, tired, desperate Siddhartha had drowned today

in hierdie rivier het die ou, moeë, desperate Siddhartha vandag verdrink

But the new Siddhartha felt a deep love for this rushing water

Maar die nuwe Siddhartha het 'n innige liefde vir hierdie bruisende water gevoel

and he decided for himself, not to leave it very soon

en hy het self besluit om dit nie baie gou te verlaat nie

The Ferryman
Die Veerbootman

"By this river I want to stay," thought Siddhartha
"By hierdie rivier wil ek bly," dink Siddhartha
"it is the same river which I have crossed a long time ago"
"dit is dieselfde rivier wat ek lank gelede oorgesteek het"
"I was on my way to the childlike people"
"Ek was op pad na die kinderlike mense"
"a friendly ferryman had guided me across the river"
"'n vriendelike veerman het my oor die rivier gelei"
"he is the one I want to go to"
"hy is die een na wie ek wil gaan"
"starting out from his hut, my path led me to a new life"
"vanaf sy hut begin, my pad het my na 'n nuwe lewe gelei"
"a path which had grown old and is now dead"
"'n pad wat oud geword het en nou dood is"
"my present path shall also take its start there!"
"My huidige pad sal ook daar begin!"
Tenderly, he looked into the rushing water
Teer kyk hy in die bruisende water
he looked into the transparent green lines the water drew
hy kyk in die deursigtige groen lyne wat die water getrek het
the crystal lines of water were rich in secrets
die kristallyne water was ryk aan geheime
he saw bright pearls rising from the deep
hy het helder pêrels uit die diepte sien opstyg
quiet bubbles of air floating on the reflecting surface
stil lugborrels wat op die reflekterende oppervlak dryf
the blue of the sky depicted in the bubbles
die blou van die lug wat in die borrels uitgebeeld word
the river looked at him with a thousand eyes
die rivier kyk na hom met duisend oë
the river had green eyes and white eyes
die rivier het groen oë en wit oë gehad
the river had crystal eyes and sky-blue eyes

die rivier het kristal oë en hemelblou oë gehad
he loved this water very much, it delighted him
hy was baie lief vir hierdie water, dit het hom verheug
he was grateful to the water
hy was dankbaar vir die water
In his heart he heard the voice talking
In sy hart hoor hy die stem praat
"Love this water! Stay near it!"
"Hou van hierdie water! Bly naby dit!"
"Learn from the water!" his voice commanded him
"Leer uit die water!" het sy stem hom beveel
Oh yes, he wanted to learn from it
O ja, hy wou daaruit leer
he wanted to listen to the water
hy wou na die water luister
He who would understand this water's secrets
Hy wat hierdie water se geheime sou verstaan
he would also understand many other things
hy sou ook baie ander dinge verstaan
this is how it seemed to him
dit is hoe dit vir hom gelyk het
But out of all secrets of the river, today he only saw one
Maar uit alle geheime van die rivier het hy vandag net een gesien
this secret touched his soul
hierdie geheim het sy siel aangeraak
this water ran and ran, incessantly
hierdie water het geloop en geloop, onophoudelik
the water ran, but nevertheless it was always there
die water het geloop, maar nietemin was dit altyd daar
the water always, at all times, was the same
die water was altyd, te alle tye, dieselfde
and at the same time it was new in every moment
en terselfdertyd was dit in elke oomblik nuut
he who could grasp this would be great
hy wat dit kan begryp, sal groot wees

but he didn't understand or grasp it
maar hy het dit nie verstaan of begryp nie
he only felt some idea of it stirring
hy voel net een of ander idee daarvan roer
it was like a distant memory, a divine voices
dit was soos 'n verre herinnering, 'n goddelike stemme

Siddhartha rose as the workings of hunger in his body became unbearable
Siddhartha het opgestaan toe die werking van honger in sy liggaam ondraaglik geword het
In a daze he walked further away from the city
Verdwaas stap hy verder weg van die stad af
he walked up the river along the path by the bank
hy stap met die rivier op met die paadjie langs die wal
he listened to the current of the water
hy luister na die stroom van die water
he listened to the rumbling hunger in his body
hy luister na die dreunende honger in sy lyf
When he reached the ferry, the boat was just arriving
Toe hy by die veerboot kom, het die boot net aangekom
the same ferryman who had once transported the young Samana across the river
dieselfde veerbootman wat eens die jong Samana oor die rivier vervoer het
he stood in the boat and Siddhartha recognised him
hy het in die boot gestaan en Siddhartha het hom herken
he had also aged very much
hy het ook baie oud geword
the ferryman was astonished to see such an elegant man walking on foot
die veerbootman was verstom om so 'n elegante man te voet te sien loop
"Would you like to ferry me over?" he asked
"Wil jy my oorry?" het hy gevra
he took him into his boat and pushed it off the bank

hy het hom in sy boot geneem en dit van die wal af gestoot
"It's a beautiful life you have chosen for yourself" the passenger spoke
"Dis 'n pragtige lewe wat jy vir jouself gekies het" het die passasier gepraat
"It must be beautiful to live by this water every day"
"Dit moet pragtig wees om elke dag by hierdie water te woon"
"and it must be beautiful to cruise on it on the river"
"en dit moet pragtig wees om op die rivier te vaar"
With a smile, the man at the oar moved from side to side
Met 'n glimlag het die man by die roeispaan van kant tot kant beweeg
"It is as beautiful as you say, sir"
"Dit is so mooi soos jy sê, meneer"
"But isn't every life and all work beautiful?"
"Maar is elke lewe en alle werk nie mooi nie?"
"This may be true" replied Siddhartha
"Dit kan waar wees," antwoord Siddhartha
"But I envy you for your life"
"Maar ek beny jou vir jou lewe"
"Ah, you would soon stop enjoying it"
"Ag, jy sal gou ophou om dit te geniet"
"This is no work for people wearing fine clothes"
"Dit is geen werk vir mense wat mooi klere dra nie"
Siddhartha laughed at the observation
Siddhartha lag vir die waarneming
"Once before, I have been looked upon today because of my clothes"
"Een keer tevore is daar vandag na my gekyk weens my klere"
"I have been looked upon with distrust"
"Ek is met wantroue gekyk"
"they are a nuisance to me"
"hulle is 'n oorlas vir my"
"Wouldn't you, ferryman, like to accept these clothes"
"Wil jy nie, veerman, hierdie klere aanvaar nie"
"because you must know, I have no money to pay your fare"

"want jy moet weet, ek het nie geld om jou tarief te betaal nie"
"You're joking, sir," the ferryman laughed
"Jy maak 'n grap, meneer," lag die veerbootman
"I'm not joking, friend"
"Ek maak nie 'n grap nie, vriend"
"once before you have ferried me across this water in your boat"
"eens tevore het jy my in jou boot oor hierdie water gery"
"you did it for the immaterial reward of a good deed"
"Jy het dit gedoen vir die immateriële beloning van 'n goeie daad"
"ferry me across the river and accept my clothes for it"
"veer my oor die rivier en aanvaar my klere daarvoor"
"And do you, sir, intent to continue travelling without clothes?"
"En is u, meneer, van plan om sonder klere voort te reis?"
"Ah, most of all I wouldn't want to continue travelling at all"
"Ag, bowenal sal ek glad nie wil aanhou reis nie"
"I would rather you gave me an old loincloth"
"Ek sou eerder wou jy vir my 'n ou lendelap gee"
"I would like it if you kept me with you as your assistant"
"Ek sal daarvan hou as jy my by jou hou as jou assistent"
"or rather, I would like if you accepted me as your trainee"
"of eerder, ek sou graag wou hê as jy my as jou leerling aanvaar het"
"because first I'll have to learn how to handle the boat"
"want ek sal eers moet leer hoe om die boot te hanteer"
For a long time, the ferryman looked at the stranger
Die veerbootman het lank na die vreemdeling gekyk
he was searching in his memory for this strange man
hy het in sy geheue gesoek na hierdie vreemde man
"Now I recognise you," he finally said
"Nou herken ek jou," sê hy uiteindelik
"At one time, you've slept in my hut"
"Op 'n tyd het jy in my hut geslaap"
"this was a long time ago, possibly more than twenty years"

"dit was lank gelede, moontlik meer as twintig jaar"
"and you've been ferried across the river by me"
"en jy is deur my oor die rivier gery"
"that day we parted like good friends"
"daardie dag het ons soos goeie vriende geskei"
"Haven't you been a Samana?"
"Was jy nie 'n Samana nie?"
"I can't think of your name anymore"
"Ek kan nie meer aan jou naam dink nie"
"My name is Siddhartha, and I was a Samana"
"My naam is Siddhartha, en ek was 'n Samana"
"I had still been a Samana when you last saw me"
"Ek was nog 'n Samana toe jy my laas gesien het"
"So be welcome, Siddhartha. My name is Vasudeva"
"So wees welkom, Siddhartha. My naam is Vasudeva"
"You will, so I hope, be my guest today as well"
"Jy sal, so ek hoop, ook vandag my gas wees"
"and you may sleep in my hut"
"en jy mag in my hut slaap"
"and you may tell me, where you're coming from"
"en jy kan vir my sê waar jy vandaan kom"
"and you may tell me why these beautiful clothes are such a nuisance to you"
"en jy kan vir my sê hoekom hierdie pragtige klere vir jou so 'n oorlas is"
They had reached the middle of the river
Hulle het die middel van die rivier bereik
Vasudeva pushed the oar with more strength
Vasudeva het die roeispaan met meer krag gedruk
in order to overcome the current
om die stroom te oorkom
He worked calmly, with brawny arms
Hy het rustig gewerk, met spierwit arms
his eyes were fixed in on the front of the boat
sy oë was gevestig op die voorkant van die boot
Siddhartha sat and watched him

Siddhartha het gesit en hom dopgehou
he remembered his time as a Samana
hy het sy tyd as Samana onthou
he remembered how love for this man had stirred in his heart
hy onthou hoe liefde vir hierdie man in sy hart geroer het
Gratefully, he accepted Vasudeva's invitation
Dankbaar het hy Vasudeva se uitnodiging aanvaar
When they had reached the bank, he helped him to tie the boat to the stakes
Toe hulle die wal bereik het, het hy hom gehelp om die boot aan die paal vas te maak
after this, the ferryman asked him to enter the hut
hierna het die veerboot hom gevra om die hut binne te gaan
he offered him bread and water, and Siddhartha ate with eager pleasure
hy het vir hom brood en water aangebied, en Siddhartha het met gretige plesier geëet
and he also ate with eager pleasure of the mango fruits Vasudeva offered him
en hy het ook met gretige plesier geëet van die mangovrugte wat Vasudeva hom aangebied het

Afterwards, it was almost the time of the sunset
Daarna was dit amper die tyd van die sonsondergang
they sat on a log by the bank
hulle het op 'n stomp by die bank gesit
Siddhartha told the ferryman about where he originally came from
Siddhartha het die veerbootman vertel van waar hy oorspronklik vandaan kom
he told him about his life as he had seen it today
hy het hom vertel van sy lewe soos hy dit vandag gesien het
the way he had seen it in that hour of despair
soos hy dit in daardie uur van wanhoop gesien het
the tale of his life lasted late into the night

die verhaal van sy lewe het tot in die nag geduur
Vasudeva listened with great attention
Vasudeva het met groot aandag geluister
Listening carefully, he let everything enter his mind
Hy luister mooi en laat alles in sy gedagtes kom
birthplace and childhood, all that learning
geboorteplek en kinderjare, al daardie leer
all that searching, all joy, all distress
al daardie soeke, alle vreugde, alle benoudheid
This was one of the greatest virtues of the ferryman
Dit was een van die grootste deugde van die veerman
like only a few, he knew how to listen
soos net 'n paar het hy geweet hoe om te luister
he did not have to speak a word
hy hoef nie 'n woord te praat nie
but the speaker sensed how Vasudeva let his words enter his mind
maar die spreker het aangevoel hoe Vasudeva sy woorde in sy gedagtes laat ingaan het
his mind was quiet, open, and waiting
sy gedagtes was stil, oop en wagtend
he did not lose a single word
hy het nie 'n enkele woord verloor nie
he did not await a single word with impatience
hy het nie 'n enkele woord met ongeduld gewag nie
he did not add his praise or rebuke
hy het nie sy lof of teregwysing bygevoeg nie
he was just listening, and nothing else
hy het net geluister, en niks anders nie
Siddhartha felt what a happy fortune it is to confess to such a listener
Siddhartha het gevoel watter gelukkige geluk dit is om aan so 'n luisteraar te bely
he felt fortunate to bury in his heart his own life
hy het gelukkig gevoel om sy eie lewe in sy hart te begrawe
he buried his own search and suffering

hy het sy eie soeke en lyding begrawe
he told the tale of Siddhartha's life
hy het die verhaal van Siddhartha se lewe vertel
when he spoke of the tree by the river
toe hy van die boom by die rivier gepraat het
when he spoke of his deep fall
toe hy van sy diepe val gepraat het
when he spoke of the holy Om
toe hy van die heilige Om gepraat het
when he spoke of how he had felt such a love for the river
toe hy gepraat het van hoe hy so 'n liefde vir die rivier gevoel het
the ferryman listened to these things with twice as much attention
die veerman het met twee keer soveel aandag na hierdie dinge geluister
he was entirely and completely absorbed by it
hy was geheel en al daardeur opgeneem
he was listening with his eyes closed
hy luister met sy oë toe
when Siddhartha fell silent a long silence occurred
toe Siddhartha stil geword het, het 'n lang stilte plaasgevind
then Vasudeva spoke "It is as I thought"
toe praat Vasudeva "Dit is soos ek gedink het"
"The river has spoken to you"
"Die rivier het met jou gepraat"
"the river is your friend as well"
"die rivier is ook jou vriend"
"the river speaks to you as well"
"die rivier praat ook met jou"
"That is good, that is very good"
"Dit is goed, dit is baie goed"
"Stay with me, Siddhartha, my friend"
"Bly by my, Siddhartha, my vriend"
"I used to have a wife"
"Ek het vroeër 'n vrou gehad"

"her bed was next to mine"
"haar bed was langs myne"
"but she has died a long time ago"
"maar sy is lankal dood"
"for a long time, I have lived alone"
"Ek het lank alleen gewoon"
"Now, you shall live with me"
"Nou sal jy by my woon"
"there is enough space and food for both of us"
"daar is genoeg spasie en kos vir ons albei"
"I thank you," said Siddhartha
"Ek dank jou," sê Siddhartha
"I thank you and accept"
"Ek dank en aanvaar"
"And I also thank you for this, Vasudeva"
"En ek bedank jou ook hiervoor, Vasudeva"
"I thank you for listening to me so well"
"Ek dankie dat jy so goed na my geluister het"
"people who know how to listen are rare"
"mense wat weet hoe om te luister is skaars"
"I have not met a single person who knew it as well as you do"
"Ek het nog nie een persoon ontmoet wat dit so goed geken het soos jy nie"
"I will also learn in this respect from you"
"Ek sal ook in hierdie opsig by jou leer"
"You will learn it," spoke Vasudeva
"Jy sal dit leer," het Vasudeva gesê
"but you will not learn it from me"
"maar jy sal dit nie by my leer nie"
"The river has taught me to listen"
"Die rivier het my geleer om te luister"
"you will learn to listen from the river as well"
"jy sal ook leer om van die rivier af te luister"
"It knows everything, the river"
"Dit weet alles, die rivier"

"everything can be learned from the river"
"alles kan uit die rivier geleer word"
"See, you've already learned this from the water too"
"Sien, jy het dit ook al by die water geleer"
"you have learned that it is good to strive downwards"
"jy het geleer dat dit goed is om afwaarts te streef"
"you have learned to sink and to seek depth"
"Jy het geleer om te sink en om diepte te soek"
"The rich and elegant Siddhartha is becoming an oarsman's servant"
"Die ryk en elegante Siddhartha word 'n roeier se dienaar"
"the learned Brahman Siddhartha becomes a ferryman"
"die geleerde Brahman Siddhartha word 'n veerbootman"
"this has also been told to you by the river"
"dit is ook vir jou vertel by die rivier"
"You'll learn the other thing from it as well"
"Jy sal ook die ander ding daaruit leer"
Siddhartha spoke after a long pause
Siddhartha het ná 'n lang pouse gepraat
"What other things will I learn, Vasudeva?"
"Watter ander dinge sal ek leer, Vasudeva?"
Vasudeva rose. "It is late," he said
Vasudeva het opgestaan. "Dit is laat," het hy gesê
and Vasudeva proposed going to sleep
en Vasudeva het voorgestel om te gaan slaap
"I can't tell you that other thing, oh friend"
"Ek kan jou nie daardie ander ding vertel nie, o vriend"
"You'll learn the other thing, or perhaps you know it already"
"Jy sal die ander ding leer, of dalk weet jy dit reeds"
"See, I'm no learned man"
"Sien, ek is geen geleerde man nie"
"I have no special skill in speaking"
"Ek het geen spesiale vaardigheid in praat nie"
"I also have no special skill in thinking"
"Ek het ook geen spesiale vaardigheid in dink nie"

"All I'm able to do is to listen and to be godly"
"Al wat ek kan doen is om te luister en godvrugtig te wees"
"I have learned nothing else"
"Ek het niks anders geleer nie"
"If I was able to say and teach it, I might be a wise man"
"As ek dit kon sê en leer, sou ek dalk 'n wyse man wees."
"but like this I am only a ferryman"
"maar so is ek net 'n veerbootman"
"and it is my task to ferry people across the river"
"en dit is my taak om mense oor die rivier te vervoer"
"I have transported many thousands of people"
"Ek het baie duisende mense vervoer"
"and to all of them, my river has been nothing but an obstacle"
"en vir almal van hulle was my rivier niks anders as 'n hindernis nie"
"it was something that got in the way of their travels"
"dit was iets wat in die pad van hul reise was"
"they travelled to seek money and business"
"Hulle het gereis om geld en besigheid te soek"
"they travelled for weddings and pilgrimages"
"hulle het vir troues en pelgrimstogte gereis"
"and the river was obstructing their path"
"en die rivier het hulle pad versper"
"the ferryman's job was to get them quickly across that obstacle"
"die veerman se werk was om hulle vinnig oor daardie hindernis te kry"
"But for some among thousands, a few, the river has stopped being an obstacle"
"Maar vir sommige onder duisende, 'n paar, het die rivier opgehou om 'n hindernis te wees"
"they have heard its voice and they have listened to it"
"hulle het sy stem gehoor en hulle het daarna geluister"
"and the river has become sacred to them"
"en die rivier het vir hulle heilig geword"

"it become sacred to them as it has become sacred to me"
"dit het vir hulle heilig geword soos dit vir my heilig geword het"
"for now, let us rest, Siddhartha"
"vir nou, laat ons rus, Siddhartha"

Siddhartha stayed with the ferryman and learned to operate the boat
Siddhartha het by die veerbootman gebly en geleer om die boot te bestuur
when there was nothing to do at the ferry, he worked with Vasudeva in the rice-field
toe daar niks by die veerboot was om te doen nie, het hy saam met Vasudeva in die rysveld gewerk
he gathered wood and plucked the fruit off the banana-trees
hy het hout bymekaargemaak en die vrugte van die piesangbome gepluk
He learned to build an oar and how to mend the boat
Hy het geleer om 'n roeispaan te bou en hoe om die boot reg te maak
he learned how to weave baskets and repaid the hut
hy het geleer hoe om mandjies te weef en die hut terugbetaal
and he was joyful because of everything he learned
en hy was bly oor alles wat hy geleer het
the days and months passed quickly
die dae en maande het vinnig verbygegaan
But more than Vasudeva could teach him, he was taught by the river
Maar meer as wat Vasudeva hom kon leer, is hy by die rivier geleer
Incessantly, he learned from the river
Onophoudelik het hy by die rivier geleer
Most of all, he learned to listen
Bowenal het hy geleer om te luister
he learned to pay close attention with a quiet heart
hy het geleer om fyn op te let met 'n stil hart

he learned to keep a waiting, open soul
hy het geleer om 'n wagtende, oop siel te hou
he learned to listen without passion
hy het geleer om sonder passie te luister
he learned to listen without a wish
hy het geleer om sonder 'n wens te luister
he learned to listen without judgement
hy het geleer om sonder oordeel te luister
he learned to listen without an opinion
hy het geleer om sonder 'n mening te luister

In a friendly manner, he lived side by side with Vasudeva
Op 'n vriendelike manier het hy sy aan sy met Vasudeva geleef
occasionally they exchanged some words
af en toe het hulle 'n paar woorde gewissel
then, at length, they thought about the words
dan het hulle lank oor die woorde gedink
Vasudeva was no friend of words
Vasudeva was geen vriend van woorde nie
Siddhartha rarely succeeded in persuading him to speak
Siddhartha het selde daarin geslaag om hom te oorreed om te praat
"did you too learn that secret from the river?"
"Het jy ook daardie geheim van die rivier geleer?"
"the secret that there is no time?"
"die geheim dat daar nie tyd is nie?"
Vasudeva's face was filled with a bright smile
Vasudeva se gesig was gevul met 'n helder glimlag
"Yes, Siddhartha," he spoke
"Ja, Siddhartha," het hy gepraat
"I learned that the river is everywhere at once"
"Ek het geleer dat die rivier op een slag oral is"
"it is at the source and at the mouth of the river"
"dit is by die bron en by die mond van die rivier"
"it is at the waterfall and at the ferry"

"dit is by die waterval en by die veerboot"
"it is at the rapids and in the sea"
"dit is by die stroomversnellings en in die see"
"it is in the mountains and everywhere at once"
"dit is in die berge en oral tegelyk"
"and I learned that there is only the present time for the river"
"en ek het geleer dat daar net die huidige tyd vir die rivier is"
"it does not have the shadow of the past"
"dit het nie die skaduwee van die verlede nie"
"and it does not have the shadow of the future"
"en dit het nie die skaduwee van die toekoms nie"
"is this what you mean?" he asked
"is dit wat jy bedoel?" het hy gevra
"This is what I meant," said Siddhartha
"Dit is wat ek bedoel het," sê Siddhartha
"And when I had learned it, I looked at my life"
"En toe ek dit geleer het, het ek na my lewe gekyk"
"and my life was also a river"
"en my lewe was ook 'n rivier"
"the boy Siddhartha was only separated from the man Siddhartha by a shadow"
"die seun Siddhartha is slegs deur 'n skaduwee van die man Siddhartha geskei"
"and a shadow separated the man Siddhartha from the old man Siddhartha"
"en 'n skaduwee het die man Siddhartha van die ou man Siddhartha geskei"
"things are separated by a shadow, not by something real"
"dinge word geskei deur 'n skaduwee, nie deur iets werkliks nie"
"Also, Siddhartha's previous births were not in the past"
"Ook, Siddhartha se vorige geboortes was nie in die verlede nie"
"and his death and his return to Brahma is not in the future"

"en sy dood en sy terugkeer na Brahma is nie in die toekoms nie"
"nothing was, nothing will be, but everything is"
"niks was, niks sal wees nie, maar alles is"
"everything has existence and is present"
"alles bestaan en is teenwoordig"
Siddhartha spoke with ecstasy
Siddhartha het in ekstase gepraat
this enlightenment had delighted him deeply
hierdie verligting het hom diep verheug
"was not all suffering time?"
"was nie alle lydenstyd nie?"
"were not all forms of tormenting oneself a form of time?"
"was alle vorme van jouself pyniging nie 'n vorm van tyd nie?"
"was not everything hard and hostile because of time?"
"was alles nie hard en vyandig as gevolg van tyd nie?"
"is not everything evil overcome when one overcomes time?"
"is alles wat sleg is nie oorwin as mens tyd oorwin nie?"
"as soon as time leaves the mind, does suffering leave too?"
"sodra tyd die verstand verlaat, gaan lyding ook weg?"
Siddhartha had spoken in ecstatic delight
Siddhartha het in ekstatiese genot gepraat
but Vasudeva smiled at him brightly and nodded in confirmation
maar Vasudeva het helder vir hom geglimlag en bevestigend geknik
silently he nodded and brushed his hand over Siddhartha's shoulder
stilweg knik hy en borsel sy hand oor Siddhartha se skouer
and then he turned back to his work
en toe draai hy terug na sy werk

And Siddhartha asked Vasudeva again another time
En Siddhartha het Vasudeva weer 'n ander keer gevra
the river had just increased its flow in the rainy season
die rivier het sopas sy vloei in die reënseisoen verhoog

and it made a powerful noise
en dit het 'n kragtige geluid gemaak
"Isn't it so, oh friend, the river has many voices?"
"Is dit nie so nie, o vriend, die rivier het baie stemme?"
"Hasn't it the voice of a king and of a warrior?"
"Is dit nie die stem van 'n koning en van 'n vegter nie?"
"Hasn't it the voice of of a bull and of a bird of the night?"
"Is dit nie die stem van 'n bul en van 'n voël van die nag nie?"
"Hasn't it the voice of a woman giving birth and of a sighing man?"
"Is dit nie die stem van 'n vrou wat geboorte gee en van 'n sugende man nie?"
"and does it not also have a thousand other voices?"
"en het dit nie ook 'n duisend ander stemme nie?"
"it is as you say it is," Vasudeva nodded
"dit is soos jy sê dit is," het Vasudeva geknik
"all voices of the creatures are in its voice"
"alle stemme van die wesens is in sy stem"
"And do you know..." Siddhartha continued
"En weet jy ..." het Siddhartha voortgegaan
"what word does it speak when you succeed in hearing all of voices at once?"
"watter woord spreek dit as jy daarin slaag om al die stemme gelyktydig te hoor?"
Happily, Vasudeva's face was smiling
Gelukkig het Vasudeva se gesig geglimlag
he bent over to Siddhartha and spoke the holy Om into his ear
hy buk oor na Siddhartha en spreek die heilige Om in sy oor
And this had been the very thing which Siddhartha had also been hearing
En dit was die einste ding wat Siddhartha ook gehoor het

time after time, his smile became more similar to the ferryman's
keer op keer het sy glimlag meer soos die veerman s'n geword

his smile became almost just as bright as the ferryman's
sy glimlag word amper net so helder soos die veerman s'n
it was almost just as thoroughly glowing with bliss
dit was amper net so deeglik gloeiend van saligheid
shining out of thousand small wrinkles
skyn uit duisend klein plooie
just like the smile of a child
net soos die glimlag van 'n kind
just like the smile of an old man
net soos die glimlag van 'n ou man
Many travellers, seeing the two ferrymen, thought they were brothers
Baie reisigers wat die twee veerbootmanne gesien het, het gedink hulle is broers
Often, they sat in the evening together by the bank
Dikwels het hulle saans saam by die bank gesit
they said nothing and both listened to the water
hulle het niks gesê nie en albei het na die water geluister
the water, which was not water to them
die water wat vir hulle geen water was nie
it wasn't water, but the voice of life
dit was nie water nie, maar die stem van die lewe
the voice of what exists and what is eternally taking shape
die stem van wat bestaan en wat ewig vorm aanneem
it happened from time to time that both thought of the same thing
dit het van tyd tot tyd gebeur dat albei aan dieselfde ding gedink het
they thought of a conversation from the day before
hulle het gedink aan 'n gesprek van die vorige dag
they thought of one of their travellers
hulle het aan een van hul reisigers gedink
they thought of death and their childhood
hulle het aan die dood en hul kinderjare gedink
they heard the river tell them the same thing
hulle het gehoor hoe die rivier vir hulle dieselfde ding vertel

both delighted about the same answer to the same question
albei was verheug oor dieselfde antwoord op dieselfde vraag
There was something about the two ferrymen which was transmitted to others
Daar was iets omtrent die twee veerbote wat aan ander oorgedra is
it was something which many of the travellers felt
dit was iets wat baie van die reisigers gevoel het
travellers would occasionally look at the faces of the ferrymen
reisigers het af en toe na die gesigte van die veerbote gekyk
and then they told the story of their life
en toe het hulle die storie van hul lewe vertel
they confessed all sorts of evil things
hulle het allerhande bose dinge bely
and they asked for comfort and advice
en hulle het vertroosting en raad gevra
occasionally someone asked for permission to stay for a night
soms het iemand toestemming gevra om vir 'n nag te bly
they also wanted to listen to the river
hulle wou ook na die rivier luister
It also happened that curious people came
Dit het ook gebeur dat nuuskieriges gekom het
they had been told that there were two wise men
daar is vir hulle gesê dat daar twee wyse manne was
or they had been told there were two sorcerers
of daar is vir hulle gesê daar is twee towenaars
The curious people asked many questions
Die nuuskieriges het baie vrae gevra
but they got no answers to their questions
maar hulle het geen antwoorde op hul vrae gekry nie
they found neither sorcerers nor wise men
hulle het geen towenaars of wyse manne gevind nie
they only found two friendly little old men, who seemed to be mute

hulle het net twee vriendelike ou mannetjies gekry wat stom gelyk het
they seemed to have become a bit strange in the forest by themselves
dit het gelyk of hulle vanself 'n bietjie vreemd in die bos geword het
And the curious people laughed about what they had heard
En die nuuskieriges het gelag oor wat hulle gehoor het
they said common people were foolishly spreading empty rumours
hulle het gesê gewone mense versprei dwaas leë gerugte

The years passed by, and nobody counted them
Die jare het verbygegaan, en niemand het hulle getel nie
Then, at one time, monks came by on a pilgrimage
Toe het monnike op 'n tyd op 'n pelgrimstog verbygekom
they were followers of Gotama, the Buddha
hulle was volgelinge van Gotama, die Boeddha
they asked to be ferried across the river
hulle het gevra om oor die rivier vervoer te word
they told them they were in a hurry to get back to their wise teacher
hulle het vir hulle gesê hulle is haastig om terug te kom na hul wyse leermeester
news had spread the exalted one was deadly sick
nuus het versprei die verhewe een was dodelik siek
he would soon die his last human death
hy sou binnekort sy laaste mensedood sterf
in order to become one with the salvation
om een te word met die verlossing
It was not long until a new flock of monks came
Dit was nie lank nie totdat 'n nuwe swerm monnike gekom het
they were also on their pilgrimage
hulle was ook op hul pelgrimstog
most of the travellers spoke of nothing other than Gotama

meeste van die reisigers het van niks anders as Gotama
gepraat nie
his impending death was all they thought about
sy naderende dood was al waaraan hulle gedink het
if there had been war, just as many would travel
as daar oorlog was, sou net soveel reis
just as many would come to the coronation of a king
net soveel sou tot die kroning van 'n koning kom
they gathered like ants in droves
hulle het soos miere in menigte saamgedrom
they flocked, like being drawn onwards by a magic spell
hulle het gestroom, soos om voortgetrek te word deur 'n
towertower
they went to where the great Buddha was awaiting his death
hulle het gegaan na waar die groot Boeddha op sy dood
gewag het
the perfected one of an era was to become one with the glory
die volmaakte een van 'n era was om een te word met die
heerlikheid
**Often, Siddhartha thought in those days of the dying wise
man**
Dikwels het Siddhartha in daardie dae aan die sterwende
wyse man gedink
the great teacher whose voice had admonished nations
die groot leraar wie se stem nasies vermaan het
the one who had awoken hundreds of thousands
die een wat honderdduisende wakker gemaak het
a man whose voice he had also once heard
'n man wie se stem hy ook een keer gehoor het
a teacher whose holy face he had also once seen with respect
'n onderwyser wie se heilige gesig hy ook eens met respek
gesien het
Kindly, he thought of him
Vriendelik, het hy aan hom gedink
he saw his path to perfection before his eyes
hy het sy pad na volmaaktheid voor sy oë gesien

and he remembered with a smile those words he had said to him
en hy onthou met 'n glimlag daardie woorde wat hy vir hom gesê het
when he was a young man and spoke to the exalted one
toe hy 'n jong man was en met die verhewe gepraat het
They had been, so it seemed to him, proud and precious words
Hulle was, so het dit vir hom gelyk, trotse en kosbare woorde
with a smile, he remembered the the words
met 'n glimlag onthou hy die woorde
he knew that there was nothing standing between Gotama and him any more
hy het geweet dat daar niks meer tussen Gotama en hom staan nie
he had known this for a long time already
hy het dit al lankal geweet
though he was still unable to accept his teachings
al was hy steeds nie in staat om sy leringe te aanvaar nie
there was no teaching a truly searching person
daar was geen onderrig aan 'n werklik soekende persoon nie
someone who truly wanted to find, could accept
iemand wat werklik wou vind, kon aanvaar
But he who had found the answer could approve of any teaching
Maar hy wat die antwoord gevind het, kon enige lering goedkeur
every path, every goal, they were all the same
elke pad, elke doelwit, hulle was almal dieselfde
there was nothing standing between him and all the other thousands any more
daar het niks meer tussen hom en al die ander duisende gestaan nie
the thousands who lived in that what is eternal
die duisende wat daarin gewoon het wat ewig is
the thousands who breathed what is divine

die duisende wat asemhaal wat goddelik is

On one of these days, Kamala also went to him
Op een van die dae het Kamala ook na hom toe gegaan
she used to be the most beautiful of the courtesans
sy was vroeër die mooiste van die courtisane
A long time ago, she had retired from her previous life
Sy het lank gelede uit haar vorige lewe getree
she had given her garden to the monks of Gotama as a gift
sy het haar tuin aan die monnike van Gotama as geskenk gegee
she had taken her refuge in the teachings
sy het haar toevlug tot die leringe geneem
she was among the friends and benefactors of the pilgrims
sy was onder die vriende en weldoeners van die pelgrims
she was together with Siddhartha, the boy
sy was saam met Siddhartha, die seun
Siddhartha the boy was her son
Siddhartha die seun was haar seun
she had gone on her way due to the news of the near death of Gotama
sy het op haar pad gegaan weens die nuus van die nabye dood van Gotama
she was in simple clothes and on foot
sy was in eenvoudige klere en te voet
and she was With her little son
en sy was saam met haar seuntjie
she was travelling by the river
sy het langs die rivier gereis
but the boy had soon grown tired
maar die seun het gou moeg geword
he desired to go back home
hy wou teruggaan huis toe
he desired to rest and eat
hy wou rus en eet
he became disobedient and started whining

hy het ongehoorsaam geraak en begin kerm
Kamala often had to take a rest with him
Kamala moes gereeld saam met hom rus
he was accustomed to getting what he wanted
hy was gewoond daaraan om te kry wat hy wou hê
she had to feed him and comfort him
sy moes hom voed en vertroos
she had to scold him for his behaviour
sy moes hom uitskel oor sy gedrag
He did not comprehend why he had to go on this exhausting pilgrimage
Hy het nie begryp hoekom hy op hierdie uitmergelende pelgrimstog moes gaan nie
he did not know why he had to go to an unknown place
hy het nie geweet hoekom hy na 'n onbekende plek moes gaan nie
he did know why he had to see a holy dying stranger
hy het wel geweet hoekom hy 'n heilige sterwende vreemdeling moes sien
"So what if he died?" he complained
"So wat as hy gesterf het?" het hy gekla
why should this concern him?
hoekom moet dit hom aangaan?
The pilgrims were getting close to Vasudeva's ferry
Die pelgrims het naby Vasudeva se veerboot gekom
little Siddhartha once again forced his mother to rest
klein Siddhartha het weer sy ma gedwing om te rus
Kamala had also become tired
Kamala het ook moeg geword
while the boy was chewing a banana, she crouched down on the ground
terwyl die seuntjie besig was om 'n piesang te kou, het sy op die grond gehurk
she closed her eyes a bit and rested
sy maak haar oë 'n bietjie toe en rus
But suddenly, she uttered a wailing scream

Maar skielik het sy 'n huilende geskreeu uitgespreek
the boy looked at her in fear
die seuntjie kyk bang na haar
he saw her face had grown pale from horror
hy sien haar gesig het bleek geword van afgryse
and from under her dress, a small, black snake fled
en onder haar rok het 'n klein, swart slang gevlug
a snake by which Kamala had been bitten
'n slang deur wie Kamala gepik is
Hurriedly, they both ran along the path, to reach people
Haastig het hulle albei met die paadjie gehardloop, om mense te bereik
they got near to the ferry and Kamala collapsed
hulle het naby die veerboot gekom en Kamala het ineengestort
she was not able to go any further
sy kon nie verder gaan nie
the boy started crying miserably
die seuntjie begin jammerlik huil
his cries were only interrupted when he kissed his mother
sy huil is eers onderbreek toe hy sy ma gesoen het
she also joined his loud screams for help
sy het ook by sy harde gille om hulp aangesluit
she screamed until the sound reached Vasudeva's ears
het sy geskree totdat die geluid Vasudeva se ore bereik
Vasudeva quickly came and took the woman on his arms
Vasudeva het vinnig gekom en die vrou op sy arms geneem
he carried her into the boat and the boy ran along
hy het haar in die boot gedra en die seun hardloop saam
soon they reached the hut, where Siddhartha stood by the stove
gou bereik hulle die hut, waar Siddhartha by die stoof gestaan het
he was just lighting the fire
hy was net besig om die vuur aan te steek
He looked up and first saw the boy's face
Hy kyk op en sien eers die seun se gesig

it wondrously reminded him of something
dit het hom wonderlik aan iets herinner
like a warning to remember something he had forgotten
soos 'n waarskuwing om iets te onthou wat hy vergeet het
Then he saw Kamala, whom he instantly recognised
Toe sien hy vir Kamala, wat hy dadelik herken het
she lay unconscious in the ferryman's arms
sy lê bewusteloos in die veerman se arms
now he knew that it was his own son
nou het hy geweet dat dit sy eie seun was
his son whose face had been such a warning reminder to him
sy seun wie se gesig so 'n waarskuwing vir hom was
and the heart stirred in his chest
en die hart het in sy bors geroer
Kamala's wound was washed, but had already turned black
Kamala se wond was gewas, maar het reeds swart geword
and her body was swollen
en haar liggaam was opgeswel
she was made to drink a healing potion
sy is gemaak om 'n genesende doepa te drink
Her consciousness returned and she lay on Siddhartha's bed
Haar bewussyn het teruggekeer en sy het op Siddhartha se bed gelê
Siddhartha stood over Kamala, who he used to love so much
Siddhartha het oor Kamala gestaan, vir wie hy so lief was
It seemed like a dream to her
Dit het vir haar soos 'n droom gelyk
with a smile, she looked at her friend's face
met 'n glimlag kyk sy na haar vriendin se gesig
slowly she realized her situation
stadig besef sy haar situasie
she remembered she had been bitten
sy onthou sy is gebyt
and she timidly called for her son
en sy het bedees haar seun geroep

"He's with you, don't worry," said Siddhartha
"Hy is by jou, moenie bekommerd wees nie," sê Siddhartha
Kamala looked into his eyes
Kamala kyk in sy oë
She spoke with a heavy tongue, paralysed by the poison
Sy het met 'n swaar tong gepraat, verlam deur die gif
"You've become old, my dear," she said
"Jy het oud geword, my skat," het sy gesê
"you've become gray," she added
"jy het grys geword," het sy bygevoeg
"But you are like the young Samana, who came without clothes"
"Maar jy is soos die jong Samana, wat sonder klere gekom het."
"you're like the Samana who came into my garden with dusty feet"
"jy is soos die Samana wat met stowwerige voete in my tuin gekom het"
"You are much more like him than you were when you left me"
"Jy is baie meer soos hy as wat jy was toe jy my verlaat het"
"In the eyes, you're like him, Siddhartha"
"In die oë is jy soos hy, Siddhartha"
"Alas, I have also grown old"
"Ai, ek het ook oud geword"
"could you still recognise me?"
"Kan jy my nog herken?"
Siddhartha smiled, "Instantly, I recognised you, Kamala, my dear"
Siddhartha het geglimlag, "Onmiddellik het ek jou herken, Kamala, my skat"
Kamala pointed to her boy
Kamala het na haar seuntjie gewys
"Did you recognise him as well?"
"Het jy hom ook herken?"
"He is your son," she confirmed

"Hy is jou seun," het sy bevestig
Her eyes became confused and fell shut
Haar oë het deurmekaar geraak en toe geval
The boy wept and Siddhartha took him on his knees
Die seun het gehuil en Siddhartha het hom op sy knieë geneem
he let him weep and petted his hair
hy het hom laat huil en sy hare gestreel
at the sight of the child's face, a Brahman prayer came to his mind
by die aanskoue van die kind se gesig, het 'n Brahman-gebed by hom opgekom
a prayer which he had learned a long time ago
'n gebed wat hy lank gelede geleer het
a time when he had been a little boy himself
'n tyd toe hy self 'n klein seuntjie was
Slowly, with a singing voice, he started to speak
Stadig, met 'n sangstem, begin hy praat
from his past and childhood, the words came flowing to him
uit sy verlede en kinderdae het die woorde na hom toe gekom
And with that song, the boy became calm
En met daardie liedjie het die seuntjie kalm geraak
he was only now and then uttering a sob
hy het net nou en dan 'n snik uitgespreek
and finally he fell asleep
en uiteindelik het hy aan die slaap geraak
Siddhartha placed him on Vasudeva's bed
Siddhartha het hom op Vasudeva se bed geplaas
Vasudeva stood by the stove and cooked rice
Vasudeva het by die stoof gestaan en rys gekook
Siddhartha gave him a look, which he returned with a smile
Siddhartha het hom 'n kyk gegee, wat hy met 'n glimlag teruggekeer het
"She'll die," Siddhartha said quietly
"Sy sal sterf," sê Siddhartha stil
Vasudeva knew it was true, and nodded

Vasudeva het geweet dit is waar, en het geknik
over his friendly face ran the light of the stove's fire
oor sy vriendelike gesig loop die lig van die stoof se vuur
once again, Kamala returned to consciousness
weereens het Kamala na sy bewussyn teruggekeer
the pain of the poison distorted her face
die pyn van die gif het haar gesig verwring
Siddhartha's eyes read the suffering on her mouth
Siddhartha se oë lees die lyding op haar mond
from her pale cheeks he could see that she was suffering
aan haar bleek wange kan hy sien dat sy ly
Quietly, he read the pain in her eyes
Stilweg lees hy die pyn in haar oë
attentively, waiting, his mind become one with her suffering
aandagtig, wagtend, word sy verstand een met haar lyding
Kamala felt it and her gaze sought his eyes
Kamala voel dit en haar blik soek sy oë
Looking at him, she spoke
Sy kyk na hom en praat
"Now I see that your eyes have changed as well"
"Nou sien ek dat jou oë ook verander het"
"They've become completely different"
"Hulle het heeltemal anders geword"
"what do I still recognise in you that is Siddhartha?
"wat herken ek nog in jou wat Siddhartha is?
It's you, and it's not you"
"Dis jy, en dit is nie jy nie"
Siddhartha said nothing, quietly his eyes looked at hers
Siddhartha het niks gesê nie, stilweg kyk sy oë na hare
"You have achieved it?" she asked
"Het jy dit bereik?" het sy gevra
"You have found peace?"
"Het jy vrede gevind?"
He smiled and placed his hand on hers
Hy glimlag en plaas sy hand op hare
"I'm seeing it" she said

"Ek sien dit," het sy gesê
"I too will find peace"
"Ek sal ook vrede vind"
"You have found it," Siddhartha spoke in a whisper
"Jy het dit gevind," het Siddhartha fluisterend gepraat
Kamala never stopped looking into his eyes
Kamala het nooit opgehou om in sy oë te kyk nie
She thought about her pilgrimage to Gotama
Sy het gedink aan haar pelgrimstog na Gotama
the pilgrimage which she wanted to take
die pelgrimstog wat sy wou onderneem
in order to see the face of the perfected one
om die gesig van die volmaakte een te sien
in order to breathe his peace
om sy vrede te blaas
but she had now found it in another place
maar sy het dit nou op 'n ander plek gekry
and this she thought that was good too
en dit het sy gedink dis ook goed
it was just as good as if she had seen the other one
dit was net so goed asof sy die ander een gesien het
She wanted to tell this to him
Sy wou dit vir hom vertel
but her tongue no longer obeyed her will
maar haar tong het haar wil nie meer gehoorsaam nie
Without speaking, she looked at him
Sonder om te praat kyk sy na hom
he saw the life fading from her eyes
hy het die lewe uit haar oë sien verdwyn
the final pain filled her eyes and made them grow dim
die laaste pyn het haar oë gevul en hulle laat dof word
the final shiver ran through her limbs
die laaste rilling loop deur haar ledemate
his finger closed her eyelids
sy vinger maak haar ooglede toe

For a long time, he sat and looked at her peacefully dead face
Hy het lank na haar rustig dooie gesig gesit en kyk
For a long time, he observed her mouth
Vir 'n lang tyd het hy haar mond waargeneem
her old, tired mouth, with those lips, which had become thin
haar ou, moeë mond, met daardie lippe, wat dun geword het
he remembered he used to compare this mouth with a freshly cracked fig
hy onthou dat hy hierdie mond met 'n vars gekraakte vy vergelyk het
this was in the spring of his years
dit was in die lente van sy jare
For a long time, he sat and read the pale face
Lank sit en lees hy die bleek gesig
he read the tired wrinkles
hy lees die moeë plooie
he filled himself with this sight
hy het hom vervul met hierdie gesig
he saw his own face in the same manner
hy het sy eie gesig op dieselfde manier gesien
he saw his face was just as white
hy sien sy gesig is net so wit
he saw his face was just as quenched out
hy het gesien sy gesig is net so uitgeblus
at the same time he saw his face and hers being young
terselfdertyd het hy gesien hoe sy gesig en hare jonk is
their faces with red lips and fiery eyes
hulle gesigte met rooi lippe en vurige oë
the feeling of both being real at the same time
die gevoel dat albei terselfdertyd werklik is
the feeling of eternity completely filled every aspect of his being
die gevoel van ewigheid het elke aspek van sy wese heeltemal gevul

in this hour he felt more deeply than than he had ever felt before
in hierdie uur het hy dieper gevoel as wat hy ooit tevore gevoel het
he felt the indestructibility of every life
hy het die onvernietigbaarheid van elke lewe gevoel
he felt the eternity of every moment
hy het die ewigheid van elke oomblik gevoel
When he rose, Vasudeva had prepared rice for him
Toe hy opstaan, het Vasudeva vir hom rys voorberei
But Siddhartha did not eat that night
Maar Siddhartha het nie daardie aand geëet nie
In the stable their goat stood
In die stal het hulle bok gestaan
the two old men prepared beds of straw for themselves
die twee ou manne het vir hulle strooibeddens voorberei
Vasudeva laid himself down to sleep
Vasudeva gaan lê aan die slaap
But Siddhartha went outside and sat before the hut
Maar Siddhartha het buitentoe gegaan en voor die hut gaan sit
he listened to the river, surrounded by the past
hy luister na die rivier, omring deur die verlede
he was touched and encircled by all times of his life at the same time
hy was terselfdertyd geraak en omring deur alle tye van sy lewe
occasionally he rose and he stepped to the door of the hut
af en toe staan hy op en stap na die deur van die hut
he listened whether the boy was sleeping
hy luister of die seuntjie slaap

before the sun could be seen, Vasudeva came out of the stable
voor die son gesien kon word, het Vasudeva uit die stal gekom
he walked over to his friend

hy stap na sy vriend toe
"You haven't slept," he said
"Jy het nie geslaap nie," het hy gesê
"No, Vasudeva. I sat here"
"Nee, Vasudeva. Ek het hier gesit."
"I was listening to the river"
"Ek het na die rivier geluister"
"the river has told me a lot"
"die rivier het my baie vertel"
"it has deeply filled me with the healing thought of oneness"
"dit het my diep gevul met die helende gedagte van eenheid"
"You've experienced suffering, Siddhartha"
"Jy het lyding ervaar, Siddhartha"
"but I see no sadness has entered your heart"
"maar ek sien geen hartseer het in jou hart ingekom nie"
"No, my dear, how should I be sad?"
"Nee, my skat, hoe moet ek hartseer wees?"
"I, who have been rich and happy"
"Ek, wat ryk en gelukkig was"
"I have become even richer and happier now"
"Ek het nou nog ryker en gelukkiger geword"
"My son has been given to me"
"My seun is aan my gegee"
"Your son shall be welcome to me as well"
"Jou seun sal ook by my welkom wees"
"But now, Siddhartha, let's get to work"
"Maar nou, Siddhartha, kom ons gaan aan die werk"
"there is much to be done"
"daar is baie om te doen"
"Kamala has died on the same bed on which my wife had died"
"Kamala is dood op dieselfde bed waarop my vrou gesterf het"
"Let us build Kamala's funeral pile on the hill"
"Kom ons bou Kamala se begrafnisstapel op die heuwel"
"the hill on which I my wife's funeral pile is"
"die heuwel waarop ek my vrou se begrafnisstapel is"

While the boy was still asleep, they built the funeral pile
Terwyl die seun nog geslaap het, het hulle die begrafnisstapel gebou

The Son
Die Seun

Timid and weeping, the boy had attended his mother's funeral
Bedees en huilend het die seun sy ma se begrafnis bygewoon
gloomy and shy, he had listened to Siddhartha
somber en skaam, hy het na Siddhartha geluister
Siddhartha greeted him as his son
Siddhartha het hom as sy seun gegroet
he welcomed him at his place in Vasudeva's hut
hy het hom by sy plek in Vasudeva se hut verwelkom
Pale, he sat for many days by the hill of the dead
Bleek het hy baie dae by die heuwel van die dooies gesit
he did not want to eat
hy wou nie eet nie
he did not look at anyone
hy het na niemand gekyk nie
he did not open his heart
hy het nie sy hart oopgemaak nie
he met his fate with resistance and denial
hy het sy lot met weerstand en ontkenning tegemoet gegaan
Siddhartha spared giving him lessons
Siddhartha het gespaar om hom lesse te gee
and he let him do as he pleased
en hy het hom laat doen soos hy wou
Siddhartha honoured his son's mourning
Siddhartha het sy seun se rou geëer
he understood that his son did not know him
hy het verstaan dat sy seun hom nie ken nie
he understood that he could not love him like a father

hy het verstaan dat hy hom nie soos 'n pa kon liefhê nie
Slowly, he also understood that the eleven-year-old was a pampered boy
Stadig het hy ook verstaan dat die elfjarige 'n pamperlangseun is
he saw that he was a mother's boy
hy het gesien hy is 'n ma se seuntjie
he saw that he had grown up in the habits of rich people
hy het gesien dat hy in die gewoontes van ryk mense grootgeword het
he was accustomed to finer food and a soft bed
hy was gewoond aan fyner kos en 'n sagte bed
he was accustomed to giving orders to servants
hy was gewoond daaraan om bevele aan diensknegte te gee
the mourning child could not suddenly be content with a life among strangers
die treurende kind kon nie skielik tevrede wees met 'n lewe tussen vreemdelinge nie
Siddhartha understood the pampered child would not willingly be in poverty
Siddhartha het verstaan dat die bederf kind nie gewillig in armoede sou wees nie
He did not force him to do these these things
Hy het hom nie gedwing om hierdie dinge te doen nie
Siddhartha did many chores for the boy
Siddhartha het baie take vir die seun gedoen
he always saved the best piece of the meal for him
hy het altyd die beste stukkie van die maaltyd vir hom gebêre
Slowly, he hoped to win him over, by friendly patience
Stadig het hy gehoop om hom te wen, deur vriendelike geduld
Rich and happy, he had called himself, when the boy had come to him
Ryk en gelukkig, het hy homself genoem, toe die seun na hom toe gekom het
Since then some time had passed

Sedertdien het 'n tydjie verbygegaan
but the boy remained a stranger and in a gloomy disposition
maar die seun het 'n vreemdeling en in 'n somber geaardheid gebly
he displayed a proud and stubbornly disobedient heart
hy het 'n trotse en hardnekkige ongehoorsame hart geopenbaar
he did not want to do any work
hy wou geen werk doen nie
he did not pay his respect to the old men
hy het nie sy respek aan die ou manne betoon nie
he stole from Vasudeva's fruit-trees
hy het van Vasudeva se vrugtebome gesteel
his son had not brought him happiness and peace
sy seun het hom nie geluk en vrede gebring nie
the boy had brought him suffering and worry
die seun het vir hom lyding en bekommernis gebring
slowly Siddhartha began to understand this
Siddhartha het dit stadigaan begin verstaan
But he loved him regardless of the suffering he brought him
Maar hy het hom liefgehad, ongeag die lyding wat hy hom gebring het
he preferred the suffering and worries of love over happiness and joy without the boy
hy het die lyding en sorge van liefde verkies bo geluk en vreugde sonder die seun
from when young Siddhartha was in the hut the old men had split the work
van toe jong Siddhartha in die hut was, het die ou manne die werk verdeel
Vasudeva had again taken on the job of the ferryman
Vasudeva het weer die pos van die veerboot opgeneem
and Siddhartha, in order to be with his son, did the work in the hut and the field
en Siddhartha, om by sy seun te wees, het die werk in die hut en die veld gedoen

for long months Siddhartha waited for his son to understand him
vir lang maande wag Siddhartha vir sy seun om hom te verstaan
he waited for him to accept his love
hy het vir hom gewag om sy liefde te aanvaar
and he waited for his son to perhaps reciprocate his love
en hy het gewag vir sy seun om dalk sy liefde te vergeld
For long months Vasudeva waited, watching
Vir lang maande het Vasudeva gewag en gekyk
he waited and said nothing
hy het gewag en niks gesê nie
One day, young Siddhartha tormented his father very much
Eendag het die jong Siddhartha sy pa baie gepynig
he had broken both of his rice-bowls
hy het albei sy rysbakke gebreek
Vasudeva took his friend aside and talked to him
Vasudeva het sy vriend eenkant toe geneem en met hom gepraat
"Pardon me," he said to Siddhartha
"Verskoon my," het hy vir Siddhartha gesê
"from a friendly heart, I'm talking to you"
"uit 'n vriendelike hart, ek praat met jou"
"I'm seeing that you are tormenting yourself"
"Ek sien jy pynig jouself"
"I'm seeing that you're in grief"
"Ek sien dat jy in hartseer is"
"Your son, my dear, is worrying you"
"Jou seun, my skat, maak jou bekommerd"
"and he is also worrying me"
"en hy maak my ook bekommerd"
"That young bird is accustomed to a different life"
"Daardie jong voël is gewoond aan 'n ander lewe"
"he is used to living in a different nest"
"hy is gewoond daaraan om in 'n ander nes te woon"
"he has not, like you, run away from riches and the city"

"hy het nie, soos jy, weggehardloop van rykdom en die stad nie"
"he was not disgusted and fed up with the life in Sansara"
"hy was nie gewalg en keelvol vir die lewe in Sansara nie"
"he had to do all these things against his will"
"hy moes al hierdie dinge teen sy wil doen"
"he had to leave all this behind"
"hy moes dit alles agterlaat"
"I asked the river, oh friend"
"Ek het die rivier gevra, o vriend"
"many times I have asked the river"
"Ek het al baie keer die rivier gevra"
"But the river laughs at all of this"
"Maar die rivier lag vir dit alles"
"it laughs at me and it laughs at you"
"dit lag vir my en dit lag vir jou"
"the river is shaking with laughter at our foolishness"
"die rivier bewe van die lag oor ons dwaasheid"
"Water wants to join water as youth wants to join youth"
"Water wil by water aansluit soos wat die jeug by die jeug wil aansluit"
"your son is not in the place where he can prosper"
"jou seun is nie op die plek waar hy voorspoedig kan wees nie"
"you too should ask the river"
"jy moet ook die rivier vra"
"you too should listen to it!"
"jy moet ook daarna luister!"
Troubled, Siddhartha looked into his friendly face
Ontsteld kyk Siddhartha in sy vriendelike gesig
he looked at the many wrinkles in which there was incessant cheerfulness
hy kyk na die baie plooie waarin daar onophoudelike vrolikheid was
"How could I part with him?" he said quietly, ashamed
"Hoe kon ek van hom skei?" sê hy stil, skaam

"Give me some more time, my dear"
"Gee my nog tyd, my skat"
"See, I'm fighting for him"
"Sien, ek baklei vir hom"
"I'm seeking to win his heart"
"Ek wil sy hart wen"
"with love and with friendly patience I intend to capture it"
"met liefde en met vriendelike geduld is ek van plan om dit vas te vang"
"One day, the river shall also talk to him"
"Eendag sal die rivier ook met hom praat"
"he also is called upon"
"hy word ook geroep"
Vasudeva's smile flourished more warmly
Vasudeva se glimlag floreer warmer
"Oh yes, he too is called upon"
"O ja, hy word ook geroep"
"he too is of the eternal life"
"ook hy is van die ewige lewe"
"But do we, you and me, know what he is called upon to do?"
"Maar weet ons, ek en jy, wat hy moet doen?"
"we know what path to take and what actions to perform"
"ons weet watter pad om te neem en watter aksies om uit te voer"
"we know what pain we have to endure"
"ons weet watter pyn ons moet verduur"
"but does he know these things?"
"maar weet hy hierdie dinge?"
"Not a small one, his pain will be"
"Nie 'n klein een nie, sy pyn sal wees"
"after all, his heart is proud and hard"
"sy hart is immers trots en hard"
"people like this have to suffer and err a lot"
"mense soos hierdie moet baie ly en fouteer"
"they have to do much injustice"

"hulle moet baie onreg doen"
"and they have burden themselves with much sin"
"en hulle het hulleself met baie sonde belas"
"Tell me, my dear," he asked of Siddhartha
"Vertel my, my skat," het hy vir Siddhartha gevra
"you're not taking control of your son's upbringing?"
"Jy neem nie beheer oor jou seun se opvoeding nie?"
"You don't force him, beat him, or punish him?"
"Jy dwing hom nie, slaan hom of straf hom nie?"
"No, Vasudeva, I don't do any of these things"
"Nee, Vasudeva, ek doen nie een van hierdie dinge nie."
"I knew it. You don't force him"
"Ek het dit geweet. Jy dwing hom nie"
"you don't beat him and you don't give him orders"
"jy slaan hom nie en jy gee hom nie bevele nie"
"because you know softness is stronger than hard"
"want jy weet sagtheid is sterker as hard"
"you know water is stronger than rocks"
"Jy weet water is sterker as rotse"
"and you know love is stronger than force"
"en jy weet liefde is sterker as krag"
"Very good, I praise you for this"
"Baie goed, ek loof jou hiervoor"
"But aren't you mistaken in some way?"
"Maar is jy nie op een of ander manier verkeerd nie?"
"don't you think that you are forcing him?"
"Dink jy nie dat jy hom dwing nie?"
"don't you perhaps punish him a different way?"
"straf jy hom nie dalk op 'n ander manier nie?"
"Don't you shackle him with your love?"
"Boei jy hom nie vas met jou liefde nie?"
"Don't you make him feel inferior every day?"
"Laat jy hom nie elke dag minderwaardig voel nie?"
"doesn't your kindness and patience make it even harder for him?"

"maak jou vriendelikheid en geduld dit nie nog moeiliker vir hom nie?"
"aren't you forcing him to live in a hut with two old banana-eaters?"
"dwing jy hom nie om saam met twee ou piesangvreters in 'n hut te bly nie?"
"old men to whom even rice is a delicacy"
"ou manne vir wie selfs rys 'n lekkerny is"
"old men whose thoughts can't be his"
"ou mans wie se gedagtes nie syne kan wees nie"
"old men whose hearts are old and quiet"
"ou manne wie se harte oud en stil is"
"old men whose hearts beat in a different pace than his"
"ou mans wie se harte in 'n ander pas as syne klop"
"Isn't he forced and punished by all this?""
"Word hy nie deur dit alles gedwing en gestraf nie?"
Troubled, Siddhartha looked to the ground
Ontsteld kyk Siddhartha grond toe
Quietly, he asked, "What do you think should I do?"
Stil het hy gevra: "Wat dink jy moet ek doen?"
Vasudeva spoke, "Bring him into the city"
Vasudeva het gepraat, "Bring hom in die stad"
"bring him into his mother's house"
"bring hom in sy ma se huis"
"there'll still be servants around, give him to them"
"Daar sal nog bediendes in die omgewing wees, gee hom vir hulle"
"And if there aren't any servants, bring him to a teacher"
"En as daar geen diensknegte is nie, bring hom na 'n leermeester."
"but don't bring him to a teacher for teachings' sake"
"maar bring hom nie na 'n onderwyser ter wille van leringe nie"
"bring him to a teacher so that he is among other children"
"bring hom na 'n onderwyser sodat hy tussen ander kinders is"

"and bring him to the world which is his own"
"en bring hom na die wêreld wat sy eie is"
"have you never thought of this?"
"Het jy nog nooit hieraan gedink nie?"
"you're seeing into my heart," Siddhartha spoke sadly
"Jy sien in my hart," het Siddhartha hartseer gepraat
"Often, I have thought of this"
"Dikwels het ek hieraan gedink"
"but how can I put him into this world?"
"maar hoe kan ek hom in hierdie wêreld plaas?"
"Won't he become exuberant?"
"Sal hy nie uitbundig word nie?"
"won't he lose himself to pleasure and power?"
"sal hy homself nie aan plesier en krag verloor nie?"
"won't he repeat all of his father's mistakes?"
"sal hy nie al sy pa se foute herhaal nie?"
"won't he perhaps get entirely lost in Sansara?"
"sal hy nie dalk heeltemal verdwaal in Sansara nie?"
Brightly, the ferryman's smile lit up
Die veerbootman se glimlag verlig helder
softly, he touched Siddhartha's arm
saggies raak hy aan Siddhartha se arm
"Ask the river about it, my friend!"
"Vra die rivier daaroor, my vriend!"
"Hear the river laugh about it!"
"Hoor die rivier lag daaroor!"
"Would you actually believe that you had committed your foolish acts?
"Sal jy werklik glo dat jy jou dwase dade gepleeg het?
"in order to spare your son from committing them too"
"om jou seun te spaar om hulle ook te pleeg"
"And could you in any way protect your son from Sansara?"
"En kan jy op enige manier jou seun teen Sansara beskerm?"
"How could you protect him from Sansara?"
"Hoe kon jy hom teen Sansara beskerm?"
"By means of teachings, prayer, admonition?"

"Deur middel van leringe, gebed, vermaning?"
"My dear, have you entirely forgotten that story?"
"My skat, het jy daardie storie heeltemal vergeet?"
"the story containing so many lessons"
"die storie wat soveel lesse bevat"
"the story about Siddhartha, a Brahman's son"
"die storie oor Siddhartha, 'n Brahman se seun"
"the story which you once told me here on this very spot?"
"die storie wat jy my eenkeer hier op hierdie plek vertel het?"
"Who has kept the Samana Siddhartha safe from Sansara?"
"Wie het die Samana Siddhartha veilig van Sansara gehou?"
"who has kept him from sin, greed, and foolishness?"
"wie het hom bewaar van sonde, hebsug en dwaasheid?"
"Were his father's religious devotion able to keep him safe?
"Kon sy pa se godsdienstige toewyding hom veilig hou?
"were his teacher's warnings able to keep him safe?"
"kon sy onderwyser se waarskuwings hom veilig hou?"
"could his own knowledge keep him safe?"
"kon sy eie kennis hom veilig hou?"
"was his own search able to keep him safe?"
"kon sy eie soektog hom veilig hou?"
"What father has been able to protect his son?"
"Watter pa kon sy seun beskerm?"
"what father could keep his son from living his life for himself?"
"watter pa kan sy seun daarvan weerhou om sy lewe vir homself te leef?"
"what teacher has been able to protect his student?"
"watter onderwyser kon sy student beskerm?"
"what teacher can stop his student from soiling himself with life?"
"watter onderwyser kan sy student keer om homself met die lewe te bevuil?"
"who could stop him from burdening himself with guilt?"
"wie kan hom keer om homself met skuldgevoelens te belas?"

"who could stop him from drinking the bitter drink for himself?"
"wie kon hom keer om die bitter drank vir homself te drink?"
"who could stop him from finding his path for himself?"
"wie kan hom keer om sy pad vir homself te vind?"
"did you think anybody could be spared from taking this path?"
"Het jy gedink enigiemand kan gespaar word om hierdie pad te neem?"
"did you think that perhaps your little son would be spared?"
"Het jy gedink dat jou klein seuntjie dalk gespaar sou bly?"
"did you think your love could do all that?"
"Het jy gedink jou liefde kan dit alles doen?"
"did you think your love could keep him from suffering"
"Het jy gedink jou liefde kan hom daarvan weerhou om te ly"
"did you think your love could protect him from pain and disappointment?
"Het jy gedink jou liefde kan hom beskerm teen pyn en teleurstelling?
"you could die ten times for him"
"Jy kan tien keer vir hom sterf"
"but you could take no part of his destiny upon yourself"
"maar jy kon geen deel van sy lot op jouself neem nie"
Never before, Vasudeva had spoken so many words
Nog nooit tevore het Vasudeva soveel woorde gespreek nie
Kindly, Siddhartha thanked him
Siddhartha het hom vriendelik bedank
he went troubled into the hut
hy het onrustig in die hut gegaan

he could not sleep for a long time
hy kon lank nie slaap nie
Vasudeva had told him nothing he had not already thought and known

Vasudeva het hom niks vertel wat hy nie reeds gedink en geweet het nie
But this was a knowledge he could not act upon
Maar dit was 'n kennis waarop hy nie kon reageer nie
stronger than knowledge was his love for the boy
sterker as kennis was sy liefde vir die seun
stronger than knowledge was his tenderness
sterker as kennis was sy teerheid
stronger than knowledge was his fear to lose him
sterker as kennis was sy vrees om hom te verloor
had he ever lost his heart so much to something?
het hy ooit sy hart so baie op iets verloor?
had he ever loved any person so blindly?
het hy ooit iemand so blindelings liefgehad?
had he ever suffered for someone so unsuccessfully?
het hy ooit vir iemand so onsuksesvol gely?
had he ever made such sacrifices for anyone and yet been so unhappy?
het hy al ooit sulke opofferings vir iemand gemaak en tog so ongelukkig gewees?
Siddhartha could not heed his friend's advice
Siddhartha kon nie gehoor gee aan sy vriend se raad nie
he could not give up the boy
hy kon nie die seun prysgee nie
He let the boy give him orders
Hy het die seun vir hom bevele laat gee
he let him disregard him
hy het hom laat verontagsaam
He said nothing and waited
Hy het niks gesê nie en gewag
daily, he attempted the struggle of friendliness
daagliks het hy die stryd van vriendelikheid aangepak
he initiated the silent war of patience
hy het die stille oorlog van geduld begin
Vasudeva also said nothing and waited
Vasudeva het ook niks gesê nie en gewag

They were both masters of patience
Hulle was albei meesters van geduld

one time the boy's face reminded him very much of Kamala
een keer het die seun se gesig hom baie aan Kamala laat dink
Siddhartha suddenly had to think of something Kamala had once said
Siddhartha moes skielik dink aan iets wat Kamala eenkeer gesê het
"You cannot love" she had said to him
"Jy kan nie liefhê nie," het sy vir hom gesê
and he had agreed with her
en hy het met haar ooreengekom
and he had compared himself with a star
en hy het homself met 'n ster vergelyk
and he had compared the childlike people with falling leaves
en hy het die kinderlike mense met vallende blare vergelyk
but nevertheless, he had also sensed an accusation in that line
maar nietemin het hy ook 'n beskuldiging in daardie lyn aangevoel
Indeed, he had never been able to love
Inderdaad, hy kon nog nooit liefhê nie
he had never been able to devote himself completely to another person
hy kon hom nog nooit heeltemal aan 'n ander persoon toewy nie
he had never been able to to forget himself
hy kon homself nog nooit vergeet nie
he had never been able to commit foolish acts for the love of another person
hy kon nog nooit dwase dade pleeg vir die liefde van 'n ander persoon nie
at that time it seemed to set him apart from the childlike people

in daardie tyd het dit gelyk of dit hom van die kinderlike
mense onderskei het

But ever since his son was here, Siddhartha also become a childlike person
Maar vandat sy seun hier was, het Siddhartha ook 'n kinderlike persoon geword

he was suffering for the sake of another person
hy het gely ter wille van 'n ander persoon

he was loving another person
hy was lief vir 'n ander persoon

he was lost to a love for someone else
hy was verlore vir 'n liefde vir iemand anders

he had become a fool on account of love
hy het 'n dwaas geword weens liefde

Now he too felt the strongest and strangest of all passions
Nou het hy ook die sterkste en vreemdste van alle passies gevoel

he suffered from this passion miserably
hy het ellendig onder hierdie passie gely

and he was nevertheless in bliss
en hy was nietemin in saligheid

he was nevertheless renewed in one respect
hy is nietemin in een opsig vernuwe

he was enriched by this one thing
hy is deur hierdie een ding verryk

He sensed very well that this blind love for his son was a passion
Hy het baie goed aangevoel dat hierdie blinde liefde vir sy seun 'n passie was

he knew that it was something very human
hy het geweet dat dit iets baie mensliks was

he knew that it was Sansara
hy het geweet dat dit Sansara was

he knew that it was a murky source, dark waters
hy het geweet dat dit 'n troebel bron was, donker waters

but he felt it was not worthless, but necessary

maar hy het gevoel dis nie waardeloos nie, maar nodig
it came from the essence of his own being
dit het uit die wese van sy eie wese gekom
This pleasure also had to be atoned for
Hierdie plesier moes ook versoen word
this pain also had to be endured
hierdie pyn moes ook verduur word
these foolish acts also had to be committed
hierdie dwase dade moes ook gepleeg word
Through all this, the son let him commit his foolish acts
Deur dit alles het die seun hom sy dwase dade laat pleeg
he let him court for his affection
hy het hom laat hof vir sy toegeneentheid
he let him humiliate himself every day
hy het hom elke dag laat verneder
he gave in to the moods of his son
hy het toegegee aan die buie van sy seun
his father had nothing which could have delighted him
sy pa het niks gehad wat hom kon verbly het nie
and he nothing that the boy feared
en hy het niks wat die seun gevrees het nie
He was a good man, this father
Hy was 'n goeie man, hierdie pa
he was a good, kind, soft man
hy was 'n goeie, vriendelike, sagte man
perhaps he was a very devout man
miskien was hy 'n baie toegewyde man
perhaps he was a saint, the boy thought
miskien was hy 'n heilige, dink die seun
but all these attributes could not win the boy over
maar al hierdie eienskappe kon die seun nie wen nie
He was bored by this father, who kept him imprisoned
Hy was verveeld deur hierdie pa, wat hom in die tronk gehou het
a prisoner in this miserable hut of his
'n gevangene in hierdie ellendige hut van hom

he was bored of him answering every naughtiness with a smile
hy was gatvol daarvoor dat hy elke stoutheid met 'n glimlag beantwoord het
he didn't appreciate insults being responded to by friendliness
hy het dit nie waardeer dat beledigings deur vriendelikheid gereageer word nie
he didn't like viciousness returned in kindness
hy hou nie van boosheid wat in vriendelikheid teruggekeer het nie
this very thing was the hated trick of this old sneak
hierdie einste ding was die gehate truuk van hierdie ou sluip
Much more the boy would have liked it if he had been threatened by him
Veel meer sou die seun daarvan gehou het as hy deur hom gedreig is
he wanted to be abused by him
hy wou deur hom mishandel word

A day came when young Siddhartha had had enough
'n Dag het aangebreek toe jong Siddhartha genoeg gehad het
what was on his mind came bursting forth
wat in sy gedagtes was, het uitgebars
and he openly turned against his father
en hy het openlik teen sy vader gedraai
Siddhartha had given him a task
Siddhartha het hom 'n taak gegee
he had told him to gather brushwood
hy het hom aangesê om kwashout bymekaar te maak
But the boy did not leave the hut
Maar die seun het nie die hut verlaat nie
in stubborn disobedience and rage, he stayed where he was
in hardnekkige ongehoorsaamheid en woede het hy gebly waar hy was
he thumped on the ground with his feet

hy stamp met sy voete op die grond
he clenched his fists and screamed in a powerful outburst
hy het sy vuiste gebal en in 'n kragtige uitbarsting geskreeu
he screamed his hatred and contempt into his father's face
hy skree sy haat en veragting in sy pa se gesig
"Get the brushwood for yourself!" he shouted, foaming at the mouth
"Kry die kwas vir jouself!" skree hy skuimend om die mond
"I'm not your servant"
"Ek is nie jou dienaar nie"
"I know that you won't hit me, you wouldn't dare"
"Ek weet dat jy my nie sal slaan nie, jy sal dit nie waag nie"
"I know that you constantly want to punish me"
"Ek weet dat jy my gedurig wil straf"
"you want to put me down with your religious devotion and your indulgence"
"jy wil my neersit met jou godsdienstige toewyding en jou toegeeflikheid"
"You want me to become like you"
"Jy wil hê ek moet soos jy word"
"you want me to be just as devout, soft, and wise as you"
"Jy wil hê ek moet net so vroom, sag en wys wees soos jy"
"but I won't do it, just to make you suffer"
"maar ek sal dit nie doen nie, net om jou te laat ly"
"I would rather become a highway-robber than be as soft as you"
"Ek sal eerder 'n snelwegrower word as om so sag soos jy te wees"
"I would rather be a murderer than be as wise as you"
"Ek sal eerder 'n moordenaar wees as om so wys soos jy te wees"
"I would rather go to hell, than to become like you!"
"Ek sal eerder hel toe gaan as om soos jy te word!"
"I hate you, you're not my father
"Ek haat jou, jy is nie my pa nie

"even if you've slept with my mother ten times, you are not my father!"
"al het jy tien keer by my ma geslaap, is jy nie my pa nie!"
Rage and grief boiled over in him
Woede en hartseer het in hom oorgekook
he foamed at his father in a hundred savage and evil words
hy het sy vader geskuim in honderd wrede en bose woorde
Then the boy ran away into the forest
Toe hardloop die seun weg die bos in
it was late at night when the boy returned
dit was laat in die nag toe die seun terugkom
But the next morning, he had disappeared
Maar die volgende oggend het hy verdwyn
What had also disappeared was a small basket
Wat ook verdwyn het, was 'n klein mandjie
the basket in which the ferrymen kept those copper and silver coins
die mandjie waarin die veerbote daardie koper- en silwermuntstukke gehou het
the coins which they received as a fare
die munte wat hulle as tarief ontvang het
The boat had also disappeared
Die boot het ook verdwyn
Siddhartha saw the boat lying by the opposite bank
Siddhartha het die boot by die oorkantste oewer sien lê
Siddhartha had been shivering with grief
Siddhartha het gebewe van hartseer
the ranting speeches the boy had made touched him
die bulderende toesprake wat die seun gemaak het, het hom geraak
"I must follow him," said Siddhartha
"Ek moet hom volg," sê Siddhartha
"A child can't go through the forest all alone, he'll perish"
"'n Kind kan nie alleen deur die bos gaan nie, hy sal vergaan"
"We must build a raft, Vasudeva, to get over the water"
"Ons moet 'n vlot bou, Vasudeva, om oor die water te kom."

"We will build a raft" said Vasudeva
"Ons sal 'n vlot bou," het Vasudeva gesê
"we will build it to get our boat back"
"ons sal dit bou om ons boot terug te kry"
"But you shall not run after your child, my friend"
"Maar jy mag nie agter jou kind aanhardloop nie, my vriend."
"he is no child anymore"
"hy is geen kind meer nie"
"he knows how to get around"
"hy weet hoe om rond te kom"
"He's looking for the path to the city"
"Hy soek die pad na die stad"
"and he is right, don't forget that"
"en hy is reg, moenie dit vergeet nie"
"he's doing what you've failed to do yourself"
"hy doen wat jy self nie gedoen het nie"
"he's taking care of himself"
"hy sorg vir homself"
"he's taking his course for himself"
"hy neem sy kursus vir homself"
"Alas, Siddhartha, I see you suffering"
"Ai, Siddhartha, ek sien jou ly"
"but you're suffering a pain at which one would like to laugh"
"maar jy ly 'n pyn waaroor mens graag wil lag"
"you're suffering a pain at which you'll soon laugh yourself"
"jy ly 'n pyn waaroor jy gou self sal lag"
Siddhartha did not answer his friend
Siddhartha het nie sy vriend geantwoord nie
He already held the axe in his hands
Hy het reeds die byl in sy hande gehou
and he began to make a raft of bamboo
en hy het begin om 'n vlot bamboes te maak
Vasudeva helped him to tie the canes together with ropes of grass

Vasudeva het hom gehelp om die kieries met grastoue
aanmekaar te bind
When they crossed the river they drifted far off their course
Toe hulle die rivier oorsteek, het hulle ver van hul koers
afgedryf
they pulled the raft upriver on the opposite bank
hulle het die vlot op die oorkantste oewer stroomop getrek
"Why did you take the axe along?" asked Siddhartha
"Hoekom het jy die byl saamgeneem?" vra Siddhartha
"It might have been possible that the oar of our boat got lost"
"Dit kon moontlik gewees het dat die roeispaan van ons boot
verlore geraak het"
But Siddhartha knew what his friend was thinking
Maar Siddhartha het geweet wat sy vriend dink
He thought, the boy would have thrown away the oar
Hy het gedink, die seun sou die roeispaan weggegooi het
in order to get some kind of revenge
om een of ander soort wraak te neem
and in order to keep them from following him
en om te verhoed dat hulle Hom volg
And in fact, there was no oar left in the boat
En om die waarheid te sê, daar was geen roeispaan in die boot
oor nie
Vasudeva pointed to the bottom of the boat
Vasudeva het na die onderkant van die boot gewys
and he looked at his friend with a smile
en hy kyk na sy vriend met 'n glimlag
he smiled as if he wanted to say something
hy glimlag asof hy iets wil sê
"Don't you see what your son is trying to tell you?"
"Sien jy nie wat jou seun vir jou probeer vertel nie?"
"Don't you see that he doesn't want to be followed?"
"Sien jy nie dat hy nie agtervolg wil word nie?"
But he did not say this in words
Maar hy het dit nie in woorde gesê nie
He started making a new oar

Hy het 'n nuwe roeispaan begin maak
But Siddhartha bid his farewell, to look for the run-away
Maar Siddhartha het afskeid geneem om die weghol te soek
Vasudeva did not stop him from looking for his child
Vasudeva het hom nie gekeer om na sy kind te soek nie

Siddhartha had been walking through the forest for a long time
Siddhartha het lankal deur die woud geloop
the thought occurred to him that his search was useless
die gedagte het by hom opgekom dat sy soektog nutteloos was
Either the boy was far ahead and had already reached the city
Óf die seun was ver vooruit en het reeds die stad bereik
or he would conceal himself from him
of hy sou hom vir hom verberg
he continued thinking about his son
hy het aan sy seun bly dink
he found that he was not worried for his son
hy het gevind dat hy nie bekommerd was oor sy seun nie
he knew deep inside that he had not perished
hy het diep binne-in geweet dat hy nie omgekom het nie
nor was he in any danger in the forest
hy was ook nie in enige gevaar in die bos nie
Nevertheless, he ran without stopping
Hy het nietemin sonder ophou gehardloop
he was not running to save him
hy het nie gehardloop om hom te red nie
he was running to satisfy his desire
hy hardloop om sy begeerte te bevredig
he wanted to perhaps see him one more time
hy wou hom dalk nog een keer sien
And he ran up to just outside of the city
En hy het opgehardloop tot net buite die stad
When, near the city, he reached a wide road

Toe hy naby die stad 'n breë pad bereik
he stopped, by the entrance of the beautiful pleasure-garden
hy stop, by die ingang van die pragtige plesiertuin
the garden which used to belong to Kamala
die tuin wat vroeër aan Kamala behoort het
the garden where he had seen her for the first time
die tuin waar hy haar die eerste keer gesien het
when she was sitting in her sedan-chair
toe sy in haar sedan-stoel gesit het
The past rose up in his soul
Die verlede het in sy siel opgestaan
again, he saw himself standing there
weer sien hy homself daar staan
a young, bearded, naked Samana
'n jong, bebaarde, naakte Samana
his hair hair was full of dust
sy hare was vol stof
For a long time, Siddhartha stood there
Vir 'n lang tyd het Siddhartha daar gestaan
he looked through the open gate into the garden
hy kyk deur die oop hek die tuin in
he saw monks in yellow robes walking among the beautiful trees
hy het monnike in geel klere tussen die pragtige bome sien loop
For a long time, he stood there, pondering
Hy het lank daar gestaan en peins
he saw images and listened to the story of his life
hy het beelde gesien en na die storie van sy lewe geluister
For a long time, he stood there looking at the monks
Hy het lank daar gestaan en na die monnike gekyk
he saw young Siddhartha in their place
hy het die jong Siddhartha in hulle plek gesien
he saw young Kamala walking among the high trees
hy het jong Kamala tussen die hoë bome sien loop

Clearly, he saw himself being served food and drink by Kamala
Dit is duidelik dat hy gesien het hoe hy kos en drank bedien word deur Kamala
he saw himself receiving his first kiss from her
hy het gesien hoe hy sy eerste soen van haar ontvang
he saw himself looking proudly and disdainfully back on his life as a Brahman
hy het gesien hoe hy met trots en minagting terugkyk op sy lewe as 'n Brahman
he saw himself beginning his worldly life, proudly and full of desire
hy het gesien hoe hy sy wêreldse lewe begin, trots en vol begeerte
He saw Kamaswami, the servants, the orgies
Hy het Kamaswami, die bediendes, die orgies gesien
he saw the gamblers with the dice
hy het die dobbelaars met die dobbelsteen gesien
he saw Kamala's song-bird in the cage
hy het Kamala se sangvoël in die hok gesien
he lived through all this again
hy het dit alles weer deurgemaak
he breathed Sansara and was once again old and tired
hy het Sansara asemgehaal en was weer oud en moeg
he felt the disgust and the wish to annihilate himself again
hy voel die walging en die wens om homself weer te vernietig
and he was healed again by the holy Om
en hy is weer deur die heilige Om genees
for a long time Siddhartha had stood by the gate
vir 'n lang tyd het Siddhartha by die hek gestaan
he realised his desire was foolish
hy het besef sy begeerte was dwaas
he realized it was foolishness which had made him go up to this place
hy het besef dit was dwaasheid wat hom na hierdie plek laat opgaan het

he realized he could not help his son
hy het besef hy kan nie sy seun help nie
and he realized that he was not allowed to cling to him
en hy het besef dat hy nie aan hom mag vashou nie
he felt the love for the run-away deeply in his heart
hy het die liefde vir die weghol diep in sy hart gevoel
the love for his son felt like a wound
die liefde vir sy seun het soos 'n wond gevoel
but this wound had not been given to him in order to turn the knife in it
maar hierdie wond is nie aan hom gegee om die mes daarin te draai nie
the wound had to become a blossom
die wond moes 'n bloeisel word
and his wound had to shine
en sy wond moes skyn
That this wound did not blossom or shine yet made him sad
Dat hierdie wond nie geblom of geskyn het nie, het hom nog hartseer gemaak
Instead of the desired goal, there was emptiness
In plaas van die gewenste doel, was daar leegheid
emptiness had drawn him here, and sadly he sat down
leegheid het hom hierheen getrek, en ongelukkig gaan sit hy
he felt something dying in his heart
hy voel hoe iets in sy hart sterf
he experienced emptiness and saw no joy any more
hy het leegheid ervaar en geen vreugde meer gesien nie
there was no goal for which to aim for
daar was geen doel om na te mik nie
He sat lost in thought and waited
Hy het ingedagte gesit en wag
This he had learned by the river
Dit het hy by die rivier geleer
waiting, having patience, listening attentively
wag, geduld hê, aandagtig luister
And he sat and listened, in the dust of the road

En hy het gesit en luister, in die stof van die pad
he listened to his heart, beating tiredly and sadly
hy luister na sy hart, klop moeg en hartseer
and he waited for a voice
en hy het gewag vir 'n stem
Many an hour he crouched, listening
Baie ure het hy gehurk en geluister
he saw no images any more
hy het geen beelde meer gesien nie
he fell into emptiness and let himself fall
hy het in die leegte verval en homself laat val
he could see no path in front of him
hy kon geen pad voor hom sien nie
And when he felt the wound burning, he silently spoke the Om
En toe hy die wond voel brand, het hy stilweg die Om gepraat
he filled himself with Om
hy het homself gevul met Om
The monks in the garden saw him
Die monnike in die tuin het hom gesien
dust was gathering on his gray hair
stof het op sy grys hare vergader
since he crouched for many hours, one of monks placed two bananas in front of him
aangesien hy baie ure lank gehurk het, het een van die monnike twee piesangs voor hom neergesit
The old man did not see him
Die ou man het hom nie gesien nie

From this petrified state, he was awoken by a hand touching his shoulder
Uit hierdie versteende toestand is hy wakker gemaak deur 'n hand wat aan sy skouer geraak het
Instantly, he recognised this tender bashful touch
Onmiddellik het hy hierdie teer skaam aanraking herken
Vasudeva had followed him and waited

Vasudeva het hom gevolg en gewag
he regained his senses and rose to greet Vasudeva
hy het sy sinne herwin en opgestaan om Vasudeva te groet
he looked into Vasudeva's friendly face
hy kyk in Vasudeva se vriendelike gesig
he looked into the small wrinkles
hy kyk in die klein plooitjies
his wrinkles were as if they were filled with nothing but his smile
sy plooie was asof dit met niks anders as sy glimlag gevul was nie
he looked into the happy eyes, and then he smiled too
hy kyk in die gelukkige oë, en dan glimlag hy ook
Now he saw the bananas lying in front of him
Nou sien hy die piesangs voor hom lê
he picked the bananas up and gave one to the ferryman
hy tel die piesangs op en gee een vir die veerbootman
After eating the bananas, they silently went back into the forest
Nadat hulle die piesangs geëet het, is hulle stilweg terug die bos in
they returned home to the ferry
hulle het teruggekeer huis toe na die veerboot
Neither one talked about what had happened that day
Nie een het gepraat oor wat daardie dag gebeur het nie
neither one mentioned the boy's name
nie een het die seun se naam genoem nie
neither one spoke about him running away
nie een het daarvan gepraat dat hy weggehardloop het nie
neither one spoke about the wound
nie een het oor die wond gepraat nie
In the hut, Siddhartha lay down on his bed
In die hut het Siddhartha op sy bed gaan lê
after a while Vasudeva came to him
na 'n rukkie het Vasudeva na hom toe gekom
he offered him a bowl of coconut-milk

hy het vir hom 'n bak klappermelk aangebied
but he was already asleep
maar hy het reeds geslaap

Om

For a long time the wound continued to burn
Die wond het lank aangehou brand
Siddhartha had to ferry many travellers across the river
Siddhartha moes baie reisigers oor die rivier vervoer
many of the travellers were accompanied by a son or a daughter
baie van die reisigers is deur 'n seun of 'n dogter vergesel
and he saw none of them without envying them
en hy het nie een van hulle gesien sonder om hulle afgunstig te maak nie
he couldn't see them without thinking about his lost son
hy kon hulle nie sien sonder om aan sy verlore seun te dink nie
"So many thousands possess the sweetest of good fortunes"
"Soveel duisende besit die soetste geluk"
"why don't I also possess this good fortune?"
"hoekom besit ek nie ook hierdie geluk nie?"
"even thieves and robbers have children and love them"
"selfs diewe en rowers het kinders en is lief vir hulle"
"and they are being loved by their children"
"en hulle word liefgehad deur hul kinders"
"all are loved by their children except for me"
"almal is geliefd deur hul kinders behalwe ek"
he now thought like the childlike people, without reason
hy het nou sonder rede gedink soos die kinderlike mense
he had become one of the childlike people
hy het een van die kinderlike mense geword
he looked upon people differently than before
hy het anders na mense gekyk as voorheen
he was less smart and less proud of himself
hy was minder slim en minder trots op homself
but instead, he was warmer and more curious
maar in plaas daarvan was hy warmer en meer nuuskierig

when he ferried travellers, he was more involved than before
toe hy reisigers vervoer het, was hy meer betrokke as voorheen
childlike people, businessmen, warriors, women
kinderlike mense, sakemanne, krygers, vroue
these people did not seem alien to him, as they used to
hierdie mense het nie vir hom vreemd gelyk soos hulle vroeër was nie
he understood them and shared their life
hy het hulle verstaan en hulle lewe gedeel
a life which was not guided by thoughts and insight
'n lewe wat nie deur gedagtes en insig gelei is nie
but a life guided solely by urges and wishes
maar 'n lewe wat slegs deur drange en wense gelei word
he felt like the the childlike people
hy het gevoel soos die kinderlike mense
he was bearing his final wound
hy het sy laaste wond gedra
he was nearing perfection
hy was naby perfeksie
but the childlike people still seemed like his brothers
maar die kinderlike mense het nog soos sy broers gelyk
their vanities, desires for possession were no longer ridiculous to him
hulle nietighede, begeertes na besit was vir hom nie meer belaglik nie
they became understandable and lovable
hulle het verstaanbaar en dierbaar geword
they even became worthy of veneration to him
hulle het selfs vir hom eerbiedwaardig geword
The blind love of a mother for her child
Die blinde liefde van 'n ma vir haar kind
the stupid, blind pride of a conceited father for his only son
die dom, blinde trots van 'n verwaande vader vir sy enigste seun

the blind, wild desire of a young, vain woman for jewellery
die blinde, wilde begeerte van 'n jong, ydele vrou na juweliersware
her wish for admiring glances from men
haar wens vir bewonderende blikke van mans
all of these simple urges were not childish notions
al hierdie eenvoudige drange was nie kinderlike idees nie
but they were immensely strong, living, and prevailing urges
maar hulle was ontsaglik sterk, lewende en heersende drange
he saw people living for the sake of their urges
hy het gesien hoe mense leef ter wille van hul drange
he saw people achieving rare things for their urges
hy het gesien hoe mense skaars dinge bereik vir hul drange
travelling, conducting wars, suffering
reis, oorloë voer, lyding
they bore an infinite amount of suffering
hulle het 'n oneindige hoeveelheid lyding gedra
and he could love them for it, because he saw life
en hy kon hulle liefhê daarvoor, want hy het die lewe gesien
that what is alive was in each of their passions
dat wat lewend is in elkeen van hulle passies was
that what is is indestructible was in their urges, the Brahman
dat wat is onvernietigbaar is, was in hulle drange, die Brahman
these people were worthy of love and admiration
hierdie mense was liefde en bewondering waardig
they deserved it for their blind loyalty and blind strength
hulle het dit verdien vir hul blinde lojaliteit en blinde krag
there was nothing that they lacked
daar was niks wat hulle ontbreek het nie
Siddhartha had nothing which would put him above the rest, except one thing
Siddhartha het niks gehad wat hom bo die res sou stel nie, behalwe een ding
there still was a small thing he had which they didn't

daar was nog 'n klein dingetjie wat hy gehad het wat hulle nie gehad het nie

he had the conscious thought of the oneness of all life
hy het die bewuste gedagte gehad van die eenheid van alle lewe

but Siddhartha even doubted whether this knowledge should be valued so highly
maar Siddhartha het selfs getwyfel of hierdie kennis so hoog gewaardeer moet word

it might also be a childish idea of the thinking people
dit is dalk ook 'n kinderlike idee van die denkende mense

the worldly people were of equal rank to the wise men
die wêreldse mense was van gelyke rang aan die wyse manne

animals too can in some moments seem to be superior to humans
diere kan ook in sommige oomblikke beter lyk as mense

they are superior in their tough, unrelenting performance of what is necessary
hulle is voortreflik in hul taai, onverbiddelike prestasie van wat nodig is

an idea slowly blossomed in Siddhartha
'n idee het stadig in Siddhartha geblom

and the idea slowly ripened in him
en die idee het stadig in hom ryp geword

he began to see what wisdom actually was
hy het begin sien wat wysheid eintlik is

he saw what the goal of his long search was
hy het gesien wat die doel van sy lang soektog was

his search was nothing but a readiness of the soul
sy soektog was niks anders as 'n gereedheid van die siel nie

a secret art to think every moment, while living his life
'n geheime kuns om elke oomblik te dink, terwyl hy sy lewe leef

it was the thought of oneness
dit was die gedagte van eenheid

to be able to feel and inhale the oneness

om die eenheid te kan voel en inasem
Slowly this awareness blossomed in him
Stadig het hierdie bewustheid in hom geblom
it was shining back at him from Vasudeva's old, childlike face
dit skyn vir hom terug van Vasudeva se ou, kinderlike gesig
harmony and knowledge of the eternal perfection of the world
harmonie en kennis van die ewige volmaaktheid van die wêreld
smiling and to be part of the oneness
glimlag en om deel te wees van die eenheid
But the wound still burned
Maar die wond het steeds gebrand
longingly and bitterly Siddhartha thought of his son
verlangend en bitter het Siddhartha aan sy seun gedink
he nurtured his love and tenderness in his heart
hy het sy liefde en teerheid in sy hart gekoester
he allowed the pain to gnaw at him
hy het toegelaat dat die pyn aan hom knaag
he committed all foolish acts of love
hy het alle dwase liefdesdade gepleeg
this flame would not go out by itself
hierdie vlam sou nie vanself doodgaan nie

one day the wound burned violently
eendag het die wond hewig gebrand
driven by a yearning, Siddhartha crossed the river
gedryf deur 'n verlange, het Siddhartha die rivier oorgesteek
he got off the boat and was willing to go to the city
hy het van die boot af geklim en was bereid om stad toe te gaan
he wanted to look for his son again
hy wou weer sy seun soek
The river flowed softly and quietly
Die rivier het sag en stil gevloei

it was the dry season, but its voice sounded strange
dit was die droë seisoen, maar sy stem het vreemd geklink
it was clear to hear that the river laughed
dit was duidelik om te hoor dat die rivier lag
it laughed brightly and clearly at the old ferryman
dit lag helder en duidelik vir die ou veerman
he bent over the water, in order to hear even better
hy buk oor die water, om nog beter te hoor
and he saw his face reflected in the quietly moving waters
en hy sien sy gesig weerkaats in die stil bewegende waters
in this reflected face there was something
in hierdie weerkaatste gesig was daar iets
something which reminded him, but he had forgotten
iets wat hom herinner het, maar hy het vergeet
as he thought about it, he found it
terwyl hy daaroor gedink het, het hy dit gevind
this face resembled another face which he used to know and love
hierdie gesig het soos 'n ander gesig gelyk wat hy altyd geken en liefgehad het
but he also used to fear this face
maar hy was ook altyd bang vir hierdie gesig
It resembled his father's face, the Brahman
Dit het soos sy pa se gesig, die Brahman, gelyk
he remembered how he had forced his father to let him go
hy onthou hoe hy sy pa gedwing het om hom te laat gaan
he remembered how he had bid his farewell to him
hy onthou hoe hy van hom afskeid geneem het
he remembered how he had gone and had never come back
hy onthou hoe hy gegaan het en nooit teruggekom het nie
Had his father not also suffered the same pain for him?
Het sy pa nie ook dieselfde pyn vir hom gely nie?
was his father's pain not the pain Siddhartha is suffering now?
was sy pa se pyn nie die pyn wat Siddhartha nou ly nie?
Had his father not long since died?

Was sy pa nie lank reeds oorlede nie?
had he died without having seen his son again?
het hy gesterf sonder dat hy sy seun weer gesien het?
Did he not have to expect the same fate for himself?
Moes hy nie dieselfde lot vir homself verwag nie?
Was it not a comedy in a fateful circle?
Was dit nie 'n komedie in 'n noodlottige kring nie?
The river laughed about all of this
Die rivier het oor dit alles gelag
everything came back which had not been suffered
alles het teruggekom wat nie gely is nie
everything came back which had not been solved
alles het teruggekom wat nie opgelos is nie
the same pain was suffered over and over again
dieselfde pyn is oor en oor gely
Siddhartha went back into the boat
Siddhartha het teruggegaan in die boot
and he returned back to the hut
en hy het teruggekeer na die hut
he was thinking of his father and of his son
hy het aan sy pa en aan sy seun gedink
he thought of having been laughed at by the river
hy het gedink dat hy by die rivier uitgelag is
he was at odds with himself and tending towards despair
hy was in stryd met homself en neig na wanhoop
but he was also tempted to laugh
maar hy was ook in die versoeking om te lag
he could laugh at himself and the entire world
hy kon vir homself en die hele wêreld lag
Alas, the wound was not blossoming yet
Ai, die wond het nog nie geblom nie
his heart was still fighting his fate
sy hart het nog teen sy lot geveg
cheerfulness and victory were not yet shining from his suffering

blymoedigheid en oorwinning het nog nie geskyn van sy
lyding nie
Nevertheless, he felt hope along with the despair
Nietemin het hy saam met die wanhoop hoop gevoel
once he returned to the hut he felt an undefeatable desire to open up to Vasudeva
toe hy na die hut teruggekeer het, het hy 'n onoorwinlike begeerte gevoel om oop te maak vir Vasudeva
he wanted to show him everything
hy wou hom alles wys
he wanted to say everything to the master of listening
hy wou alles vir die meester van luister sê

Vasudeva was sitting in the hut, weaving a basket
Vasudeva het in die hut gesit en 'n mandjie geweef
He no longer used the ferry-boat
Hy het nie meer die veerboot gebruik nie
his eyes were starting to get weak
sy oë begin swak word
his arms and hands were getting weak as well
sy arms en hande het ook verswak
only the joy and cheerful benevolence of his face was unchanging
net die vreugde en vrolike welwillendheid van sy gesig was onveranderlik
Siddhartha sat down next to the old man
Siddhartha gaan sit langs die ou man
slowly, he started talking about what they had never spoke about
stadig het hy begin praat oor waaroor hulle nog nooit gepraat het nie
he told him of his walk to the city
hy het hom vertel van sy stap na die stad
he told at him of the burning wound
hy het by hom vertel van die brandwond
he told him about the envy of seeing happy fathers

hy het hom vertel van die afguns om gelukkige vaders te sien
his knowledge of the foolishness of such wishes
sy kennis van die dwaasheid van sulke wense
his futile fight against his wishes
sy vergeefse stryd teen sy wense
he was able to say everything, even the most embarrassing parts
hy kon alles sê, selfs die mees verleentheid
he told him everything he could tell him
hy het hom alles vertel wat hy hom kon vertel
he showed him everything he could show him
hy het hom alles gewys wat hy hom kon wys
He presented his wound to him
Hy het sy wond aan hom gegee
he also told him how he had fled today
hy het hom ook vertel hoe hy vandag gevlug het
he told him how he ferried across the water
hy het hom vertel hoe hy oor die water gery het
a childish run-away, willing to walk to the city
'n kinderlike weghol, bereid om stad toe te stap
and he told him how the river had laughed
en hy het hom vertel hoe die rivier gelag het
he spoke for a long time
hy het lank gepraat
Vasudeva was listening with a quiet face
Vasudeva het met 'n stil gesig geluister
Vasudeva's listening gave Siddhartha a stronger sensation than ever before
Vasudeva se luister het Siddhartha 'n sterker sensasie gegee as ooit tevore
he sensed how his pain and fears flowed over to him
hy het aangevoel hoe sy pyn en vrese na hom oorstroom
he sensed how his secret hope flowed over him
hy voel hoe sy geheime hoop oor hom vloei
To show his wound to this listener was the same as bathing it in the river

Om sy wond aan hierdie luisteraar te wys, was dieselfde as om dit in die rivier te bad
the river would have cooled Siddhartha's wound
die rivier sou Siddhartha se wond afgekoel het
the quiet listening cooled Siddhartha's wound
die stil luister verkoel Siddhartha se wond
it cooled him until he become one with the river
dit het hom afgekoel totdat hy een geword het met die rivier
While he was still speaking, still admitting and confessing
Terwyl hy nog gepraat het, steeds erken en bely
Siddhartha felt more and more that this was no longer Vasudeva
Siddhartha het meer en meer gevoel dat dit nie meer Vasudeva was nie
it was no longer a human being who was listening to him
dit was nie meer 'n mens wat na hom geluister het nie
this motionless listener was absorbing his confession into himself
hierdie roerlose luisteraar was besig om sy belydenis in homself op te neem
this motionless listener was like a tree the rain
hierdie roerlose luisteraar was soos 'n boom die reën
this motionless man was the river itself
hierdie roerlose man was die rivier self
this motionless man was God himself
hierdie roerlose man was God self
the motionless man was the eternal itself
die roerlose mens was die ewige self
Siddhartha stopped thinking of himself and his wound
Siddhartha het opgehou om aan homself en sy wond te dink
this realisation of Vasudeva's changed character took possession of him
hierdie besef van Vasudeva se veranderde karakter het van hom besit geneem
and the more he entered into it, the less wondrous it became

en hoe meer hy daarin ingegaan het, hoe minder wonderlik het dit geword

the more he realised that everything was in order and natural

hoe meer het hy besef dat alles in orde en natuurlik was

he realised that Vasudeva had already been like this for a long time

hy het besef dat Vasudeva al lankal so was

he had just not quite recognised it yet

hy het dit net nog nie heeltemal herken nie

yes, he himself had almost reached the same state

ja, hy het self amper dieselfde toestand bereik

He felt, that he was now seeing old Vasudeva as the people see the gods

Hy het gevoel dat hy nou ou Vasudeva sien soos die mense die gode sien

and he felt that this could not last

en hy het gevoel dat dit nie kon hou nie

in his heart, he started bidding his farewell to Vasudeva

in sy hart het hy begin afskeid neem van Vasudeva

Throughout all this, he talked incessantly

Deur dit alles het hy onophoudelik gepraat

When he had finished talking, Vasudeva turned his friendly eyes at him

Toe hy klaar gepraat het, draai Vasudeva sy vriendelike oë na hom

the eyes which had grown slightly weak

die oë wat effens swak geword het

he said nothing, but let his silent love and cheerfulness shine

hy het niks gesê nie, maar sy stille liefde en vrolikheid laat skyn

his understanding and knowledge shone from him

sy begrip en kennis het uit hom geskyn

He took Siddhartha's hand and led him to the seat by the bank

Hy het Siddhartha se hand gevat en hom na die sitplek by die bank gelei

he sat down with him and smiled at the river
hy gaan sit by hom en glimlag vir die rivier
"You've heard it laugh," he said
"Jy het dit al hoor lag," het hy gesê
"But you haven't heard everything"
"Maar jy het nie alles gehoor nie"
"Let's listen, you'll hear more"
"Kom ons luister, jy sal meer hoor"
Softly sounded the river, singing in many voices
Saggies klink die rivier en sing in baie stemme
Siddhartha looked into the water
Siddhartha kyk in die water
images appeared to him in the moving water
beelde het aan hom verskyn in die bewegende water
his father appeared, lonely and mourning for his son
sy pa het verskyn, eensaam en rou oor sy seun
he himself appeared in the moving water
hy het self in die bewegende water verskyn
he was also being tied with the bondage of yearning to his distant son
hy was ook vasgebind met die slawerny van verlange aan sy verre seun
his son appeared, lonely as well
sy seun het verskyn, ook eensaam
the boy, greedily rushing along the burning course of his young wishes
die seun jaag gulsig langs die brandende koers van sy jong wense
each one was heading for his goal
elkeen was op pad na sy doelwit
each one was obsessed by the goal
elkeen was behep met die doel
each one was suffering from the pursuit
elkeen het gely onder die agtervolging

The river sang with a voice of suffering
Die rivier het gesing met 'n stem van lyding
longingly it sang and flowed towards its goal
verlangend het dit gesing en na sy doel gevloei
"Do you hear?" Vasudeva asked with a mute gaze
"Hoor jy?" vra Vasudeva met 'n stom blik
Siddhartha nodded in reply
Siddhartha knik in antwoord
"Listen better!" Vasudeva whispered
"Luister beter!" fluister Vasudeva
Siddhartha made an effort to listen better
Siddhartha het moeite gedoen om beter te luister
The image of his father appeared
Die beeld van sy pa het verskyn
his own image merged with his father's
sy eie beeld het saamgesmelt met sy pa s'n
the image of his son merged with his image
die beeld van sy seun het saamgesmelt met sy beeld
Kamala's image also appeared and was dispersed
Kamala se beeld het ook verskyn en is versprei
and the image of Govinda, and other images
en die beeld van Govinda, en ander beelde
and all the imaged merged with each other
en al die beelde het met mekaar saamgesmelt
all the imaged turned into the river
al die beelde het in die rivier verander
being the river, they all headed for the goal
omdat hulle die rivier was, het hulle almal na die doel gegaan
longing, desiring, suffering flowed together
verlange, verlange, lyding het saamgevloei
and the river's voice sounded full of yearning
en die rivier se stem het vol verlange geklink
the river's voice was full of burning woe
die rivier se stem was vol brandende wee
the river's voice was full of unsatisfiable desire
die rivier se stem was vol onbevredigende begeerte

For the goal, the river was heading
Na die doel was die rivier op pad
Siddhartha saw the river hurrying towards its goal
Siddhartha het gesien hoe die rivier na sy doelwit aanjaag
the river of him and his loved ones and of all people he had ever seen
die rivier van hom en sy geliefdes en van alle mense wat hy nog ooit gesien het
all of these waves and waters were hurrying
al hierdie golwe en waters het gejaag
they were all suffering towards many goals
hulle het almal gely vir baie doelwitte
the waterfall, the lake, the rapids, the sea
die waterval, die meer, die stroomversnellings, die see
and all goals were reached
en alle doelwitte is bereik
and every goal was followed by a new one
en elke doelwit is deur 'n nuwe een gevolg
and the water turned into vapour and rose to the sky
en die water het in damp verander en opgestyg na die hemel
the water turned into rain and poured down from the sky
die water het in reën verander en uit die lug gegiet
the water turned into a source
die water het in 'n bron verander
then the source turned into a stream
toe verander die bron in 'n stroom
the stream turned into a river
die stroompie het in 'n rivier verander
and the river headed forwards again
en die rivier het weer vorentoe gegaan
But the longing voice had changed
Maar die verlangende stem het verander
It still resounded, full of suffering, searching
Dit het steeds weerklink, vol lyding, soekend
but other voices joined the river
maar ander stemme het by die rivier aangesluit

there were voices of joy and of suffering
daar was stemme van blydskap en van lyding
good and bad voices, laughing and sad ones
goeie en slegte stemme, laggende en hartseer stemme
a hundred voices, a thousand voices
honderd stemme, duisend stemme
Siddhartha listened to all these voices
Siddhartha het na al hierdie stemme geluister
He was now nothing but a listener
Hy was nou niks anders as 'n luisteraar nie
he was completely concentrated on listening
hy was heeltemal gekonsentreer op luister
he was completely empty now
hy was nou heeltemal leeg
he felt that he had now finished learning to listen
hy voel dat hy nou klaar leer luister het
Often before, he had heard all this
Dikwels het hy dit alles gehoor
he had heard these many voices in the river
hy het hierdie baie stemme in die rivier gehoor
today the voices in the river sounded new
vandag het die stemme in die rivier nuut geklink
Already, he could no longer tell the many voices apart
Reeds kon hy nie meer die baie stemme van mekaar onderskei nie
there was no difference between the happy voices and the weeping ones
daar was geen verskil tussen die vrolike stemme en die huilendes nie
the voices of children and the voices of men were one
die stemme van kinders en die stemme van mense was een
all these voices belonged together
al hierdie stemme het bymekaar hoort
the lamentation of yearning and the laughter of the knowledgeable one
die geklaag van verlange en die gelag van die kundige

the scream of rage and the moaning of the dying ones
die geskreeu van woede en die gekerm van die sterwendes
everything was one and everything was intertwined
alles was een en alles was verweef
everything was connected and entangled a thousand times
alles was duisend keer verbind en verstrengel
everything together, all voices, all goals
alles saam, alle stemme, alle doelwitte
all yearning, all suffering, all pleasure
alle verlange, alle lyding, alle plesier
all that was good and evil
alles wat goed en kwaad was
all of this together was the world
dit alles saam was die wêreld
All of it together was the flow of events
Dit alles saam was die vloei van gebeure
all of it was the music of life
alles was die musiek van die lewe
when Siddhartha was listening attentively to this river
toe Siddhartha aandagtig na hierdie rivier geluister het
the song of a thousand voices
die lied van duisend stemme
when he neither listened to the suffering nor the laughter
toe hy nie na die lyding of die lag geluister het nie
when he did not tie his soul to any particular voice
toe hy nie sy siel aan enige spesifieke stem vasgebind het nie
when he submerged his self into the river
toe hy homself in die rivier onderdompel het
but when he heard them all he perceived the whole, the oneness
maar toe hy hulle almal hoor, het hy die geheel, die eenheid, bemerk
then the great song of the thousand voices consisted of a single word
dan het die groot lied van die duisend stemme uit 'n enkele woord bestaan

this word was Om; the perfection
hierdie woord was Om; die perfeksie

"Do you hear" Vasudeva's gaze asked again
"Hoor jy" vra Vasudeva se blik weer
Brightly, Vasudeva's smile was shining
Vasudeva se glimlag het helder geskyn
it was floating radiantly over all the wrinkles of his old face
dit sweef stralend oor al die plooie van sy ou gesig
the same way the Om was floating in the air over all the voices of the river
op dieselfde manier wat die Om in die lug gesweef het oor al die stemme van die rivier
Brightly his smile was shining, when he looked at his friend
Helder het sy glimlag geskyn, toe hy na sy vriend kyk
and brightly the same smile was now starting to shine on Siddhartha's face
en helder dieselfde glimlag het nou op Siddhartha se gesig begin skyn
His wound had blossomed and his suffering was shining
Sy wond het geblom en sy lyding het geblink
his self had flown into the oneness
sy self het in die eenheid ingevlieg
In this hour, Siddhartha stopped fighting his fate
In hierdie uur het Siddhartha opgehou om sy lot te veg
at the same time he stopped suffering
terselfdertyd het hy opgehou ly
On his face flourished the cheerfulness of a knowledge
Op sy gesig het die vrolikheid van 'n kennis gefloreer
a knowledge which was no longer opposed by any will
'n kennis wat nie meer deur enige wil teëgestaan is nie
a knowledge which knows perfection
'n kennis wat perfeksie ken
a knowledge which is in agreement with the flow of events
'n kennis wat in ooreenstemming is met die vloei van gebeure
a knowledge which is with the current of life

'n kennis wat met die stroom van die lewe is
full of sympathy for the pain of others
vol simpatie vir ander se pyn
full of sympathy for the pleasure of others
vol simpatie vir die plesier van ander
devoted to the flow, belonging to the oneness
gewy aan die vloei, wat tot die eenheid behoort
Vasudeva rose from the seat by the bank
Vasudeva het van die sitplek by die bank opgestaan
he looked into Siddhartha's eyes
hy kyk in Siddhartha se oë
and he saw the cheerfulness of the knowledge shining in his eyes
en hy het die vrolikheid van die kennis in sy oë sien skyn
he softly touched his shoulder with his hand
hy raak saggies aan sy skouer met sy hand
"I've been waiting for this hour, my dear"
"Ek het gewag vir hierdie uur, my skat"
"Now that it has come, let me leave"
"Nou dat dit gekom het, laat ek gaan"
"For a long time, I've been waiting for this hour"
"Ek het lank gewag vir hierdie uur"
"for a long time, I've been Vasudeva the ferryman"
"vir 'n lang tyd was ek Vasudeva die veerbootman"
"Now it's enough. Farewell"
"Nou is dit genoeg. Vaarwel"
"farewell river, farewell Siddhartha!"
"vaarwel rivier, vaarwel Siddhartha!"
Siddhartha made a deep bow before him who bid his farewell
Siddhartha het 'n diep buiging gemaak voor hom wat afskeid geneem het
"I've known it," he said quietly
"Ek het dit geweet," sê hy sag
"You'll go into the forests?"
"Gaan jy die woude in?"

"I'm going into the forests"
"Ek gaan die woude in"
"I'm going into the oneness" spoke Vasudeva with a bright smile
"Ek gaan in die eenheid" het Vasudeva met 'n helder glimlag gesê
With a bright smile, he left
Met 'n helder glimlag is hy weg
Siddhartha watched him leaving
Siddhartha het gekyk hoe hy weggaan
With deep joy, with deep solemnity he watched him leave
Met diepe vreugde, met diepe plegtigheid het hy hom sien weggaan
he saw his steps were full of peace
hy sien sy voetstappe is vol vrede
he saw his head was full of lustre
hy sien sy kop is vol glans
he saw his body was full of light
hy het gesien sy liggaam is vol lig

Govinda

Govinda had been with the monks for a long time
Govinda was al lank by die monnike
when not on pilgrimages, he spent his time in the pleasure-garden
wanneer hy nie op pelgrimstogte was nie, het hy sy tyd in die plesiertuin deurgebring
the garden which the courtesan Kamala had given the followers of Gotama
die tuin wat die hofdame Kamala aan die volgelinge van Gotama gegee het
he heard talk of an old ferryman, who lived a day's journey away
hy het gepraat van 'n ou veerman, wat 'n dag se reis weg gewoon het
he heard many regarded him as a wise man
hy het gehoor baie het hom as 'n wyse man beskou
When Govinda went back, he chose the path to the ferry
Toe Govinda teruggaan, het hy die pad na die veerboot gekies
he was eager to see the ferryman
hy was gretig om die veerbootman te sien
he had lived his entire life by the rules
hy het sy hele lewe volgens die reëls geleef
he was looked upon with veneration by the younger monks
hy is met eerbied deur die jonger monnike aangekyk
they respected his age and modesty
hulle het sy ouderdom en beskeidenheid gerespekteer
but his restlessness had not perished from his heart
maar sy rusteloosheid het nie uit sy hart vergaan nie
he was searching for what he had not found
hy het gesoek na wat hy nie gekry het nie
He came to the river and asked the old man to ferry him over
Hy het by die rivier gekom en die ou man gevra om hom oor te bring

when they got off the boat on the other side, he spoke with the old man
toe hulle anderkant van die boot afklim, het hy met die ou man gepraat

"You're very good to us monks and pilgrims"
"Julle is baie goed vir ons monnike en pelgrims"
"you have ferried many of us across the river"
"Jy het baie van ons oor die rivier gery"
"Aren't you too, ferryman, a searcher for the right path?"
"Is jy nie ook, veerman, 'n soeker na die regte pad nie?"
smiling from his old eyes, Siddhartha spoke
glimlaggend uit sy ou oë, het Siddhartha gepraat
"oh venerable one, do you call yourself a searcher?"
"O agbare, noem jy jouself 'n soeker?"
"are you still a searcher, although already well in years?"
"is jy nog 'n soeker, alhoewel al jare lank goed is?"
"do you search while wearing the robe of Gotama's monks?"
"soek jy terwyl jy die kleed van Gotama se monnike dra?"
"It's true, I'm old," spoke Govinda
"Dis waar, ek is oud," het Govinda gesê
"but I haven't stopped searching"
"maar ek het nie opgehou soek nie"
"I will never stop searching"
"Ek sal nooit ophou soek nie"
"this seems to be my destiny"
"dit blyk my lot te wees"
"You too, so it seems to me, have been searching"
"Jy het ook, so lyk dit vir my, gesoek"
"Would you like to tell me something, oh honourable one?"
"Wil jy vir my iets vertel, o edele een?"
"What might I have that I could tell you, oh venerable one?"
"Wat kan ek hê wat ek jou kan vertel, o eerbiedwaardige een?"
"Perhaps I could tell you that you're searching far too much?"
"Miskien kan ek vir jou sê dat jy heeltemal te veel soek?"

"Could I tell you that you don't make time for finding?"
"Kan ek vir jou sê dat jy nie tyd maak om te vind nie?"
"How come?" asked Govinda
"Hoekom?" vra Govinda
"When someone is searching they might only see what they search for"
"Wanneer iemand soek, sal hulle dalk net sien waarna hulle soek"
"he might not be able to let anything else enter his mind"
"hy kan dalk nie toelaat dat enigiets anders in sy gedagtes ingaan nie"
"he doesn't see what he is not searching for"
"hy sien nie waarna hy nie soek nie"
"because he always thinks of nothing but the object of his search"
"want hy dink altyd aan niks anders as die voorwerp van sy soeke"
"he has a goal, which he is obsessed with"
"hy het 'n doel, waarmee hy obsessief is"
"Searching means having a goal"
"Soek beteken om 'n doel te hê"
"But finding means being free, open, and having no goal"
"Maar om te vind beteken om vry, oop te wees en geen doel te hê nie"
"You, oh venerable one, are perhaps indeed a searcher"
"Jy, o eerbiedwaardige een, is miskien inderdaad 'n soeker"
"because, when striving for your goal, there are many things you don't see"
"want wanneer jy na jou doel streef, is daar baie dinge wat jy nie sien nie"
"you might not see things which are directly in front of your eyes"
"jy sal dalk nie dinge sien wat direk voor jou oë is nie"
"I don't quite understand yet," said Govinda, "what do you mean by this?"

"Ek verstaan nog nie mooi nie," sê Govinda, "wat bedoel jy hiermee?"
"oh venerable one, you've been at this river before, a long time ago"
"O eerbare een, jy was al lankal by hierdie rivier"
"and you have found a sleeping man by the river"
"en jy het 'n slapende man by die rivier gekry"
"you have sat down with him to guard his sleep"
"Jy het by hom gaan sit om sy slaap te bewaak"
"but, oh Govinda, you did not recognise the sleeping man"
"maar, o Govinda, jy het nie die slapende man herken nie"
Govinda was astonished, as if he had been the object of a magic spell
Govinda was verstom, asof hy die voorwerp van 'n towertower was
the monk looked into the ferryman's eyes
die monnik kyk in die veerman se oë
"Are you Siddhartha?" he asked with a timid voice
"Is jy Siddhartha?" vra hy met 'n bedeesde stem
"I wouldn't have recognised you this time either!"
"Ek sou jou ook nie hierdie keer herken het nie!"
"from my heart, I'm greeting you, Siddhartha"
"uit my hart groet ek jou, Siddhartha"
"from my heart, I'm happy to see you once again!"
"uit my hart, ek is bly om jou weer te sien!"
"You've changed a lot, my friend"
"Jy het baie verander, my vriend"
"and you've now become a ferryman?"
"en jy het nou 'n veerbootman geword?"
In a friendly manner, Siddhartha laughed
Op 'n vriendelike manier het Siddhartha gelag
"yes, I am a ferryman"
"Ja, ek is 'n veerbootman"
"Many people, Govinda, have to change a lot"
"Baie mense, Govinda, moet baie verander"
"they have to wear many robes"

"hulle moet baie klere dra"
"I am one of those who had to change a lot"
"Ek is een van diegene wat baie moes verander"
"Be welcome, Govinda, and spend the night in my hut"
"Wees welkom, Govinda, en oornag in my hut"
Govinda stayed the night in the hut
Govinda het die nag in die hut oorgebly
he slept on the bed which used to be Vasudeva's bed
hy het op die bed geslaap wat voorheen Vasudeva se bed was
he posed many questions to the friend of his youth
hy het baie vrae aan die vriend van sy jeug gestel
Siddhartha had to tell him many things from his life
Siddhartha moes hom baie dinge uit sy lewe vertel

then the next morning came
toe kom die volgende oggend
the time had come to start the day's journey
die tyd het aangebreek om die dag se reis te begin
without hesitation, Govinda asked one more question
Govinda het sonder om te huiwer nog een vraag gevra
"Before I continue on my path, Siddhartha, permit me to ask one more question"
"Voordat ek voortgaan op my pad, Siddhartha, laat my toe om nog een vraag te vra."
"Do you have a teaching that guides you?"
"Het jy 'n lering wat jou lei?"
"Do you have a faith or a knowledge you follow"
"Het jy 'n geloof of 'n kennis wat jy volg"
"is there a knowledge which helps you to live and do right?"
"is daar 'n kennis wat jou help om te lewe en reg te doen?"
"You know well, my dear, I have always been distrustful of teachers"
"Jy weet goed, my skat, ek was nog altyd wantrouig teenoor onderwysers"
"as a young man I already started to doubt teachers"
"as jong man het ek al begin twyfel aan onderwysers"

"when we lived with the penitents in the forest, I distrusted their teachings"
"Toe ons saam met die boetelinge in die bos gewoon het, het ek hulle leerstellings gewantrou"
"and I turned my back to them"
"en ek het my rug na hulle gedraai"
"I have remained distrustful of teachers"
"Ek het ontrou gebly teenoor onderwysers"
"Nevertheless, I have had many teachers since then"
"Ek het nietemin baie onderwysers sedertdien gehad"
"A beautiful courtesan has been my teacher for a long time"
"'n Pragtige hofdame is al lank my onderwyser"
"a rich merchant was my teacher"
"'n ryk handelaar was my leermeester"
"and some gamblers with dice taught me"
"en sommige dobbelaars met dobbelstene het my geleer"
"Once, even a follower of Buddha has been my teacher"
"Eens was selfs 'n volgeling van Boeddha my onderwyser"
"he was travelling on foot, pilgering"
"hy het te voet gereis en gepel"
"and he sat with me when I had fallen asleep in the forest"
"en hy het by my gesit toe ek in die bos aan die slaap geraak het"
"I've also learned from him, for which I'm very grateful"
"Ek het ook by hom geleer, waarvoor ek baie dankbaar is"
"But most of all, I have learned from this river"
"Maar bowenal het ek uit hierdie rivier geleer"
"and I have learned most from my predecessor, the ferryman Vasudeva"
"en ek het die meeste geleer by my voorganger, die veerbootman Vasudeva"
"He was a very simple person, Vasudeva, he was no thinker"
"Hy was 'n baie eenvoudige mens, Vasudeva, hy was geen denker nie."
"but he knew what is necessary just as well as Gotama"
"maar hy het net so goed geweet wat nodig is as Gotama"

"he was a perfect man, a saint"
"Hy was 'n perfekte man, 'n heilige"
"Siddhartha still loves to mock people, it seems to me"
"Siddhartha hou nog steeds daarvan om mense te spot, lyk dit vir my"
"I believe in you and I know that you haven't followed a teacher"
"Ek glo in jou en ek weet dat jy nie 'n onderwyser gevolg het nie"
"But haven't you found something by yourself?"
"Maar het jy nie self iets gekry nie?"
"though you've found no teachings, you still found certain thoughts"
"alhoewel jy geen leringe gevind het nie, het jy tog sekere gedagtes gevind"
"certain insights, which are your own"
"sekere insigte, wat jou eie is"
"insights which help you to live"
"insigte wat jou help om te lewe"
"Haven't you found something like this?"
"Het jy nie so iets gekry nie?"
"If you would like to tell me, you would delight my heart"
"As jy dit vir my wil sê, sal jy my hart verbly."
"you are right, I have had thoughts and gained many insights"
"Jy is reg, ek het gedagtes gehad en baie insigte gekry"
"Sometimes I have felt knowledge in me for an hour"
"Soms voel ek kennis in my vir 'n uur"
"at other times I have felt knowledge in me for an entire day"
"op ander tye het ek kennis in my gevoel vir 'n hele dag"
"the same knowledge one feels when one feels life in one's heart"
"dieselfde kennis wat mens voel wanneer jy die lewe in jou hart voel"
"There have been many thoughts"

"Daar was baie gedagtes"
"but it would be hard for me to convey these thoughts to you"
"maar dit sal vir my moeilik wees om hierdie gedagtes aan jou oor te dra"
"my dear Govinda, this is one of my thoughts which I have found"
"my liewe Govinda, dit is een van my gedagtes wat ek gevind het"
"wisdom cannot be passed on"
"wysheid kan nie oorgedra word nie"
"Wisdom which a wise man tries to pass on always sounds like foolishness"
"Wysheid wat 'n wyse man probeer oordra, klink altyd na dwaasheid"
"Are you kidding?" asked Govinda
"Krap jy?" vra Govinda
"I'm not kidding, I'm telling you what I have found"
"Ek maak nie 'n grap nie, ek vertel jou wat ek gevind het"
"Knowledge can be conveyed, but wisdom can't"
"Kennis kan oorgedra word, maar wysheid kan nie"
"wisdom can be found, it can be lived"
"wysheid kan gevind word, dit kan geleef word"
"it is possible to be carried by wisdom"
"dit is moontlik om deur wysheid gedra te word"
"miracles can be performed with wisdom"
"wonderwerke kan met wysheid verrig word"
"but wisdom cannot be expressed in words or taught"
"maar wysheid kan nie in woorde uitgedruk of geleer word nie"
"This was what I sometimes suspected, even as a young man"
"Dit was wat ek soms vermoed het, selfs as 'n jong man"
"this is what has driven me away from the teachers"
"Dit is wat my van die onderwysers weggedryf het"
"I have found a thought which you'll regard as foolishness"

"Ek het 'n gedagte gevind wat jy as dwaasheid sal beskou"
"but this thought has been my best"
"maar hierdie gedagte was my beste"
"The opposite of every truth is just as true!"
"Die teenoorgestelde van elke waarheid is net so waar!"
"any truth can only be expressed when it is one-sided"
"enige waarheid kan slegs uitgedruk word as dit eensydig is"
"only one sided things can be put into words"
"slegs eensydige dinge kan onder woorde gebring word"
"Everything which can be thought is one-sided"
"Alles wat gedink kan word, is eensydig"
"it's all one-sided, so it's just one half"
"dit is alles eensydig, so dit is net een helfte"
"it all lacks completeness, roundness, and oneness"
"dit ontbreek alles aan volledigheid, rondheid en eenheid"
"the exalted Gotama spoke in his teachings of the world"
"die verhewe Gotama het in sy leringe van die wêreld gepraat"
"but he had to divide the world into Sansara and Nirvana"
"maar hy moes die wêreld in Sansara en Nirvana verdeel"
"he had divided the world into deception and truth"
"Hy het die wêreld verdeel in misleiding en waarheid"
"he had divided the world into suffering and salvation"
"Hy het die wêreld verdeel in lyding en verlossing"
"the world cannot be explained any other way"
"die wêreld kan nie anders verklaar word nie"
"there is no other way to explain it, for those who want to teach"
"daar is geen ander manier om dit te verduidelik vir diegene wat wil onderrig nie"
"But the world itself is never one-sided"
"Maar die wêreld self is nooit eensydig nie"
"the world exists around us and inside of us"
"die wêreld bestaan rondom ons en binne-in ons"
"A person or an act is never entirely Sansara or entirely Nirvana"

"'n Persoon of 'n daad is nooit heeltemal Sansara of heeltemal Nirvana nie"
"a person is never entirely holy or entirely sinful"
"'n persoon is nooit heeltemal heilig of heeltemal sondig nie"
"It seems like the world can be divided into these opposites"
"Dit lyk of die wêreld in hierdie teenoorgesteldes verdeel kan word"
"but that's because we are subject to deception"
"maar dit is omdat ons onderworpe is aan misleiding"
"it's as if the deception was something real"
"dit is asof die misleiding iets werkliks was"
"Time is not real, Govinda"
"Tyd is nie werklik nie, Govinda"
"I have experienced this often and often again"
"Ek het dit dikwels en dikwels weer ervaar"
"when time is not real, the gap between the world and the eternity is also a deception"
"wanneer tyd nie werklik is nie, is die gaping tussen die wêreld en die ewigheid ook 'n misleiding"
"the gap between suffering and blissfulness is not real"
"die gaping tussen lyding en saligheid is nie werklik nie"
"there is no gap between evil and good"
"daar is geen gaping tussen kwaad en goed nie"
"all of these gaps are deceptions"
"al hierdie gapings is misleidings"
"but these gaps appear to us nonetheless"
"maar hierdie gapings verskyn nietemin vir ons"
"How come?" asked Govinda timidly
"Hoekom?" vra Govinda bedees
"Listen well, my dear," answered Siddhartha
"Luister goed, my skat," antwoord Siddhartha
"The sinner, which I am and which you are, is a sinner"
"Die sondaar wat ek is en wat jy is, is 'n sondaar"
"but in times to come the sinner will be Brahma again"
"maar in tye wat kom sal die sondaar weer Brahma wees"
"he will reach the Nirvana and be Buddha"

"hy sal die Nirvana bereik en Boeddha wees"
"the times to come are a deception"
"die tye wat kom is 'n misleiding"
"the times to come are only a parable!"
"die tye wat kom is net 'n gelykenis!"
"The sinner is not on his way to become a Buddha"
"Die sondaar is nie op pad om 'n Boeddha te word nie"
"he is not in the process of developing"
"hy is nie in die proses om te ontwikkel nie"
"our capacity for thinking does not know how else to picture these things"
"ons vermoë om te dink weet nie hoe om hierdie dinge anders voor te stel nie"
"No, within the sinner there already is the future Buddha"
"Nee, binne die sondaar is daar reeds die toekomstige Boeddha"
"his future is already all there"
"sy toekoms is reeds alles daar"
"you have to worship the Buddha in the sinner"
"jy moet die Boeddha in die sondaar aanbid"
"you have to worship the Buddha hidden in everyone"
"jy moet die Boeddha aanbid wat in almal verborge is"
"the hidden Buddha which is coming into being the possible"
"die verborge Boeddha wat die moontlike tot stand kom"
"The world, my friend Govinda, is not imperfect"
"Die wêreld, my vriend Govinda, is nie onvolmaak nie"
"the world is on no slow path towards perfection"
"die wêreld is op geen stadige pad na perfeksie nie"
"no, the world is perfect in every moment"
"nee, die wêreld is perfek in elke oomblik"
"all sin already carries the divine forgiveness in itself"
"alle sonde dra reeds die goddelike vergifnis in homself"
"all small children already have the old person in themselves"
"alle klein kinders het reeds die ou mens in hulself"

"all infants already have death in them"
"alle babas het reeds die dood in hulle"
"all dying people have the eternal life"
"alle sterwende mense het die ewige lewe"
"we can't see how far another one has already progressed on his path"
"ons kan nie sien hoe ver 'n ander een reeds op sy pad gevorder het nie"
"in the robber and dice-gambler, the Buddha is waiting"
"in die rower en dobbelsteen wag die Boeddha"
"in the Brahman, the robber is waiting"
"in die Brahman wag die rower"
"in deep meditation, there is the possibility to put time out of existence"
"in diep meditasie is daar die moontlikheid om tyd uit die bestaan te sit"
"there is the possibility to see all life simultaneously"
"daar is die moontlikheid om alle lewe gelyktydig te sien"
"it is possible to see all life which was, is, and will be"
"dit is moontlik om alle lewe te sien wat was, is en sal wees"
"and there everything is good, perfect, and Brahman"
"en daar is alles goed, perfek en Brahman"
"Therefore, I see whatever exists as good"
"Daarom sien ek wat ook al bestaan as goed"
"death is to me like life"
"die dood is vir my soos die lewe"
"to me sin is like holiness"
"Vir my is sonde soos heiligheid"
"wisdom can be like foolishness"
"wysheid kan soos dwaasheid wees"
"everything has to be as it is"
"alles moet wees soos dit is"
"everything only requires my consent and willingness"
"alles vereis net my toestemming en gewilligheid"
"all that my view requires is my loving agreement to be good for me"

"al wat my siening vereis, is my liefdesooreenkoms om goed vir my te wees"
"my view has to do nothing but work for my benefit"
"my siening hoef niks anders te doen as om tot my voordeel te werk nie"
"and then my perception is unable to ever harm me"
"en dan is my persepsie nie in staat om my ooit skade aan te doen nie"
"I have experienced that I needed sin very much"
"Ek het ervaar dat ek sonde baie nodig gehad het"
"I have experienced this in my body and in my soul"
"Ek het dit in my liggaam en in my siel ervaar"
"I needed lust, the desire for possessions, and vanity"
"Ek het wellus nodig gehad, die begeerte na besittings en ydelheid"
"and I needed the most shameful despair"
"en ek het die skandelikste wanhoop nodig gehad"
"in order to learn how to give up all resistance"
"om te leer hoe om alle weerstand prys te gee"
"in order to learn how to love the world"
"om te leer hoe om die wêreld lief te hê"
"in order to stop comparing things to some world I wished for"
"om op te hou om dinge te vergelyk met een of ander wêreld waarvoor ek gewens het"
"I imagined some kind of perfection I had made up"
"Ek het my 'n soort perfeksie voorgestel wat ek opgemaak het"
"but I have learned to leave the world as it is"
"maar ek het geleer om die wêreld te los soos dit is"
"I have learned to love the world as it is"
"Ek het geleer om die wêreld lief te hê soos dit is"
"and I learned to enjoy being a part of it"
"en ek het geleer om dit te geniet om deel daarvan te wees"
"These, oh Govinda, are some of the thoughts which have come into my mind"

"Hierdie, o Govinda, is 'n paar van die gedagtes wat in my gedagtes opgekom het"

Siddhartha bent down and picked up a stone from the ground
Siddhartha buk af en tel 'n klip van die grond af
he weighed the stone in his hand
hy het die klip in sy hand geweeg
"This here," he said playing with the rock, "is a stone"
"Hierdie hier," sê hy speel met die rots, "is 'n klip"
"this stone will, after a certain time, perhaps turn into soil"
"hierdie klip sal na 'n sekere tyd miskien in grond verander"
"it will turn from soil into a plant or animal or human being"
"dit sal van grond verander in 'n plant of dier of mens"
"In the past, I would have said this stone is just a stone"
"In die verlede sou ek gesê het hierdie klip is net 'n klip"
"I might have said it is worthless"
"Ek het dalk gesê dit is waardeloos"
"I would have told you this stone belongs to the world of the Maya"
"Ek sou vir jou gesê het hierdie klip behoort aan die wêreld van die Maya"
"but I wouldn't have seen that it has importance"
"maar ek sou nie gesien het dat dit belangrik is nie"
"it might be able to become a spirit in the cycle of transformations"
"dit kan dalk 'n gees word in die siklus van transformasies"
"therefore I also grant it importance"
"daarom gun ek dit ook belangrikheid"
"Thus, I would perhaps have thought in the past"
"So, ek sou dalk in die verlede gedink het"
"But today I think differently about the stone"
"Maar vandag dink ek anders oor die klip"
"this stone is a stone, and it is also animal, god, and Buddha"
"hierdie klip is 'n klip, en dit is ook dier, god en Boeddha"

"I do not venerate and love it because it could turn into this or that"
"Ek vereer en is nie mal daaroor nie, want dit kan in dit of dat verander."
"I love it because it is those things"
"Ek is mal daaroor, want dit is daardie dinge"
"this stone is already everything"
"hierdie klip is klaar alles"
"it appears to me now and today as a stone"
"dit verskyn nou en vandag vir my as 'n klip"
"that is why I love this"
"dit is hoekom ek hiervan hou"
"that is why I see worth and purpose in each of its veins and cavities"
"daarom sien ek waarde en doel in elkeen van sy are en holtes"
"I see value in its yellow, gray, and hardness"
"Ek sien waarde in sy geel, grys en hardheid"
"I appreciated the sound it makes when I knock at it"
"Ek het die geluid waardeer wat dit maak as ek daaraan klop"
"I love the dryness or wetness of its surface"
"Ek is mal oor die droogheid of natheid van sy oppervlak"
"There are stones which feel like oil or soap"
"Daar is klippe wat soos olie of seep voel"
"and other stones feel like leaves or sand"
"en ander klippe voel soos blare of sand"
"and every stone is special and prays the Om in its own way"
"en elke klip is spesiaal en bid die Om op sy eie manier"
"each stone is Brahman"
"elke klip is Brahman"
"but simultaneously, and just as much, it is a stone"
"maar terselfdertyd, en net soveel, is dit 'n klip"
"it is a stone regardless of whether it's oily or juicy"
"dit is 'n klip, ongeag of dit olierig of sappig is"
"and this why I like and regard this stone"
"en dit is hoekom ek van hierdie klip hou en beskou"
"it is wonderful and worthy of worship"

"dit is wonderlik en waardig om te aanbid"
"But let me speak no more of this"
"Maar laat ek nie meer hieroor praat nie"
"words are not good for transmitting the secret meaning"
"Woorde is nie goed om die geheime betekenis oor te dra nie"
"everything always becomes a bit different, as soon as it is put into words"
"alles word altyd 'n bietjie anders, sodra dit in woorde gestel word"
"everything gets distorted a little by words"
"alles word 'n bietjie verwring deur woorde"
"and then the explanation becomes a bit silly"
"en dan word die verduideliking 'n bietjie dom"
"yes, and this is also very good, and I like it a lot"
"Ja, en dit is ook baie goed, en ek hou baie daarvan"
"I also very much agree with this"
"Ek stem ook baie hiermee saam"
"one man's treasure and wisdom always sounds like foolishness to another person"
"Een man se skat en wysheid klink altyd na dwaasheid vir 'n ander persoon"
Govinda listened silently to what Siddhartha was saying
Govinda het stil geluister na wat Siddhartha sê
there was a pause and Govinda hesitantly asked a question
daar was 'n pouse en Govinda het huiwerig 'n vraag gevra
"Why have you told me this about the stone?"
"Hoekom het jy my dit van die klip vertel?"
"I did it without any specific intention"
"Ek het dit sonder enige spesifieke bedoeling gedoen"
"perhaps what I meant was, that I love this stone and the river"
"Miskien was wat ek bedoel het, dat ek lief is vir hierdie klip en die rivier"
"and I love all these things we are looking at"
"en ek is mal oor al hierdie dinge waarna ons kyk"
"and we can learn from all these things"

"en ons kan leer uit al hierdie dinge"
"I can love a stone, Govinda"
"Ek kan 'n klip liefhê, Govinda"
"and I can also love a tree or a piece of bark"
"en ek kan ook lief wees vir 'n boom of 'n stuk bas"
"These are things, and things can be loved"
"Dit is dinge, en dinge kan liefgehad word"
"but I cannot love words"
"maar ek kan nie van woorde hou nie"
"therefore, teachings are no good for me"
"daarom is leringe nie goed vir my nie"
"teachings have no hardness, softness, colours, edges, smell, or taste"
"Leringe het geen hardheid, sagtheid, kleure, rande, reuk of smaak nie"
"teachings have nothing but words"
"Leringe het niks anders as woorde nie"
"perhaps it is words which keep you from finding peace"
"Miskien is dit woorde wat jou daarvan weerhou om vrede te vind"
"because salvation and virtue are mere words"
"want redding en deug is bloot woorde"
"Sansara and Nirvana are also just mere words, Govinda"
"Sansara en Nirvana is ook net blote woorde, Govinda"
"there is no thing which would be Nirvana"
"daar is geen ding wat Nirvana sou wees nie"
"therefore Nirvana is just the word"
" Daarom is Nirvana net die woord"
Govinda objected, "Nirvana is not just a word, my friend"
Govinda het beswaar gemaak: "Nirvana is nie net 'n woord nie, my vriend."
"Nirvana is a word, but also it is a thought"
"Nirvana is 'n woord, maar dit is ook 'n gedagte"
Siddhartha continued, "it might be a thought"
Siddhartha het voortgegaan, "dit kan 'n gedagte wees"

"I must confess, I don't differentiate much between thoughts and words"
"Ek moet bieg, ek onderskei nie veel tussen gedagtes en woorde nie."
"to be honest, I also have no high opinion of thoughts"
"om eerlik te wees, ek het ook geen hoë opinie van gedagtes nie"
"I have a better opinion of things than thoughts"
"Ek het 'n beter opinie van dinge as gedagtes"
"Here on this ferry-boat, for instance, a man has been my predecessor"
"Hier op hierdie veerboot, byvoorbeeld, was 'n man my voorganger"
"he was also one of my teachers"
"hy was ook een van my onderwysers"
"a holy man, who has for many years simply believed in the river"
"'n Heilige man, wat vir baie jare eenvoudig in die rivier glo"
"and he believed in nothing else"
"en hy het in niks anders geglo nie"
"He had noticed that the river spoke to him"
"Hy het opgemerk dat die rivier met hom praat"
"he learned from the river"
"hy het by die rivier geleer"
"the river educated and taught him"
"die rivier het hom opgevoed en geleer"
"the river seemed to be a god to him"
"die rivier was vir hom 'n god"
"for many years he did not know that everything was as divine as the river"
"vir baie jare het hy nie geweet dat alles so goddelik soos die rivier was nie"
"the wind, every cloud, every bird, every beetle"
"die wind, elke wolk, elke voël, elke kewer"
"they can teach just as much as the river"
"hulle kan net soveel leer soos die rivier"

"But when this holy man went into the forests, he knew everything"
"Maar toe hierdie heilige man in die woude ingegaan het, het hy alles geweet."
"he knew more than you and me, without teachers or books"
"hy het meer geweet as ek en jy, sonder onderwysers of boeke"
"he knew more than us only because he had believed in the river"
"Hy het meer geweet as ons net omdat hy in die rivier geglo het"

Govinda still had doubts and questions
Govinda het steeds twyfel en vrae gehad
"But is that what you call things actually something real?"
"Maar is dit wat jy dinge noem eintlik iets werkliks?"
"do these things have existence?"
"bestaan hierdie dinge?"
"Isn't it just a deception of the Maya"
"Is dit nie net 'n misleiding van die Maya"
"aren't all these things an image and illusion?"
"is al hierdie dinge nie 'n beeld en illusie nie?"
"Your stone, your tree, your river"
"Jou klip, jou boom, jou rivier"
"are they actually a reality?"
"is hulle eintlik 'n werklikheid?"
"This too," spoke Siddhartha, "I do not care very much about"
"Dit ook," het Siddhartha gesê, "ek gee nie baie om nie."
"Let the things be illusions or not"
"Laat die dinge illusies wees of nie"
"after all, I would then also be an illusion"
"ek sou dan ook 'n illusie wees"
"and if these things are illusions then they are like me"
"en as hierdie dinge illusies is, dan is hulle soos ek"
"This is what makes them so dear and worthy of veneration for me"

"Dit is wat hulle so dierbaar en waardig maak om vir my te vereer"
"these things are like me and that is how I can love them"
"Hierdie dinge is soos ek en dit is hoe ek hulle kan liefhê"
"this is a teaching you will laugh about"
"Dit is 'n lering waaroor jy sal lag"
"love, oh Govinda, seems to me to be the most important thing of all"
"liefde, o Govinda, lyk vir my na die belangrikste ding van alles"
"to thoroughly understand the world may be what great thinkers do"
"om die wêreld deeglik te verstaan kan wees wat groot denkers doen"
"they explain the world and despise it"
"hulle verduidelik die wêreld en verag dit"
"But I'm only interested in being able to love the world"
"Maar ek stel net daarin belang om die wêreld lief te hê"
"I am not interested in despising the world"
"Ek stel nie daarin belang om die wêreld te verag nie"
"I don't want to hate the world"
"Ek wil nie die wêreld haat nie"
"and I don't want the world to hate me"
"en ek wil nie hê die wêreld moet my haat nie"
"I want to be able to look upon the world and myself with love"
"Ek wil met liefde na die wêreld en myself kan kyk"
"I want to look upon all beings with admiration"
"Ek wil met bewondering na alle wesens kyk"
"I want to have a great respect for everything"
"Ek wil 'n groot respek vir alles hê"
"This I understand," spoke Govinda
"Dit verstaan ek," het Govinda gesê
"But this very thing was discovered by the exalted one to be a deception"

"Maar juis hierdie ding is deur die verhewe ontdek as 'n misleiding"
"He commands benevolence, clemency, sympathy, tolerance"
"Hy beveel welwillendheid, genade, simpatie, verdraagsaamheid"
"but he does not command love"
"maar hy gebied nie liefde nie"
"he forbade us to tie our heart in love to earthly things"
"Hy het ons verbied om ons hart in liefde aan aardse dinge te bind"
"I know it, Govinda," said Siddhartha, and his smile shone golden
"Ek weet dit, Govinda," sê Siddhartha, en sy glimlag skyn goud
"And behold, with this we are right in the thicket of opinions"
"En kyk, hiermee is ons reg in die bos van menings"
"now we are in the dispute about words"
"nou is ons in die dispuut oor woorde"
"For I cannot deny, my words of love are a contradiction"
"Want ek kan nie ontken nie, my woorde van liefde is 'n teenstrydigheid"
"they seem to be in contradiction with Gotama's words"
"Dit lyk asof hulle in stryd is met Gotama se woorde"
"For this very reason, I distrust words so much"
"Om hierdie rede wantrou ek woorde so baie"
"because I know this contradiction is a deception"
"omdat ek weet hierdie teenstrydigheid is 'n misleiding"
"I know that I am in agreement with Gotama"
"Ek weet ek stem saam met Gotama"
"How could he not know love when he has discovered all elements of human existence"
"Hoe kon hy nie liefde ken as hy alle elemente van die menslike bestaan ontdek het nie"
"he has discovered their transitoriness and their meaninglessness"

"hy het hul verganklikheid en hul betekenisloosheid ontdek"
"and yet he loved people very much"
"en tog was hy baie lief vir mense"
"he used a long, laborious life only to help and teach them!"
"hy het 'n lang, moeisame lewe gebruik net om hulle te help en te leer!"
"Even with your great teacher, I prefer things over the words"
"Selfs met jou wonderlike onderwyser, verkies ek dinge bo die woorde"
"I place more importance on his acts and life than on his speeches"
"Ek plaas meer waarde aan sy dade en lewe as aan sy toesprake"
"I value the gestures of his hand more than his opinions"
"Ek waardeer die gebare van sy hand meer as sy opinies"
"for me there was nothing in his speech and thoughts"
"vir my was daar niks in sy spraak en gedagtes nie"
"I see his greatness only in his actions and in his life"
"Ek sien sy grootheid net in sy optrede en in sy lewe"

For a long time, the two old men said nothing
Vir 'n lang tyd het die twee ou manne niks gesê nie
Then Govinda spoke, while bowing for a farewell
Toe praat Govinda, terwyl hy buig vir 'n afskeid
"I thank you, Siddhartha, for telling me some of your thoughts"
"Ek dank jou, Siddhartha, dat jy vir my van jou gedagtes vertel het"
"These thoughts are partially strange to me"
"Hierdie gedagtes is vir my gedeeltelik vreemd"
"not all of these thoughts have been instantly understandable to me"
"nie al hierdie gedagtes was onmiddellik vir my verstaanbaar nie"
"This being as it may, I thank you"

"Dit is soos dit mag, ek dank jou"
"and I wish you to have calm days"
"en ek wens jy moet rustige dae hê"
But secretly he thought something else to himself
Maar heimlik het hy iets anders by homself gedink
"This Siddhartha is a bizarre person"
"Hierdie Siddhartha is 'n bisarre persoon"
"he expresses bizarre thoughts"
"Hy spreek bisarre gedagtes uit"
"his teachings sound foolish"
"sy leringe klink dwaas"
"the exalted one's pure teachings sound very different"
"die verhewe een se suiwer leringe klink baie anders"
"those teachings are clearer, purer, more comprehensible"
"daardie leringe is duideliker, suiwerder, meer verstaanbaar"
"there is nothing strange, foolish, or silly in those teachings"
"daar is niks vreemd, dwaas of dom in daardie leringe nie"
"But Siddhartha's hands seemed different from his thoughts"
"Maar Siddhartha se hande het anders gelyk as sy gedagtes"
"his feet, his eyes, his forehead, his breath"
"sy voete, sy oë, sy voorkop, sy asem"
"his smile, his greeting, his walk"
"sy glimlag, sy groet, sy stap"
"I haven't met another man like him since Gotama became one with the Nirvana"
"Ek het nog nie 'n ander man soos hy ontmoet sedert Gotama een geword het met die Nirvana nie."
"since then I haven't felt the presence of a holy man"
"Sedertdien het ek nog nie die teenwoordigheid van 'n heilige man gevoel nie"
"I have only found Siddhartha, who is like this"
"Ek het net Siddhartha gevind, wat so is"
"his teachings may be strange and his words may sound foolish"
"sy leringe mag vreemd wees en sy woorde klink dalk dwaas"

"but purity shines out of his gaze and hand"
"maar reinheid skyn uit sy blik en hand"
"his skin and his hair radiates purity"
"sy vel en sy hare straal reinheid uit"
"purity shines out of every part of him"
"reinheid skyn uit elke deel van hom"
"a calmness, cheerfulness, mildness and holiness shines from him"
"'n kalmte, vrolikheid, sagmoedigheid en heiligheid skyn uit hom"
"something which I have seen in no other person"
"iets wat ek in geen ander persoon gesien het nie"
"I have not seen it since the final death of our exalted teacher"
"Ek het dit nog nie gesien sedert die finale dood van ons verhewe onderwyser nie"
While Govinda thought like this, there was a conflict in his heart
Terwyl Govinda so gedink het, was daar 'n konflik in sy hart
he once again bowed to Siddhartha
hy het weereens voor Siddhartha gebuig
he felt he was drawn forward by love
hy het gevoel hy word deur liefde aangetrek
he bowed deeply to him who was calmly sitting
hy buig diep voor hom wat rustig sit
"Siddhartha," he spoke, "we have become old men"
"Siddhartha," het hy gepraat, "ons het ou manne geword"
"It is unlikely for one of us to see the other again in this incarnation"
"Dit is onwaarskynlik dat een van ons die ander een weer sal sien in hierdie inkarnasie"
"I see, beloved, that you have found peace"
"Ek sien, geliefdes, dat jy vrede gevind het"
"I confess that I haven't found it"
"Ek bely dat ek dit nie gevind het nie"
"Tell me, oh honourable one, one more word"

"Sê vir my, o eerbare een, nog een woord"
"give me something on my way which I can grasp"
"Gee my iets op my pad wat ek kan begryp"
"give me something which I can understand!"
"Gee my iets wat ek kan verstaan!"
"give me something I can take with me on my path"
"Gee my iets wat ek op my pad kan saamneem"
"my path is often hard and dark, Siddhartha"
"my pad is dikwels moeilik en donker, Siddhartha"
Siddhartha said nothing and looked at him
Siddhartha het niks gesê nie en na hom gekyk
he looked at him with his ever unchanged, quiet smile
hy kyk na hom met sy altyd onveranderde, stil glimlag
Govinda stared at his face with fear
Govinda staar met vrees na sy gesig
there was yearning and suffering in his eyes
daar was verlange en lyding in sy oë
the eternal search was visible in his look
die ewige soektog was sigbaar in sy blik
you could see his eternal inability to find
jy kon sy ewige onvermoë sien om te vind
Siddhartha saw it and smiled
Siddhartha het dit gesien en geglimlag
"Bend down to me!" he whispered quietly in Govinda's ear
"Buig na my toe!" fluister hy stil in Govinda se oor
"Like this, and come even closer!"
"So, en kom nog nader!"
"Kiss my forehead, Govinda!"
"Soen my voorkop, Govinda!"
Govinda was astonished, but drawn on by great love and expectation
Govinda was verstom, maar aangetrokke deur groot liefde en verwagting
he obeyed his words and bent down closely to him
hy het sy woorde gehoorsaam en dig na hom gebuig
and he touched his forehead with his lips

en hy het sy voorkop met sy lippe aangeraak
when he did this, something miraculous happened to him
toe hy dit gedoen het, het iets wonderbaarliks met hom gebeur
his thoughts were still dwelling on Siddhartha's wondrous words
sy gedagtes was nog steeds by Siddhartha se wonderlike woorde
he was still reluctantly struggling to think away time
hy het nog teësinnig gesukkel om tyd weg te dink
he was still trying to imagine Nirvana and Sansara as one
hy het steeds probeer om Nirvana en Sansara as een voor te stel
there was still a certain contempt for the words of his friend
daar was nog 'n sekere minagting vir die woorde van sy vriend
those words were still fighting in him
daardie woorde baklei nog in hom
those words were still fighting against an immense love and veneration
daardie woorde het steeds geveg teen 'n geweldige liefde en verering
and during all these thoughts, something else happened to him
en tydens al hierdie gedagtes het iets anders met hom gebeur
He no longer saw the face of his friend Siddhartha
Hy het nie meer die gesig van sy vriend Siddhartha gesien nie
instead of Siddhartha's face, he saw other faces
in plaas van Siddhartha se gesig, het hy ander gesigte gesien
he saw a long sequence of faces
hy het 'n lang reeks gesigte gesien
he saw a flowing river of faces
hy het 'n vloeiende rivier van gesigte gesien
hundreds and thousands of faces, which all came and disappeared
honderde en duisende gesigte, wat almal gekom en verdwyn het

and yet they all seemed to be there simultaneously
en tog het dit gelyk of hulle almal gelyktydig daar was
they constantly changed and renewed themselves
hulle het voortdurend verander en hulself vernuwe
they were themselves and they were still all Siddhartha's face
hulle was hulleself en hulle was steeds almal Siddhartha se gesig
he saw the face of a fish with an infinitely painfully opened mouth
hy sien die gesig van 'n vis met 'n oneindig pynlik oopgemaakte mond
the face of a dying fish, with fading eyes
die gesig van 'n sterwende vis, met verwelkende oë
he saw the face of a new-born child, red and full of wrinkles
hy het die gesig van 'n pasgebore kind gesien, rooi en vol plooie
it was distorted from crying
dit was verwronge van huil
he saw the face of a murderer
hy het die gesig van 'n moordenaar gesien
he saw him plunging a knife into the body of another person
hy het gesien hoe hy 'n mes in die liggaam van 'n ander persoon steek
he saw, in the same moment, this criminal in bondage
hy het in dieselfde oomblik hierdie misdadiger in slawerny gesien
he saw him kneeling before a crowd
hy het hom voor 'n skare sien kniel
and he saw his head being chopped off by the executioner
en hy sien hoe sy kop deur die laksman afgekap word
he saw the bodies of men and women
hy het die liggame van mans en vroue gesien
they were naked in positions and cramps of frenzied love
hulle was naak in posisies en krampe van waansinnige liefde

he saw corpses stretched out, motionless, cold, void
hy sien lyke uitgestrek, roerloos, koud, leeg
he saw the heads of animals
hy het die koppe van diere gesien
heads of boars, of crocodiles, and of elephants
koppe van varke, van krokodille en van olifante
he saw the heads of bulls and of birds
hy het die koppe van bulle en voëls gesien
he saw gods; Krishna and Agni
hy het gode gesien; Krishna en Agni
he saw all of these figures and faces in a thousand relationships with one another
hy het al hierdie figure en gesigte in duisend verhoudings met mekaar gesien
each figure was helping the other
elke figuur het die ander gehelp
each figure was loving their relationship
elke figuur was lief vir hul verhouding
each figure was hating their relationship, destroying it
elke figuur het hul verhouding gehaat, dit vernietig
and each figure was giving re-birth to their relationship
en elke figuur het hul verhouding hergeboorte
each figure was a will to die
elke figuur was 'n wil om te sterf
they were passionately painful confessions of transitoriness
hulle was hartstogtelike pynlike belydenisse van verganklikheid
and yet none of them died, each one only transformed
en tog het nie een van hulle gesterf nie, elkeen het net verander
they were always reborn and received more and more new faces
hulle is altyd hergebore en het al hoe meer nuwe gesigte gekry
no time passed between the one face and the other
geen tyd het verloop tussen die een gesig en die ander nie
all of these figures and faces rested

al hierdie figure en gesigte het gerus
they flowed and generated themselves
hulle het gevloei en hulself gegenereer
they floated along and merged with each other
hulle het saamgedryf en met mekaar saamgesmelt
and they were all constantly covered by something thin
en hulle was almal gedurig bedek deur iets dun
they had no individuality of their own
hulle het geen individualiteit van hul eie gehad nie
but yet they were existing
maar tog het hulle bestaan
they were like a thin glass or ice
hulle was soos 'n dun glas of ys
they were like a transparent skin
hulle was soos 'n deursigtige vel
they were like a shell or mould or mask of water
hulle was soos 'n dop of vorm of masker van water
and this mask was smiling
en hierdie masker het geglimlag
and this mask was Siddhartha's smiling face
en hierdie masker was Siddhartha se glimlaggende gesig
the mask which Govinda was touching with his lips
die masker waaraan Govinda met sy lippe geraak het
And, Govinda saw it like this
En, Govinda het dit so gesien
the smile of the mask
die glimlag van die masker
the smile of oneness above the flowing forms
die glimlag van eenheid bo die vloeiende vorms
the smile of simultaneousness above the thousand births and deaths
die glimlag van gelyktydigheid bo die duisend geboortes en sterftes
the smile of Siddhartha's was precisely the same
die glimlag van Siddhartha's was presies dieselfde

Siddhartha's smile was the same as the quiet smile of Gotama, the Buddha
Siddhartha se glimlag was dieselfde as die stil glimlag van Gotama, die Boeddha
it was delicate and impenetrable smile
dit was 'n delikate en ondeurdringbare glimlag
perhaps it was benevolent and mocking, and wise
miskien was dit welwillend en spottend en wys
the thousand-fold smile of Gotama, the Buddha
die duisendvoudige glimlag van Gotama, die Boeddha
as he had seen it himself with great respect a hundred times
soos hy dit self honderd keer met groot respek gesien het
Like this, Govinda knew, the perfected ones are smiling
So, het Govinda geweet, glimlag die volmaaktes
he did not know anymore whether time existed
hy het nie meer geweet of tyd bestaan nie
he did not know whether the vision had lasted a second or a hundred years
hy het nie geweet of die visioen 'n sekonde of 'n honderd jaar geduur het nie
he did not know whether a Siddhartha or a Gotama existed
hy het nie geweet of 'n Siddhartha of 'n Gotama bestaan nie
he did not know if a me or a you existed
hy het nie geweet of 'n ek of 'n jy bestaan nie
he felt in his as if he had been wounded by a divine arrow
hy het in syne gevoel asof hy deur 'n goddelike pyl gewond is
the arrow pierced his innermost self
die pyl het sy binneste deurboor
the injury of the divine arrow tasted sweet
die besering van die goddelike pyl het soet gesmaak
Govinda was enchanted and dissolved in his innermost self
Govinda was betower en opgelos in sy binneste
he stood still for a little while
hy het 'n rukkie stilgestaan
he bent over Siddhartha's quiet face, which he had just kissed

hy buk oor Siddhartha se stil gesig, wat hy pas gesoen het
the face in which he had just seen the scene of all manifestations
die gesig waarin hy pas die toneel van alle manifestasies gesien het
the face of all transformations and all existence
die gesig van alle transformasies en alle bestaan
the face he was looking at was unchanged
die gesig waarna hy gekyk het, was onveranderd
under its surface, the depth of the thousand folds had closed up again
onder sy oppervlak het die diepte van die duisend voue weer toegemaak
he smiled silently, quietly, and softly
hy glimlag stil, stil en sag
perhaps he smiled very benevolently and mockingly
miskien het hy baie welwillend en spottend geglimlag
precisely this was how the exalted one smiled
juis dit was hoe die verhewe een geglimlag het
Deeply, Govinda bowed to Siddhartha
Govinda het diep voor Siddhartha gebuig
tears he knew nothing of ran down his old face
trane waarvan hy niks geweet het nie, loop oor sy ou gesig
his tears burned like a fire of the most intimate love
sy trane brand soos 'n vuur van die mees intieme liefde
he felt the humblest veneration in his heart
hy voel die nederigste verering in sy hart
Deeply, he bowed, touching the ground
Diep buig hy en raak die grond aan
he bowed before him who was sitting motionlessly
hy buig voor hom wat roerloos sit
his smile reminded him of everything he had ever loved in his life
sy glimlag het hom herinner aan alles wat hy nog ooit in sy lewe liefgehad het

his smile reminded him of everything in his life that he found valuable and holy
sy glimlag het hom herinner aan alles in sy lewe wat hy waardevol en heilig gevind het

www.ingramcontent.com/pod-product-compliance
Lightning Source LLC
Chambersburg PA
CBHW010020130526
44590CB00048B/3831